DAXUESHENG JIAOYU YIBAN
WENTI YANJIU

江西理工大学清江学术文库

大学生教育一般问题研究

周石其　陈福娇◎著

中国政法大学出版社

2021·北京

图书在版编目（ＣＩＰ）数据

大学生教育一般问题研究/周石其，陈福娇著.—北京：中国政法大学出版社，2021.12
ISBN 978-7-5764-0225-4

Ⅰ.①大… Ⅱ.①周… ②陈… Ⅲ.①大学生－教育管理－研究 Ⅳ.①G647

中国版本图书馆 CIP 数据核字(2021)第 280575 号

出　版　者	中国政法大学出版社
地　　　址	北京市海淀区西土城路 25 号
邮寄地址	北京 100088 信箱 8034 分箱　邮编 100088
网　　　址	http://www.cuplpress.com (网络实名：中国政法大学出版社)
电　　　话	010-58908285(总编室) 58908433（编辑部）58908334(邮购部)
承　　　印	固安华明印业有限公司
开　　　本	720mm×960mm　1/16
印　　　张	12.75
字　　　数	205 千字
版　　　次	2021 年 12 月第 1 版
印　　　次	2021 年 12 月第 1 次印刷
定　　　价	69.00 元

前 言
PREFECE

　　作为新时代青年的中坚力量，我国当代大学生肩负着建设社会主义现代化国家的历史重任。大学生应脚踏实地、勤于学习、勇于实践、知行合一，不断提高内在素质，锤炼过硬本领，努力使自己的思维视野、思想观念、认识水平跟上时代发展的步伐，努力使自己成为新长征路上的建设者、攻坚克难的突击手和创新创造的生力军。如何教育好大学生？这涉及多方面的问题。根据大学生的特点、优势及不足选择相应的教育内容与方法，是解决大学生教育问题的有效途径。通过大学生教育过程中的一般问题研究，分析新时代高校人才培养过程中普遍存在的问题，以期更好地培养出顺应时代发展要求的人才，正是撰写本书的意义。

　　本书以大学生为研究对象，以大学和大学生教育为切入点，结合作者在高校多年的学生管理、人才培养工作经历，通过调查研究，探讨了大学生教育的一般问题。问题涵盖了大学生教育的多个领域，包括大学生适应性教育、大学生体育精神教育、大学生心理健康教育、大学生学术诚信教育及大学生领导力教育等，涉及大学生思想、生活、生理、心理等方面。这些问题在大学生接受大学教育过程中极为常见而又十分重要，倘若大学生在大学期间不能较好地完成这些方面的教育，势必对其大学学习生活甚至人生成长产生不利影响。此外，以上大学生教育的不同方面存在紧密相连、相辅相成的关系。因此，需要对大学生教育的一般问题进行系统的研究。在前人的研究基础上，作者较为全面、系统地对大学生教育一般问题研究进行了相应的阐述，力求为当下的大学生教育管理与人才培养工作的顺利开展提供有益借鉴和参考。

在写作过程中，收集了众多专家、学者的宝贵意见和建议，参阅了相关研究者的各类资料，在此一并表示衷心的感谢。引用和参考文献如有遗漏，敬请谅解。本书由周石其拟定提纲，周石其撰写了一、四、五、六章，陈福娇撰写了前言、第二章、第三章（王述业与其共同完成）、后记，最后由周石其统稿。

因作者水平有限等方面的原因，本书还存在一些瑕疵和疏漏之处，恳请读者批评指正。

作　者

2020 年 5 月

目　录

CONTENTS

第 一 章

大学和大学生教育

第一节　大学

美国杰出教育家西奥多·姆·赫斯伯格说过，大学是"人类有史以来最能促进社会变革的机构"[1]。

什么是大学？大学是相对于小学的"大人之学"，亦有博学的意思。现代词语中的"大学"是从英文单词"University"翻译而来的，意为（综合性）大学、高等学府，是实施高等教育、提供教学和研究条件的高等教育组织。一所现代化的大学包含着物质基础、文化精神，在其中进行教育活动的师生是大学不可缺少的组成部分。大学并不是从古就有，但教育传承却是人类与生俱来的本能，人类天生就有向往知识、渴望强大的心，大学是人类生存发展过程中的教育活动不断发展进化而来的产物。

一、古代大学的雏形

世界最早的文明之一——在四千多年前的美索不达米亚文明，曾拥有人类最古老的学校，十九世纪上半叶在中东出土了留存至今的写有文字的泥板书，"泥板的发明使教学更加直观，提高了学生识字的效率，应当称为最早的在学校使用的教具。这一点可以从考古材料中得到印证，在幼发拉底河流域的南部马里城，发掘出了公元前 2100 年的学校遗址，被认为是世界上根据考古发掘所知最早的学校。那里有陶土盆，可能用来盛水、和泥，以做泥板之用。当时人们的教学内容和目的主要就是识字，帮助儿童识字的'泥板书'

---

〔1〕［美］伯顿·R. 克拉克：《高等教育系统——学术组织的跨国研究》，王承绪等译，杭州大学出版社 1994 年版，第 203 页。

成为主要教具。"[1]上面的楔形文字在今日依然清晰可见,如《恩奇曼西和吉尔尼沙的争执》《学校学生》《文士和他的不肖之子》等刻画在泥板上的文字与思想,让我们得以窥见古代两河流域的学校文化。

古埃及的法老神庙教授知识、研究学术,长者们通过说教来教育年轻人,"智者们常常用圣贤的教导来教育子孙们,希望他们能够成为社会的栋梁,教导他们忠于法老。如果一个年轻人要有所成就,就要善于听取别人的建议。这些建议有其存在的价值,希望你能依据这些教导行事。你也会因为听取这些建议而飞黄腾达,那时记得也要教导你的子孙善于听取别人的建议。"[2]在这里培育出过著名的希腊学者毕达哥拉斯,毕达哥拉斯回归故土希腊后将所学传授给他的门徒,他和学生们一起生活,探讨学术。

在东方,春秋末年时期出现了一位大学问家,名为孔丘,字仲尼,他创立了在中国教育史上影响深远的儒家学派,他从 30 岁时开始讲学,创办私人学校,提倡有教无类,门徒众多,据传有弟子三千,贤者七十二人。孔子带着弟子周游列国十四年,订六经,纂春秋,其弟子及再传弟子记录他们师生的言行和思想,留下了儒家经典《论语》。毕达哥拉斯和孔子这两位东西方的先贤都奉行"大行之道",传道授业解惑,而传道又高于授业解惑,这也是古时高等教育的理念,重大道、轻术法,此时的教育已有了大学的雏形。

公元前约 387 年,柏拉图在古希腊的雅典创立了学院,取名"Academy",因为是柏拉图所创,所以它又被称为柏拉图学院。古希腊是四大文明古国之一,雅典学院是雅典繁荣兴盛的重要标志,雅典学院建立于柏拉图时期,也是古希腊雅典城邦为了培训民主制度下的演说家而开设的学院,学院里有学者教授各种知识,有点类似后来中世纪的大学。在雅典学院学习过的古希腊教育家亚里士多德师从柏拉图,重视"自由教育",英国教育家、哲学家赫斯特认为:"在希腊人的教育观念中,博雅教育对受教育者来说有一种完善心智的价值,一种与功利或职业的考虑无关的价值。"[3]自由教育是指拥有自由的人所享受生活的教育,在闲暇时间自由发展个人的兴趣,是解放心灵和智慧

---

〔1〕 参见吴式颖主编:《外国教育史教程》,人民教育出版社 1999 年版,第 9~11 页。

〔2〕 Miriam Lichtheim, *Ancient Egyptian Literature: The Old and the Middle Kingdoms V. I*, University of California Press, 1975, p. 6.

〔3〕 [英]赫斯特:"博雅教育与知识的性质",张云高译,载瞿葆奎主编:《教育学文集》(第六卷:智育),人民教育出版社 1993 年版,第 84 页。

的充满自由精神的教育。"古希腊时期的教育技术得到了一定的发展。据《荷马史诗》记载，阿喀琉斯的教师喀戎教导阿喀琉斯的时候，向他传授了骑马、掷标枪、打猎、弹奏七弦琴和医术等方法的技能。"[1]

公元前 3 世纪，在诸子百家流传的时代，世界上最古老的图书馆之一——亚历山大图书馆建立了。"公元前 334 年至公元前 30 年，亚历山大征服了地中海东岸、希腊全境、西南亚大部区域、非洲的埃及等地，建立了盛极一时的亚历山大帝国，这一辉煌的时期称为希腊化时期。"[2]公元前 300 年托勒密一世创办了亚历山大图书馆。目的是使他和他的继承者汇集和掌控整个希腊世界的智慧。它很快便成为当时最著名的文学、书籍和学者的活动中心。这座图书馆通过抄写典籍而拥有了当时世界上最大的藏书量，大胆推测其藏书高达 40 万册，而保守估计也有 4 万册。[3]据说当初建亚历山大图书馆唯一的目的就是"收集全世界的书"，"几百年间亚历山大城几易其主，但是亚历山大城一直是当时全世界知识和学问的储藏室。亚历山大图书馆其实是两座图书馆，一座大图书馆建于公元三世纪，位于缪斯神庙中，还有一个规模略小的图书馆，位于塞拉皮斯神庙之中。"[4]

此时中国历经秦汉，太学是中国封建时代的最高国立学府，创立于东汉帝国，初创时学生少，后来才发展壮大。东汉时期学风兴盛，"学莫盛于东汉，士数万人，嘘枯吹生。自三公九卿，皆折节下之。"[5]据说东汉后期太学生人数众多"至三万馀生"[6]。

隋朝隋文帝设立中央官学——国子学，隋炀帝时改为国子监，此时的教育与科举选士紧密结合。在隋唐时期之后，中国古代的教育渐渐偏离了大学之道，而逐渐倾向于求术。国子监在唐代是中央的最高学府，"贞观五年，太宗数幸国学，遂增筑学舍千二百间。国学、太学、四门亦增生员，其书算各置博士，凡三千二百六十员。"[7]国子监在唐太宗的支持下快速发展。

---

〔1〕 参见吴式颖主编：《外国教育史教程》，人民教育出版社 1999 年版，第 29 页。

〔2〕 贺国庆等：《外国高等教育史》，人民教育出版社 2006 年版，第 17 页。

〔3〕 参见［美］斯图亚特·A.P. 默里：《图书馆：不落幕的智慧盛宴》，胡炜译，南方日报出版社 2012 年版，第 27 页。

〔4〕 ［美］马修·巴特尔斯：《图书馆的故事》，赵雪倩译，商务印书馆 2013 年版，第 20 页。

〔5〕 （宋）苏轼：《苏轼全集》（上），上海古籍出版社 2000 年版，第 89 页。

〔6〕 （南朝宋）范晔撰：《后汉书》，中华书局 2007 年版，第 746 页。

〔7〕 （唐）杜佑撰：《通典》，中华书局 1984 年版，第 303 页。

在唐玄宗时期书院出现了,"书院具有授徒讲学、学术研究、藏书印书三位一体的功能,在中国教育史上发挥了重要作用。"〔1〕书院原本只是官方藏书的场所,唐代末年战乱纷纷,官学因此衰落下去,私学随之兴起。书院的兴起则是宋代朱熹创立正式的教育制度后开始发展起来的,到了宋代中期的时候,社会经济为书院的发展提供了物质基础,历经元明清,直到废科举、兴学堂,书院才真正落下它的历史帷幕。

"古代书院师生以'体道求道'为追求目标,以'民主论辩'为学习方法,以'尊师爱生'为相处准则,以'教学相长'为学习目标,以'躬行实践'为笃行宗旨。"〔2〕师生之间亲如父子。教育史家张正藩评论书院时说,"对于我国教育、社会、政治及学术思想等方面,均有极大影响。仅教育而言,如院址之优美,讲学之自由,教训之合一,以及有教无类,因材施教,注重主动自发研究精神等,若与现代之大学比,实有过之而无不及也。"〔3〕"书院教育极其重视环境的陶冶功能,环境成为重要的教育元素。书院多位于深山。"〔4〕如有"海内第一书院"美称的白鹿洞书院,位于青山绿水间,环境清幽,在其间学习不仅能够升华思想,更能在大自然中洗去世俗尘埃,得到心灵的澄净。"中国古代著名的书院一般既是教育教学机构,又是学术研究的圣地,是名师大儒进行各种学术活动的中心。"〔5〕书院的学术精神对中国教育的影响深远。

二、近代大学的产生

欧洲中世纪是自公元 476 年西罗马帝国灭亡至公元 1453 年文艺复兴期间封建制度占统治地位的时期。欧洲封建社会政治黑暗,教会盛行,僧侣阶级占统治地位,主导政治经济的发展运行,"在 14 世纪,欧洲的大学为了得到

〔1〕 参见周劲松、蒋梅:"古代书院教育对我国当代高等教育的启示",载《华北电力大学学报(社会科学版)》2000 年第 3 期。
〔2〕 参见黄勇樽:"古代书院教学的精神意蕴及现代启示",载《河池学院学报》2013 年第 3 期。
〔3〕 参见张正藩:《中国书院制度考略》,江苏教育出版社 1985 年版,第 1 页。
〔4〕 参见李凤娟:"中国古代书院教学特色对现代高等教育的借鉴",载《白城师范学院学报》2010 年第 2 期。
〔5〕 参见刘张骞等:"浅谈中国古代书院教育对当代研究生教育改革的启示",载《企业导报》2011 年第 20 期。

教会的资金而严重地依靠国际性的教皇的资助"。[1]因此当时的文化教育是被神学渗透扼制的。大学是为了方便教会和政府培养专门的人才而设立的，主要依托于教会，带有极强的宗教性。欧洲中世纪大学的教育机构有分布广泛的修道院、主教学校和堂区学校，"中世纪大学的教员与教会的教士是互通的"。[2]随着修道院的基础设施完善，建立广泛，为信奉基督教的学者们提供了一个适合聚集的场所，其中设有专门的图书室、抄写室和静闭室等。

欧洲中世纪的大学课程主要有文学课程、法学课程、医学课程和神学课程，课程中经典的部分，至今也能从中获益。文学课程中的"七艺"是中世纪大学的必修科目，"七艺"包含智者派的"文法、修辞、逻辑"和柏拉图加上的"算术、几何、天文和音乐"。在七艺中比较受重视的是修辞学和逻辑学，修辞学教材是多纳图斯的《原始语法学》、西塞罗的《论题篇》和亚里士多德的《修辞学》；逻辑学教材是亚里士多德的《工具论》和波尔菲里的《亚里士多德范畴篇导论》；算数教材是尼科马霍斯的《算术引论》，几何学教材是欧几里德的《几何原本》，天文学是托勒密的《至大论》，音乐教材是波伊提乌的《论音乐》。"随着中世纪欧洲城市的快速发展，经济日渐繁荣，所需的法律工作者越来越多，大学的法学教育适应了城市运动对系统完善的法律体系和适用充裕的法律人才的迫切需要，法学教育愈加受到重视"。[3]罗马传统的医学教材是中世纪大学医学课程的主要内容，经过阿拉伯人传播来的东方医学也可以作为课程内容，如康斯坦丁编著的希波克拉底和盖伦的著作集《医学论》。神学课程则有权威的教材《圣经》。

公元6世纪后，随着西欧封建制度的发展，开始产生了服务于封建主的宫廷学校和骑士学校，科目基本和教会学校一致，在教政合一的背景下，培养官吏的宫廷学校也摆脱不了宗教色彩。公元11世纪至12世纪，西欧封建制度发展到顶峰时期，经济、政治都渐渐繁荣，对文化也有了更高的需求。意大利是欧洲中世纪经济较为发达的地区，这里诞生了第一所近现代意义上的大学——博洛尼亚大学（University of Bologna），其校徽上写着A. D. 1088，意为成立于1088年。之后中欧和西欧相继出现了很多类似书院的小规模大

---

〔1〕　参见贺国庆等：《欧洲中世纪大学》，人民教育出版社2009年版，第135页。

〔2〕　贺国庆等：《欧洲中世纪大学》，人民教育出版社2009年版，第122页。

〔3〕　参见刘河燕："欧洲中世纪大学课程内容探析"，载《甘肃社会科学》2012年第6期。

学，1137 年意大利南部创立了萨莱诺大学。

1167 年英格兰国王同法兰西国王发生争端，把在巴黎大学读书的英国教授和学者召回本国。学者们为了获得国王的保护，在亨利二世的宫殿所在地——牛津聚集学习，在教会的支持下从事经院研究。这里一开始被称为"总学"，12 世纪末又被称为"师生大学"，于 1571 年通过的一项法案正式确立其为牛津大学。1209 年，牛津大学的学者在与当地镇民发生冲突事件后又转移到了由方济会、本笃会和圣衣会在东北方的伦敦郊区建立的剑桥镇，在那边的剑河边上建立了剑桥大学。

近代大学产生的主要目的是培养人才，而与谋生的技能手段并无关系，脱离生产生活，牛津大主教约翰·纽曼说过，"大学教育应该远离今后的职业和谋生的技能，而传授神和自然的大道。"当时的大学大多实行"General education"，译为通才教育或通识教育。教育服务于社会，被社会认可的精英是要具备多方面复杂本领的，不仅要有文化学识，还要有社会责任感、献身精神和管理能力，等等，尤其重视文科。"通才教育中的学生基础知识广博、视野开阔，这不仅有利于他们个人智力的开发、人格完善和创造力的发挥，而且在实际工作中更有继续发展的空间，更适合于在瞬息万变、迅猛发展中的社会生存。"[1]

后来又产生了专才教育，其重在培养能适应专业行业实际需要的具有实际工作能力的人才，这对经济的发展有促进作用，但专才意味着局限于专一，其短处也显而易见，"能够在所学习的范围内有效地工作，但缺乏灵活地调整职业前途和继续发展的潜力，相应地，个性的发展往往也不太和谐和全面"[2]。

中世纪的大学离不开宗教的钳制，限制了思想的自由平等发展，"大学是一个封闭的象牙塔，保守而且落后，非但没有能够促进社会变革，甚至起到的是相反的作用，对于社会中出现的各种新的思想潮流持排斥态度，阻碍了社会变革的开展。就像中世纪大学研究专家雅克·韦尔热（Jacques Verger）所评论

---

〔1〕　参见梁明霞："试论高等教育培养目标综合化——通才教育之我见"，载《中国冶金教育》2005 年第 5 期。

〔2〕　杨东平：《通才教育论》，辽宁教育出版社 1989 年版，第 8 页。

的那样，近代早期的大学并不享有什么好名声。"〔1〕但也不可否认它们促进了欧洲文化的普及和教育活动的兴盛，这些中世纪大学的一系列制度在历史演变中逐渐发展完善，有其时代局限性，也有不可否认的功绩，"任何人也不能抹杀过去的教育对人类文明的进步做出的贡献。"〔2〕正因为有中世纪大学教育的存在，才能由此发展出现代的大学。

三、现代大学的发展

现代大学是由欧洲中世纪大学继承发展而来的，学校制度包含课程设置、学位制度等，都能在几百年前的教育历史中追溯到其源头。现代大学始于1810年创立的德国柏林大学。柏林大学拥有先进的教育理念，因此自建立后便迅速崛起，是世界高等教育历史上的一颗璀璨的星子，拥有现代大学之母的美誉。这个成功的现代大学的典范对我国的高等教育建设有着很大的启示作用。

我国的大学诞生于19世纪末，它并不是自然发展而来，没有经历过自由学习的阶段，而是特定时代背景的产物，一出生就带有专业实用教育的性质，具有中国本土特质的同时也具有浓厚的外来色彩。

晚清时期的大学效仿日本。1840年鸦片战争中，列强利用坚船利炮打破了清政府封闭的国门，让中国的有识之士意识到了自然科学的重要性，提出"师夷长技以制夷"，中体西用，主张教育改革，创办新式学堂。此时的京师同文馆、上海广方言馆、马尾福建船政学堂、天津水师学堂、湖北武备学堂、江南水师学堂等新式学堂以教授外语和军事为主，教学科目和学习方式具有高等专门学校的特点。

1893年的湖北自强学堂，由湖广总督张之洞创办于湖北武昌；1895年创办的北洋大学堂，由天津中西学堂改办而成，是近代最早的官办大学，也是现在天津大学的前身；1896年的南洋公学，这是我国最早兼有师范、小学、中学和大学这一完整教育体系的学校，也是现今上海交通大学的前身；1898年的京师大学堂成立于戊戌变法时期，是中国近代第一所国立大学和综合大

---

〔1〕　[比] 希尔德·德·里德-西蒙斯主编：《欧洲大学史》（第二卷），贺国庆等译，河北大学出版社2007年版，第11页。

〔2〕　顾明远："对教育定义的思考"，载《北京大学教育评论》2003年第1期。

学，也是现今北京大学的前身。

中国近代比较完善的学校制度系统始于 1902 年新颁的《钦定学堂章程》和 1903 年制定、1904 年颁布的《奏定学堂章程》，这个在清朝末期颁布的教育文件确立了中国近代的学校制度。1905 年科举制废除，中国近代高等教育体制基本建成，京师、北洋、山西三所国立大学堂分别设立，全国官私均兴起了办学热潮。

民国时期的大学参考借鉴美国的教育体制。辛亥革命推翻了封建专制帝制，解放了人民的思想，为教育的发展提供了土壤。"壬戌学制"是 1922 年 11 月中华民国北洋政府以大总统令颁布的《学校系统改革案》中规定的学制系统。为区别于壬子癸丑学制，又称新学制，新学制主要参考了美国教育制度，强调教育的相对独立性，推行平民教育，目的是为普及教育。这一时期，诞生了很多有名的大学，现今的名校多为民国大学发展演变而来。1928 年，国民政府在三大古城建设国立中央大学、国立武汉大学、国立浙江大学。1937 年，国立中央大学、国立北京大学、国立清华大学、国立武汉大学、国立浙江大学五所国立顶尖大学在全国进行统一招生考试，简称五大名校联考。

抗日战争时期，迫于战争，大学内迁。1949 年新中国成立，国家开始成立公办大学，国家经济建设初期照搬苏联模式，这也体现在教育上。1952 年，中国学习苏联单科大学模式，调整高校院系，各大学开始拆分，原私立大学几乎全部取消，这一改革涉及到全国四分之三的大学。1978 年十一届三中全会确立了党的改革开放的基本路线，开始探索中国特色社会主义道路，同时也开始建立和完善中国特色社会主义高等教育模式，主要参考欧美高校教育模式，同时学习世界各国优秀大学的先进发展经验。

四、当代大学的现状

在当代，大学的综合性越来越强，和社会的联系也越来越紧密。大学既作为传承知识和创新知识的领地，又越来越成为文化的聚集地、信息汇集的中心。大学纷纷走出"象牙塔"，越来越往多元化、巨型化、复杂化、国际化的方向发展。大学是当代社会中具有较大影响力的一个社会组织，它既是教育机构、科研机构，又是社会服务机构。它是社会机构的重要一部分，是教育结构中的重要一环，也是大多数现代人人生中必经的一段美好过程。

（一）大学功用的多元巨型化

美国著名教育改革家克拉克·克尔于20世纪50年代长期担任美国加州大学伯克利分校的校长，他提出了"多元化巨型大学"的概念，"现代美国多元化大学为什么能够存在？历史是一个答案。与周围社会环境的一致是另一个答案"。[1]"巨型"是指组成大学的群体多样化，巨型大学有北京大学、常青藤大学和斯坦福大学，等等；"多元化"是指这些社群分别都有自己的权力中心、目标和服务对象，分别表现在结构、职能、管理、规模方面的多元化，多元化大学是组织结构较为松散的大学。克尔的《大学的功用》中指出："如今，知识是社会的核心。越来越多的人和越来越多的机构从来没有像现在这样需要，甚至是要求知识，大学作为知识的生产者、批发商和零售商，不可避免地要向社会提供服务。"[2]

随着时代的发展和社会的进步，大学的作用逐渐凸显，在世界发展中扮演的角色越来越重要。同时，负担在大学肩上的责任也越来越多，人们对大学有更高的要求、更高的期待。但学校的教学和研究工作周期性长，成果来之不易，有时更需要在多元化中保持对教学和科研的专一。"回顾历史，中国秉承一以贯之又与时俱进的高等教育重点建设思想，从重点高校、'211工程''985工程'到当前的'双一流'建设，走出了一条中国特色社会主义高水平大学建设之路。这既实现了高等教育整体大发展，又满足了不同时期国家建设的需要。"[3]当代大学要不断改革进步，要在信息社会和知识经济的浪潮中有风雨来临时承担得起责任的能力。

（二）大学制度环境的复杂化

中国的现代大学制度大部分是学习西方大学制度，自身的制度发展仍存在一些缺陷，如行政化强、学术的自由氛围不足等。大学面向整个社会，现代大学制度有利于协调国家、社会和学校与学校之间的关系，有利于在自主办学的同时接受国家宏观调控的政策指导。根据制定的规章制度科学地管理

---

〔1〕　参见［美］克拉克·克尔：《大学的功用》，陈学飞等译，江西教育出版社1993年版，第29页。

〔2〕　参见［美］克拉克·克尔：《大学的功用》，陈学飞等译，江西教育出版社1993年版，第80页。

〔3〕　参见马陆亭："高教70年：在服务国家建设中转型升级"，载《中国教育报》2019年9月30日，第05版。

好大学本身，是一所大学组织结构合理和正常运行的保障。而大学制度环境十分复杂，大学和政府联系过于紧密，大学参考学习政府的管理模式让大学的行政化加强、学术机构设置琐碎、人力资源较封闭，等等。

强化学术为中心，"进一步明确学术组织的职能、运行规则，发挥学术委员会等组织在学科建设、学术评价、学术发展中的作用；拓宽师生参与民主管理、民主监督的渠道，完善职能部门的联合工作机制，协同制定政策。"[1]大学制度的变革是一个长期的过程，适合中国国情的社会主义现代化大学制度也是需要长时间摸索的，但相信在中国特色社会主义道路的引领下，中国的大学能找到自己的特色之路。

（三）大学交流的国际化

人类命运共同体理念的提出是符合世界发展规律的，这一理念也为大学教育国际化发展提供了机遇。大学作为承担国家兴衰的重要组织，更有选择这一道路的责任，这是符合当代发展趋势的选择。顺势而为乘风起，大学也在开放化、国际化的道路上加速前进着，具体表现为学生的国际化、跨国旅行和游学的成本下降，越来越多的学生考虑出国学习。

全球经济一体化、地球村的形成，让大学也必须走上大学村的道路。大学间互相交流，把目光放眼到整个世界，这对师生和大学本身国际水平的提升也提出了要求，因此类似国际金融、国际贸易、国际语言的课程只会越来越多；师资的国际化，国际课程的丰富，优秀大学的政策吸引，异国优美的风土人情，都吸引着人才和资金的流动。大学之间开展国际合作与交流已经是既定的趋势，例如交换学生、合作科研、访问学者等，又比如学校组织大学间的跨越国界的游学，互相领略对方的优秀学习资源等。

第二节　大学的功能

大学首先是社会组织机构，具有服务社会、造福人类的功能。大学不是普通的社会组织机构，它是一个学术机构，从诞生之日起就在不断地为探索知识服务。大学诞生于知识的需要，因知识的汇集而不断发展，大学要从技能职业到性格气质、精神追求，全面地、理性地改变人。一般来说，当代大

---

[1]　董奇："创新体制机制是高校改革的关键"，载《人民日报》2013年11月21日，第18版。

学主要有五大功能，即人才培养、科学研究、服务社会、文化传承与创新、国际交流与合作。人才培养是大学的核心功能；科学研究是大学的重要职能，也是人才培养的重要途径；服务社会是人才培养和科学研究功能的延伸，大学通过人才培养和科学研究服务社会；文化传承与创新是大学的文化使命；国际交流与合作是大学自身发展的迫切需要。大学的这五大功能相互联系、相互促进、不可分割。

一、人才培养是大学的核心功能

19世纪英国著名的高等教育思想家约翰·亨利·纽曼在《大学的理想》中表示，"大学是传授普遍知识的地方"[1]，明确认为"既然大学是传授普遍知识的地方，大学就应该为传授知识而生，为学生而设，以教学为唯一功能"[2]，强调教学至上。大学在欧洲诞生时，是教师和学生共同学习和研究知识的团体组织，它产生的目的就是为了保障知识在人们之间的存续，从而实现教学自由和学术研究自由，是一个相对自治的行会组织。中世纪的大学初始带有神学性质，和神权密不可分，主要培养的人才是教会所需的教士、神学家和社会常需的医生、律师等。12世纪创办的世界顶尖的公立研究型大学——英国牛津大学初始是由学者们的聚集所形成的，被称为"师生大学"，后来又建立了许多下属学院，如基督教会学院、大学学院、皇后学院等。这所学校培养了许多世界知名的人才，有艺术大师、国家元首、政商领袖等。1636年哈佛大学创立的初始目的也是为了培养牧师和律师。

中国大学的产生也是由于生产和社会的需要，为了国家科学和技术的发展，开办了许多培养专业人才的学校，如1866年成立的福州船政学堂，这是培养海军军官和工程技术人才的专门学校；创办于1862年的京师同文馆，这是培养外语专业人才的学堂；19世纪60年代还有很多诸如此类为培养外语人才和军事人才而建立的专门学校。这些学校带有极强的目的性，就是为了满足社会进步的迫切需要而快速地培养高级专业人才。后来随着中国大学的发展和不断完善又渐渐产生了综合性质的大学，人才培养的功能却仍然是大学

---

〔1〕［英］约翰·亨利·纽曼：《大学的理想（节本）》，徐辉等译，浙江教育出版社2001年版，第1页。

〔2〕［英］约翰·亨利·纽曼：《大学的理想（节本）》，徐辉等译，浙江教育出版社2001年版，译者前言，第3页。

不可偏移的核心功能。

"以育人为本，全面实施素质教育"，学校是传授知识和培养人才的地方，大学教育的主要目的就是培育出高等教育人才，最主要的责任便是承担着国家建设和发展的人才培养。人才培养不仅是传授专业知识与专业技能，更重要的是促进大学生的全面发展，塑造他们高尚的精神品质，使之具备广博的知识、深厚的基础和有效进行思考、表达交流思想、作出判断鉴别的能力，具有获取知识和创新的能力，具有较强的对经济和社会变化的适应能力，从而使他们成为服务于中国特色社会主义事业的劳动者、建设者、管理者、领导者。

大学培养大学生获取知识的能力。大学是知识的集中地，是文化的漩涡中心。在大学最基本的就是学习专业知识，想要学好一个专业，先要爱上这个专业。一个优秀的人在任何领域都会优秀；相反，一个不够优秀的人，是不可能通过改变工作领域而改变人生的。大学通过课堂教学、科学研究、学术探索向学生传授各种学科、门类的科学文化，引导青年人认识未知世界，探求客观真理，推进知识创新，从而实现创新和发展人类文明的功能，为人类文明的宝库不断增添新的财富。在大学主动获取知识，提升能力，是大学生最基本的学习日常。

大学培养大学生解决问题的能力。大学是人从学生角色转变成社会人角色的场所。不同于高中老师的督促，大学老师不会太在意你个人，你所有的学习都要靠自己完成。而当你的学习不再是为了应试，这个时候就要培养起独立思考的能力，自己探索书本的知识、课堂外的知识，去图书馆做课外扩展。无论是学习上的问题，还是生活上的问题，你需要自己判断这个事情应该怎么做，自己解决切身的问题。

大学培养大学生的思想境界。从思想上来加强对大学生的培养，把大学生培养成一个有思想、有道德、有主见的文明群体。在新的复杂形势下，大学更要注重培育大学生自尊、自信、自强、自理，培养大学生正确的"三观"和良好的道德品质；在生活水平日益提高的条件下，指导大学生发扬艰苦奋斗的精神和培养坚强的意志品质；在科学技术与社会主义市场经济迅速发展的环境下，引导大学生提高能力，形成正确的观念、良好的心理素质。

二、科学研究是培养人才的重要途径

14 世纪到 16 世纪的文艺复兴、16 世纪的宗教改革运动和 17 世纪到 18 世纪的资产阶级启蒙运动在欧洲相继展开，发展了西方人文主义的同时也推动了欧洲社会的进步。文艺复兴强烈打击了欧洲中世纪的神权，宗教改革运动削弱了教会的权威，唤醒了人的独立意识。启蒙运动主张理性崇拜，宣扬自由平等民主。这些思想解放运动开启了民智，瓦解了中世纪的社会结构，也促进了以学术研究为中心的新型大学的发展。19 世纪初创办的柏林大学被称为"现代大学之父"，主张新型大学应该将教学和科学研究相结合，"现代教育之父"洪堡认为，大学是知识的综合，新制大学应该以知识为先，只有知识和学术才是大学的本质目的，而不单单只是人才的培养，这一新的人文主义思想成为了当时德国大学改革的主导思想。

德国的现代大学教育发展兴盛的时期，也正是中国现代大学酝酿的时期，因此当时欧洲的许多先进教育理念对我国的大学教育理念影响颇多。1917 年蔡元培先生在就任北京大学校长时提出"大学者，研究高深学问者也"。[1]蔡先生曾经在德国的莱比锡大学留学，他的教育思想深受洪堡的影响，他认为："所谓大学者，非仅为多数学生按时授课，造成毕业生之资格而已，实以为共同研究学术之机关。"[2]大学，不仅仅是培养专业性人才的地方，更是研究高深学问的地方，应该时刻保持对未知的好奇心、对未来的探索心、对真理的探究心。

大学的重要组成因素是科学知识。大学是人才的集中地，教师运用自己的所学，带领大学生们共同研究探索未知的领域，找寻客观的真理。洪堡在创建柏林大学时提出了大学具有研究中心的功能。洪堡倡导的现代大学理念是对欧洲中世纪传统大学的超越与升华——传统大学是以保存知识、解释知识为主，而现代大学是以发现知识、传播知识为主。洪堡确立的大学自治、学术自由、教授治校、教育与研究相统一的原则至今仍被奉为世界上著名高校的圭臬。

通过教授科学，引领学生研究科学。大学生科研可以帮助同学以课堂中学习的理论去解决实际问题，在科研实践中体会到课堂理论的作用，享受科研创新的乐趣，有利于培养对课堂教学的兴趣。大学生科研可以把学生的被动学习变为主动实践，激发学生的求知欲和强烈的创新激情，促进学生独立

---

〔1〕　蔡元培：《孑民自述》，江苏人民出版社 1999 年版，第 119 页。
〔2〕　蔡元培：《孑民自述》，江苏人民出版社 1999 年版，第 119 页。

解决问题的能力。科研训练能培养学生发现问题、勇于探索、努力解决问题的能力，求知、创新、进取的欲望更加强烈，坚持、自信、协作的信念更加坚定。

通过科学研究培养大学生的综合能力。一是学会通过各种信息检索工具，查询国内外文献，提高文献查询、分析、综述能力；二是在科研项目实施过程中，学习科研支撑知识和技能，全面和深入拓展获取和吸收新知识能力；三是对科研项目实施过程中的成果和结论，学习如何以文档资料形式总结和撰写，提高文字表达和归纳整理问题的能力；四是在科研项目的成果展示阶段，提高 PPT 制作和口头表达能力。大学科学研究的开展将大学的学科、专业和课程建设、教学内容和方式等，与科学技术的发展紧密联系在一起，新的科学研究成果进入到大学课堂，是大学教学内容得以不断更新、学术水平不断提高的主要源泉。大学开展科学研究并让学生参与其中，更是激发学生的创新灵感、培养学生创新精神的重要途径。

三、服务社会是人才培养和科学研究功能的延伸

20 世纪初，美国威斯康星大学校长查尔斯·范海斯提出，大学不应该局限于教学和科研，应该基于大学的这两个职能，通过向社会输送人才和知识，达到服务于社会经济的目的。这是大学的社会服务功能的首次提出，打破了大学传统封闭的状态，被称为"威斯康星思想"。"1810 年，威廉·冯·洪堡创建柏林大学，他按照'学术自由'和'教学与研究相统一'的原则对柏林大学进行改造，大学理念首次发生了根本性变革，科学研究也就成为大学的第二功能。传统西方大学也从'象牙塔内'中走了出来。"[1]美国 1865 年创办的康奈尔大学，办学之初的理念就是为州服务，把教育和实用性紧密结合起来，体现了美国的实用哲学。康奈尔大学重视大学科研服务于社会的职能，向社会推广工农业的实用技术和知识技能，赢得了社会和政府的广泛支持，为学校的发展提供了物质保障，康奈尔大学因此被称为大学服务社会的先锋。

克拉克·克尔说："大学在维护、传播和研究永恒真理方面的作用简直是无与伦比的；在探索新知识方面的能力是无与伦比的；综观整个高等院校史，

---

〔1〕［美］德里克·博克：《走出象牙塔——现代大学的社会责任》，徐小洲、陈军译，浙江教育出版社 2001 年版。

它服务于文明社会众多领域方面所作的贡献也是无与伦比的。"〔1〕"大学功能是指大学在其理念或精神指引下通过其现实运作所能发挥出来的积极、有利于社会的作用。"〔2〕"铸就了世界历史上一种新的社会力量，以往任何地方的大学都不曾与其社会日常生活有过如此密切的联系。"〔3〕中国大学的社会服务功能也贯穿了大学的产生和发展过程，经历了从最初的以救国救民为己任的官办专业性学堂，打破封建驱逐落后的民办大学，新中国成立后为了发展社会经济、为国家培养各类急需的专业人才的大学，到改革开放后为了建设社会主义现代化服务的大学，及至今日，为了国家繁荣、民族复兴的现代化大学的发展过程。大学是社会发展的重要职能机构之一，大学服务社会的作用随着知识经济时代的发展而日益显著。大学的社会服务功能也得到了普遍认可。

人才培养是服务社会的直接表现。教育是人类社会特有的一种社会现象，是培养人的一种社会活动，是为社会培养人才。大学通过对学生的培养，向社会输送新鲜血液，传播新思想，增强社会文化氛围，通过科学研究促进经济的发展、社会的进步，这都是大学服务于社会的体现。大学的人才培养紧跟社会需求也是与时俱进的体现，人是社会的一分子，人才服务社会才能实现自身的社会价值。

科学研究是社会进步的推进器。科学研究能解决社会现有的技术问题，破除阻碍社会发展的技术瓶颈，解决社会民众的生活小问题，满足企业的科研需要，解决国家的重大战略需求，直接推动社会方方面面的发展进步。大学进行科研活动，最终是为推动社会的发展进步。越是一流的大学，对社会创造的价值也是一流的，其服务社会的能力也是一流的。换一句话说，服务社会的能力也是一所大学价值的衡定标准之一。

大学应该发挥自身优势，更好地服务社会。随着全球化进程的加快、新科技革命的兴起，社会各个领域、各种企业基于生存和发展的需要，更加依

---

〔1〕　参见［美］克拉克·克尔：《大学的功用》，陈学飞等译，江西教育出版社1993年版，第29页。

〔2〕　参见章仁彪："走出'象牙塔'之后：大学的功能与责任"，载《中国高教研究》2008年第1期。

〔3〕　参见［美］克拉克·克尔：《大学的功用》，陈学飞等译，江西教育出版社1993年版，第19页。

赖科学技术，因而增加了同高校的联系与合作。大学通过不断为社会提供新思想、新观念和具有创新思想、创新能力的人才，不断影响社会，引导社会发展。大学作为传播、创造和使用新知识的集散地，通过产学研一体化的发展模式，促进了科技成果向现实生产力转化。

四、文化传承与创新是大学的文化使命

"守护、传承、创新软实力，已是大学必须承担的新功能，也即大学应有的第四大功能。"[1]文化是大学建立的基石，文化传承与创新功能是大学发展的动力，每所大学都有其产生的历史和独特的文化传承，越是悠久的历史和深厚的文化底蕴，越是代表着这所学校的强大的软实力。一所拥有健康文化的大学能给身处其中的教师和被教育者带来精神的洗礼和思想层次的提升。

"大学像是文化交流桥上的搬运工，通过自觉的文化传承与创新推动社会整体的文化进步。"[2]齐白石先生说："学我者生，似我者死。"托尔斯泰说过："正确的道路是这样，吸取你前辈所做的一切，然后再往前走。"知识需要创新才能保证其生命与活力，知识需要传承才能保证其根基与底蕴。知识是大学的基础，大学的任何教学、科研、服务社会的活动都是围绕知识而展开的传播知识、创新知识、运用知识的过程，只有传承和创新文化知识才能保证大学的正常运行，才能使大学的多样化职能得到良好的发挥。

大学本身就是文化的中心。对大学自身而言，大学保存文化、传递文化、创新文化，是大学创立本身的功能属性决定的。大学是知识和智慧的中心，这里集中了记录知识的书籍、教授学术的教师、充满学习热情的大学生。师生的教与学是一个小传承，千千万万个小传承汇集在一起就是社会文化的传承，这是大学的天然使命。通过知识的吸收融合碰撞出新的思想火花，对现有的知识延伸发展，从而创造出新的智慧，这是大学的自然使命。通过文化传承与创新不断提高大学自身的文化水平和教育质量。

传承文化是大学应尽的责任。优秀的文化有其自身的价值，传承有价值的文化本身就是有益的事，社会通传文化，而大学能起到一个筛选的作用。对社会而言，大学作为国家和民族教育事业的重要组成部分，传承文化是大

---

〔1〕 徐显明："文化传承创新：大学第四大功能的确立"，载《中国高等教育》2011年第10期。

〔2〕 参见程水源：《大学运筹沉思录》，高等教育出版社2011年版，第9页。

学必须承担起来的责任，通过大学教育，对传统文化"取其精华，去其糟粕"，提高国家文化软实力，促进中华民族的伟大复兴。

创新文化是大学进步的必然要求。人们会对传承下来的纯粹的传统文化惊叹赞赏，但传承者也不得不创新。对于文化来说，生存最重要。传承是为了生存，创新也是为了生存，说到底，两者只是一对对立统一的矛盾体而已。在时代发展下，传承者也在创新，创新者也在传承。文化传承与创新相结合才是大学发展的正确道路。

五、国际交流与合作是发展的迫切需要

"经济全球化、信息对称化及地球村的打造把教育国际化变成了一种必需，当然也成了大学的办学内容与重要使命，大学内在的国际属性呼之欲出了，高等教育发展对全球化趋势和高校治理结构改革的回应理为大学办学的基本要义。"[1]随着经济全球化的发展，大学教育也随着世界的发展走向国际化的道路，大学之间打破国与国的界限，相互竞争，相互融合，这是世界文化大成的趋势体现。

随着大学教育的愈加成熟和不断突破，大学这个特殊的教育组织也会越来越具有开放性，大学之间的边界也会随着世界文化的互相交错、融合而变得越加模糊，大学的功能越来越多样化的同时，大学的组织结构也将越来越自由松散。为了跟上社会的发展，大学之间也会不断朝着交流合作的方向发展，互相进行信息交流和资源共享，用开放的姿态面对世界，用海纳百川的气度包容世界。

国际交流与合作可以开阔学生视野。国际合作可以拓展大学生的国际视野，为学生提供全方位发展资源和发展平台。国际合作可以加强外语的教学，学习国际问题相关的课程，使大学生更加了解世界多元文化，更加关心国家大事和国际问题，对世界发展有更清晰的认识。学校通过组织留学、进修等学术活动，和国际学校共同培养人才，互相提供设备资料，有助于大学的教育力量提升。

国际交流与合作可以吸引国际人才。各大高校积极与国外学术组织、科

---

〔1〕　参见赵旻、陈海燕："国际交流合作在大学的职能定位研究"，载《中国高等教育》2017年第17期。

研机构以及国际企业合作进行项目研究与开发，既可以增加高校研究人员的国际经验，又可使研究成果应用于实践，提高大学的知名度。把我国大学的教育资源优势与国外的教育资源进行整合，将会吸引更多的优秀学生，而更多的优秀学生进入到一流大学深造，会成为我国各方面发展所需的人才，同时也会扩大我国高校的知名度，吸引更多的教育资源，从而形成一种良性循环，有助于我国大学的可持续发展。

国际交流与合作可以丰富学校底蕴。大学之间互相交流合作，能够促进互利共赢。大学之间互相学习先进的经验，不断取长补短，才能共同进步，保证发展。大学和人一样，各有不同，各有所长，各有特性，各自有其宝贵的部分。人的成长需要不断学习和交流，大学的进步也离不开大学间的交流与合作，而打破国际壁垒，进行跨越国界的大学间的交流与合作，在全球范围内实现教育资源的优化配置则是世界一体化的自然趋势，是经济全球化的必然结果。

第三节　大学生教育

教育如同书法，执智慧笔，取博学墨，行云流水地把"人"字写得舒展大气、秀美婉丽。大学教育作为教育体系中的高级阶段，更要重视将大学生培养成全面发展的高素质人才。大学对学生的教育不是仅仅对学生进行专业教育，而是要将学生培养成为有高尚品格的、有教养的人，这样才符合大学育人的本质。大学应致力于培养学生完整的人格、净化学生的心灵、修养学生的品行、锻炼学生对事物进行批判的能力。

《大学重建》中有这样一段话："大学应该是一个社会的良知和思想的发动器，大学应该为这个社会，培养具有正义、勇气和智慧的学子，让他们在走上社会之后有能力去逐步改善这个社会中不好的东西，促使社会的发展，并不断致力于人类物质社会的改造，以及科学、艺术文学等精神文明的探索和提升。"[1]一个学生进入大学进行学习，意味着他的学习已经进入了学习的高级阶段，可以进行相关专业化的学习，并且能够通过自己的学习为社会创造出更多的价值。因此，大学也就成了向社会输送人才的一个重要基地，是

---

〔1〕　姚国华：《大学重建》，海天出版社 2002 年版，第 9 页。

中国教育的重要核心。

一、大学生自身的特点

新时代的大学生是一群肩负着国家未来和民族发展的青年群体，培养大学生是大学的职责所在，行使好这一职能的前提是对大学生的状况有充分的了解和掌握，这样，大学生教育才能与大学生紧密契合，才能更有针对性地教学、获得更好的教学成果、取得较高的教育实效性。大学生正处于青春发育期，是一群刚从高级中等教育阶段毕业的大孩子，位于青少年和成人的交界，从年龄上看似成年，但从为人的各方面看却都缺少面对社会的经验，生理和心理都还处在不断成熟的阶段，是一群单纯又无知的准成年人，这是他们的不足，也是他们的宝贵之处。单纯意味着可塑，无知代表着无畏，大学生教育正是要把这一群独特的青年教导成对未来充满希望的、能够推动社会发展的后备军和祖国建设的接班人。

（一）大学生的优势

大学生的可塑性强。大学生的三观尚未完全定型，具有成长的不确定性，加以正确的引导会获得更好的教学效果。大学生的身体尚处在未完全成熟阶段，大学生可以在大学教育中选择自己喜欢的体育运动，在锻炼身体、提高自身身体素质的同时培养自身的运动能力，开发出身体器官和机能的潜力。大学生有充分的自主性，高自由度使大学生有充分的参与多样化实践活动的自由，大学生在自由支配时间的同时也是在发展自身不同类型的能力，在发展中逐步使自身变得成熟和完善。

大学生的好奇心强。好奇心比知识更珍贵，是一个人对世界探索的欲望和对真理的追求，拥有好奇心的大学生会在大学教育活动中更具有主动性和积极性，这对教育实践的互动有积极影响。大学生对知识、技能和未知领域的好奇心催生了大学生对提高自身的需求，突出了大学生自身的主体地位，大学生是教育的主体，只有大学生主动参与，才能更好地激发教育的意义。

大学生的学习能力强。大学生接受新知识的能力较强，作为成功走过高考这座独木桥到达大学的彼岸的一群人，大学生本身就是高中生中学习能力较强的那一部分，高三后期阶段大量的复习总结，也锻炼了他们的自学能力。大学教学是开放式的集体教学，大学生在教学过程中互相学习、互相讨论，这种合作学习的过程能有效共享思维，而网络的开放和时代的快速发展也让大学生们每天都处在日新月异的信息洪流中，新的信息、新的知识也能锻炼大学生的创新能力。

（二）大学生的不足

大学生的实践能力和知识储备不平衡。从教育方面来说，大学生是通过十几年知识教育成长起来的未来的人才，在大学之前的教育活动中，更侧重于知识的储备，很少把知识运用于实践生活中去；从生活方面来说，中国现今的独生子女不少，大多备受宠爱，很少有自己参加实践活动的机会，也就没有得到社会实践的锻炼，缺少在社会上必有的人际沟通和自我认识能力，缺少实践经验，欠缺解决问题的能力。

大学生的自我意识和责任意识不平衡。教育中倡导自尊自强，这有利于大学生主体意识的培养，使大学生们更加注重自我，更乐于自我奋斗，享受自我追求。大部分大学生都有强烈的个人特色，着装、兴趣爱好、言行举止都体现出他们个人的心理和性格特征。但是，在主体意识增强的同时，有些学生过分强调个体独立性，一切以自我为中心，忽视群体性，造成集体主义思想淡化，团结协作意识差，利己思想和行为盛行，不能明确自身责任。

大学生的生理和心理的不平衡发展。大学生处于青春发育的"暴风雨时期"，生理发育极为迅速，已基本趋于成熟，但由于阅历较浅，社会经验不足，考虑问题不够全面，心理不够成熟，有些过于敏感；对人生和社会问题的认识往往飘忽不定，有时正确深刻，有时错误肤浅；独立处理生活中遇到的学习、情感、人际关系、社会关系等问题时，不善于自我调节，抗挫折能力很弱，不敢面对这些挫折和困难，有时会产生消极的情绪或者极端的行为。这对大学生的未来发展极其不利。

二、大学生教育的原则

（一）以人为本教育原则

人本主义教学理论又称情感教学理论，是 20 世纪 60 年代在人本主义心理学基础上发展起来的一种教学理论。美国人本主义心理学家罗杰斯的非指导性教学认为教学的本质即促进学生成为一个完善的人，在教学过程中，教师起促进者的作用。教师通过与学生建立起融洽的个人关系，促进学生的成长。顾明远先生也说教育的本质是传承文化和培养人才。

大学是以人为中心的。大学教育的本质依托是人。大学教育的本体是人，教育认识和实践的对象是人。教育之所以为教育是因为人。教育的目的是把人培养成可以充分发挥自我作用，实现自我发展，获得自我实现的人。大学教育的主体是大学生。大学生教育就是要面向全体大学生，根据来自五湖四海、来自农村城市的学生们，根据他们所选择的专业方向进行教育。

尊重每个大学生的本性。因材施教，最适合的教育比最好的教育更重要。"人的本性，当它自由运行时，是建设性的和值得信赖的"。[1]每个大学生都是一个独立的个体，他们是完整的、具有丰富情感和独特个性的人，他们在掌握着自身的智慧和力量的基础上，在大学体验着各自的教育生活。每个大学生由于遗传素质、社会环境、家庭条件和生活经历的不同，形成了个人独特的心理世界，他们在兴趣、爱好、动机、气质、性格、智能和特长等方面各不相同，在不同的学习场合之中，不同类型、不同能力水平学生的学习表现是极为复杂的，因材施教并非要减少学生的差异。实际上在有效的因材施教策略影响下，学生学习水平的发展差异可能会更大，因为能否更充分地得益于受教育条件，这本身就是潜能高低的一个表现。

尊重大学生的个性。在较适宜的学习条件下，潜能低者能够开发出潜能，潜能高者会发展得更快，对于不同水平的学生应设计不同的教育方向，这样才能最大限度地实现教育人的目的。大学让每个大学生的天性得到释放，让大学生与生俱来的能力得到成长，让他们找到属于自己的天赋，让大学生在具备知识的同时具备品格，站在大学这个温柔的巨人肩上，看到更广阔的天空，用自己的手书写出诗一般的大学生涯。

（二）全面发展原则

教育的目的是培养全面发展的人。教育要"确保人格的全面发展并使每个人都能充分准备参与社会的经济、社会和文化进步"[2]。大学生是处在发展中的人，大学阶段是他们身心发展最迅速的时期，大学生具有很大的发展潜力和可塑性。在大学教育里，有充足而多样化的专业和科目，而专业和科目的分类是人为的，知识固然有不同的类别，但是不同范畴的知识，当中的分类往往不是那么清楚，而且也不是只有一种可能的分类方法。现实世界上要解决的问题是多元化的，我们没有理由相信，一个几百年前甚至是几千年

---

〔1〕　皮连生主编：《学与教的心理学》，华东师范大学出版社 2009 年版，第 262 页。

〔2〕　李友芝："八十年代世界教育改革纵横"，载《复印报刊资料（教育学）》1990 年第 4 期。

前定下来的科目分类，可以刚好满足今天世界的需要。要解决一个现实的问题，我们往往需要不同科目的知识。为了能够在有需要的时候，可以运用这些不同科目的知识，我们就需要全方位的知识，这样才能够从多角度思考，灵活运用不同范畴的知识来解决问题。全面而系统的教育，在于这种教育会使人更能把握自己的方向，更能灵活应对遭遇的各种困难。

科学性与思想性相结合。这要求大学教育要把先进的科学知识和积极的思想品质传达给学生，作为教授主体的教师自身要具备这两个要素，以不断提高自身业务水平和思想水平为前提，进行思想品质教育的时候要注意结合科学知识，挖掘教材中的思想，同时结合课外辅导、考试等手段在潜移默化中塑造大学生的品格。"人的全面发展理论，核心问题是应该从人的各方面能力的均衡发展、人的社会关系的全面发展、人的个性的充分发展、个人需求的全面满足来掌握。"[1]

知识积累与智能发展相结合。"全面发展强调的是发展的非片面、非畸形、整体性、充分性和和谐性"。[2]智能是对知识分析、理解、运用的能力，知识只有与智能相结合时才是完整的学习，知识与智能相互联系又相互区别，它们不是一同增长的，但智能的发展离不开知识的学习和积累，否则就成了无源之水。要做到知识积累和智能发展相结合，前提就是教授给大学生基础的知识，然后培养其对知识分析使用的基本能力，用正确的教学方法培养大学生运用智能主动探索未知知识的能力。

（三）理论联系实际

"纸上得来终觉浅，绝知此事要躬行。"理论联系实际原则是指教学要以学习基础知识为主导，从理论与实际的联系上去理解知识，注意运用知识去分析问题和解决问题，达到学懂学会、学以致用的目的。大学教育遵循理论联系实际的原则，加强理论教学，把理论知识教透、教活的同时，为学生把理论知识运用于解决实际问题提供机会和场景。

理论和实际之间需要一座桥梁互相联系。教师把经过归纳总结的知识教授给学生，教授的只是从实际生活中获得并总结的知识，省去了学生探索的

---

〔1〕 参见李冬香、徐亚杰："浅析马克思主义关于人的全面发展理论的时代价值"，载《商业文化》2011 年第 7 期。

〔2〕 徐先艳、王义军："马克思主义人的自由全面发展理论与新时代青年发展"，载《中国青年研究》2018 年第 8 期。

时间，但也使学生不能对这种轻易获得的知识有切身的体会。大学教授的是二手的知识，真正获得一手的知识则需要大学生主动去理解理论，联系实际生活，把所学运用到实际中，让书本的知识实体化，这不仅能加深大学生对所学理论的理解，还能培养学生自主学习的能力。

理论与实践两张皮有机结合才能真正起到教育的作用。理论与实际之间相互影响、相互作用，在大学教学中贯彻理论联系实际的原则，就是要正确处理书本知识和实际生活之间的联系，根据学科的内容、任务、目标并结合学生的特点，适当地组织教学实践活动或社会实践活动，实践经验是对理论学习的有效补充，这两个方面紧紧结合在一起，让大学生多练习、多实验、多实习，才能起到更好的教学效果。

（四）教学和科研相结合

教学和科研谁是第一位？大学教育中学校教学和科学研究的关系是一个被长期讨论的话题，教学是教师用最浅显易懂的语言让学生学会重要的理论知识，科研是知识的深入研究，是教学的第一生产力。教学和科研是互相促进、相辅相成的，没有高低之分，没有科研成果，教学就无法存续。大学教育要"旨在使学生更好地掌握所学理论与知识，获得研究能力的训练，养成科学的世界观、工作态度与创造精神；使教师队伍始终处于科学技术和学术文化发展的前沿，保证教学内容与质量的不断更新与提高；吸收学生参加研究工作，为学校科研增添活力，加强力量，获取更多更好的成果；使学校更好地满足社会、经济与科学技术发展不断提出的需求"。[1]

教学科研与教学实践相结合。教学水平的提升离不开科研，科研的发展离不开教学实践。教学离开科研，将难以把课程的内容和实际应用相结合，不利于教学过程中学生接受、理解书本知识；科研也无法离开教学实践，大学的教育活动中难免会遇到各种问题，而这些问题的解决就需要集中人才和资金，通过实践去研究。教学和科研是互相服务、互相补充的，教学问题的解决促进了教学质量的进一步提高，只有积极解决教学实践中的问题，主动积极地进行科研活动，这样才能避免出现教学停滞不前、科研举步维艰的局面，才能更好地实现教育的价值体现。

教学科研课题要高度关注教学过程中出现的焦点、热点、难点问题。大

---

〔1〕　顾明远主编：《教育大辞典》，上海教育出版社 1998 年版，第 1716 页。

学的科学研究功能和教学功能同样重要，在教学的同时兼顾知识创新的使命。学会研究问题是大学必备的技能，而在大学教学中善于发现问题也是重要技能，只有发现问题才能解决问题，才能促进知识创新，提高教学水平，才能教育学生更新、更专业的知识，才能带领学生共同研究，让大学生掌握研究的思路，拥有自主思考问题、研究问题的能力。在教学活动中关注焦点、热点、难点问题是学校学科建设的需要，在解决焦点、热点、难点问题的过程中把教学和科研更好地结合起来，集众人之力和百家之长进行深入的探索和研究，寻找有效路径解决和攻克难点，共同促进知识水平和教学质量的提高，这既是教学科研转化为生产力的方式，同时也能产生更大的经济价值和社会效益，更好地为大学教育服务。

三、大学生教育的内容

（一）知识教育

19世纪英国教育家约翰·亨利·纽曼（John Henry Newman）在《大学的理念》一书中强调了教育功能。纽曼从词源学的角度认为，"大学（University）是传授普遍（Universal）知识的地方"。他主张大学应平等、完整地传授各种知识，大学的目的有两方面：其一，大学教育是理智的，而非道德的，大学教育的目的是理智训练，发展人的理性；其二，大学教育重在传播和推广知识而非增扩知识。

在知识上投入多少都不算多。大学教育设置的课程一般有专业课、学位课和公共选修课等，通过专业教育可以增强学生对所学专业的认可度和归属感，让学生了解自己即将学习的专业内容、发展方向、可从事的工作，还有目前已有的研究内容、前沿知识，引导学生对所学专业感兴趣，培养学生刻苦研究专业知识的精神。"三百六十行，行行出状元"，没有绝对的好专业和坏专业，所谓的不喜欢也只是因为投入时间和精力还不够，专业教育的目的就是让学生静下心来，用最美好的时光纯粹地学习，刻苦钻研，学有所得。

增强大学生的知识多样性和多面性。目前为了提升大学生多方面学习能力，拓展大学生的思维方式，提升跟随时代的课外实习意识，很多大学为大学生增设了多样性的课程，也就是非专业课。在专业的必修课程之外，选择学习感兴趣的选修课，"专业选修课的设置本来就具有一定开放性，可以拓宽学生的视野，满足社会多样化的需求和学生的个性化需求。"〔1〕保证专业素质的同时拓展其他方面的知识。

授人以鱼不如授人以渔，传授给人既有知识，不如传授给人学习知识的方法。教会知识的同时，教会大学生自我获取知识的能力。大学生教育不仅仅是知识的灌输，大学教育的自主性给学生学习自由的同时，也让学生锻炼了自主获取知识和思考问题的能力。大学教师把学习方法贯穿在课程内容体系里面，在教授给大学生知识的同时也能潜移默化地训练大学生的学习方法、学习思维和解决问题的能力。

活到老学到老。学习是终身的事情，大学让大学生在在校期间得到知识储备的提升，但离开学校后学生是否就会在学识增长上停滞不前？如果学生只会填鸭式地记住些知识，随着时间逝去，记忆也开始斑驳，不仅没有提升，反而一直在倒退，这就失去了进入大学的意义，在大学里得到自我获取知识能力的提升，才是真正学得了一个终身实用的技能，才能得到真正的自我提升。

（二）体育教育

徐特立说："一个人的身体，决不是个人的，要把它看作是社会的宝贵财富。凡是有志为社会出力、为国家成大事的青年，一定要十分珍视自己的身体健康。"美国思想家爱默生说："健康是人生的第一财富。"毛泽东说："身体是革命的本钱。"身体也是读书的本钱，拥有一副健康的身体是大学生能拥有快乐大学生活的基本条件，健康的身体可以保证大学生拥有抵御疾病的抵抗力、参与校园活动的体力、参与兴趣兼职时的劳动能力和上课时能够活跃集中的注意力，因此体育教育至关重要。

大学体育是大学教育中的重要组成部分。体育运动对人的身体和心理都有积极的影响，运动锻造良好的体魄，而良好的体质是大学生能积极进行大学教育活动的身体基础，大学生的身体关系到大学学习的顺利进行，关系到大学生活的丰富或贫瘠。学习体育知识和参加体育活动，可以直接增进身体的健康，这是体育课程最直接、最显著的作用，也是学校能培养出合格人才的一个关键点。

---

〔1〕　参见姜朝晖、张立胜："高校历史专业选修课开展研究性教学的意义与实施"，载《德州学院学报》2012年第5期。

大学体育教育能保证大学生的身体健康。大学生的年龄决定了他们的身体还处在发育期，适当的体育锻炼能使大学生有健康的体态和优美的形体，增强大学生的自信心。大学体育能教会大学生基本的体育知识和技能，拥有进行基本体育活动的技术，这些技能和方法不仅能提高自我锻炼身体的能力，还能帮助大学生养成自觉锻炼身体的习惯，这些习惯会让大学生们受益终身。大学体育教育也是一种对体育运动的普及，帮助开发大学生的体育潜能，发展他们的体育才能。

大学体育教育能让大学生拥有坚强的意志。单纯的运动只是活动筋骨，而大学体育教育蕴含着体育精神，把体育精神通过体育教育传达给学生，通过对身体的锻炼直接增强大学生体能水平的同时间接提升身体内外的各项品质，体育运动锻炼大学生的心理承受力，能给人带来愉快感和心理满足感，通过自身外在机体影响内心情绪，通过战胜身体的苦难，锤炼学生坚强的意志力，培养大学生顽强、坚韧、自信、勇敢和机智等美好品质，培育出大学生朝气蓬勃的精神面貌。

（三）引导大学生的心理健康和发展方向

大学生来到陌生的校园，由于远离家乡和关爱自己的父母、对周围环境的不适应、学习压力大等因素，容易产生心理不健康的隐患，如果时常积压在心里，也许会造成不良后果以致危害大学生的心理，影响他们的学习和生活，如果这些心理问题不及时解决，也许会产生抑郁、偏执等消极的情绪问题，危害学生的健康，大学生要有健康的心理环境，掌握心里的度，包括适度的自尊心、适度的自我成就感、适度的自我批评、适度的主动性、适度的人际关系、适度的娱乐活动等，帮助大学生掌握好大学学习和生活中的度，大学教育中的心理健康教育就显得尤为重要。

"大学之道，在明明德"。大学生教育最重要的是培养正确的三观，三观即世界观、人生观、价值观，如果大学生不小心走入误区，将来步入社会，遇到挫折后再矫正观念，将会付出很大的代价。从广义上讲，心理健康是一种持续高效而满意的心理状态；从狭义上讲，心理健康是知、情、意、行的统一，是人格完善协调、社会适应良好。大学生教育在保证知识的学习和强健体魄的同时，培养学生用积极的心态面对学习上的小问题、人生上的大问题，让学生学会不逃避、不怯懦、不偏激、不故步自封。

"务实梦想，勿忘初心"。大学是一个学生学习生涯中最好的时期，也是最坏的时期；它是闪烁智慧的时期，也是充满愚钝的时期；是满怀信仰的时期，也是自我犹疑的时期；它是奔向光明的时期，也是迈向黑暗的时期；它是希望，也能让人失望。而这些差别取决于学生自我内部和环境外部的因素，大学生心理健康教育则是从大学教育的角度帮助学生调整自我、了解自我，完成学生完全人格的塑造，培养学生对世界和自身的认知力，让大学生们都能拥有一颗健康的心。

（四）适应社会环境的教育

大学教育应该包含适应社会环境的教育，大学生是即将走出象牙塔进入社会的一股新鲜的活水，大学教育其中一个重要的方面就是为大学生适应社会而做准备，让大学生更好地汇入社会这个大江大河。大学生最终会离开校园，从学校学成并有所成就，有方向有目的地找到自己人生的路，从就业指导，到人生目的，选择继续深造或是选择就业，选择国内读研或是出国留学，做好自己的规划，有目标地安排自己的大学生活。

大学校园本身就是一个小社会。社会，就是人聚集的地方，大学是个相对复杂的社会区域，人们从各方来此汇聚，人群和个体更加复杂，但又比广义的社会更加单纯，具有一定的封闭性。在大学校园里大学生不单单是学习知识，更能学会如何为人处世，大学生可以在学习之外自主参加校园社团、课外实践，大学则努力提供给学生一个良好的校园环境。老师言传身教，大学生在社团里和同学共同努力，在校园活动中结交有理想、有抱负、有激情、兴趣相投的朋友，在班级这个小家庭里和老师、同学们一同学习、共同进步。实践活动能让学生锻炼自身的能力，让大学生热爱学习、热爱生活的同时，知道怎样学习、怎样生活、怎样做更好的自己。

社会的环境比大学校园更加复杂。在学校教育阶段，大学生面临的更多是学校的考试、学校的制度、善良的同学和博学的师长，而在社会上则需要面对工作、事业、成就、职场，等等。社会环境更遵循达尔文的"适者生存"原则，学会在进入社会时稳固自己的脚步，及时转换心理，让自己踏好迈进社会的第一步，在起点上不摇摆、不懦弱，跟上社会的发展和时代的步伐，从大学的小社会成功稳步过渡到大社会，朝着自己预想的方向稳步前进。

第四节　大学生教育的意义

高中生升入大学，这一过程代表了年龄的增长、学历的提升。上大学这一行为本身并没有意义，大学的意义是每个大学生主动赋予它的，就如同不同的选择会带来不同的结果，不同的大学生活带给每个大学生的意义也是不同的，而大学生教育能给大学生带来各方面的提升，帮助大学生找到自己大学生活的意义。

一、大学生教育使大学生获得充实的知识

对于大学生自身的价值体现来说，大学拥有庞大的知识力量，是知识的殿堂，大学生们可以在这里学习到大规模的、系统的知识，大学四年最基本的任务就是学习专业的知识。大学生在大学这个浩瀚的知识海洋里自由地汲取着自己感兴趣的各种知识，根据自己的专业方向精通各自的专业知识。扎实的学习功底是大学生进入社会后能否获得社会认可的能力基础，钱颖一教授认为："知识除了工具价值之外，还有内在价值。知识的有用性，不仅仅体现在能够提高工作成效（不管是短期还是长期）的工具性方面，知识的有用性还体现在塑造人的价值、提高人的素养、提升人的品位等丰富人生的目的性方面。"[1]知识的学习是短暂大学生涯的核心。

对于面向社会的发展需要来说，大学教育能给社会提供专而精的专业人才，随着经济社会的发展，竞争日益激烈，现代社会的各种角逐已经渐渐变成了对知识和人才的追赶，大学教育是否能向社会输送优质的专业人才成为了衡量国家文化软实力的标准之一。对应对国家的建设需求来说，大学教育的任务之一就是培养国家需要的高素质人才，培养社会主义建设的接班人，大学生对于知识的掌握程度也是自身才能的一部分体现，知识是相互联系的，拥有更大知识网的大学生总能有更加优秀的见识，国家需要广博而有知识的人。对高校建设的内在要求来说，对大学生的知识教育，即是将大学生培养成才的过程，也是发展自身知识力量的过程，只有拥有更优秀的人才，才能对现有的知识进行继承与创新，优秀学子掌握知识的力量后反哺大学本身，

---

〔1〕 钱颖一："如何理解'无用'知识的有用性"，载《北京日报》2015年6月15日，第17版。

增强了大学自身的能力，提高了大学的社会竞争力，如此才能良性循环。

二、大学生教育促进了大学生的人生成长

大学教育是完善生命的土壤、空气和水分，而不是为目的施用的化肥、农药和添加剂，大学教育不仅仅是传播给学生科学知识，更是要培养大学生健全的心理和人格，使整个人由内而外的成长。大学教育在人生的成长过程中只占有短短的四年，但这四年尤为重要，是大学生的教育生涯中十分关键的一段时光。在学生的受教育过程中，会经历来自三个方面的教育，包含来自家庭的教育、来自社会的教育和来自学校的教育。家庭是人生来就经历的最早最基础的教育，对人的成长和未来发展都具有基础性的作用；长大一点进入学校后，会度过长达十几年的学校生活，这是人的一生中最重要的教育阶段，几乎占有了人从幼年到成人的所有重要的阶段，是不可替代的教育过程；而进入社会后，大学生将在剩余的人生里不断地摸爬滚打，用亲身经历去补足人生的经验。在学校教育中，大学是整个学生过程的最后一段，大学的核心功能就是培养人才，大学教育在整个人生中是承上启下的一个教育环节。

大学教育是相对自由的教育，学生自我支配的时间变多，除了上课之外的其他时间不做硬性的管理，这给了大学生自我管理的机会，面对相对高中来说十分宽松的大学教育，大学生则多了自我教育的机会，自我管理时间，自己制定日程表，选择分配时间的方向，这会给大学生带来多种的可能。不过有些大学生更好地实现了自我的价值，有些则迷失在了自由的过程中，这些问题在当代大学生中普遍存在。大学生教育则是一根牵引绳、一根中轴心，用大学教育这一外力施加给大学生，推动他们往积极向上的道路上走，调动教育能力，提高大学生自我管理的能力，这能使一部分消极度日的人从迷失中走出来，能使本就积极学习的大学生们更加舒心地展现自己的良好精神风貌，这一自我教育和大学教育相结合、相促进的过程也是大学生自我管理能动性的锻炼过程。在大学教育的短暂四年里，大学生们人生最大的收获就是人格的完善和心智的成熟。明确对自我的认知，学会掌控自己的人生，才是真正的成长。

三、大学生教育丰厚了大学生的文化底蕴

大学的文化力量是一所大学精神底蕴的体现，一所有底蕴的大学才能培

养出有底蕴的人，一个拥有底蕴的人才能拥有自身发展的广阔空间。对大学教育来说，教授知识是基础力量，大学教育可以提高大学生的知识水平，但真正润物细无声又不可忽视的一股重要力量则是大学教育的文化力量。大学的文化力量可以陶冶学生的人文素质，大学的文化是其思想和理念的体现，其中蕴含着大学建校以来无数置身其中的师长和学子的精神回馈，是大学宝贵的精神财富。

大学的文化力量虽然细无声，但对大学生来说却影响深远，大学的文化包含校园文化、精神文化、制度文化，等等，外在表现为大学组织活动、开办庆典和各种制度章程，另一方面看不见也摸不着的则是融入在大学教育中方方面面的教育方式、思维方式、价值观念，等等。"校训凝练了一所大学世代传承的办学传统和办学宗旨，承载了与时俱进的大学精神，是全体师生员工在长期实践中所感悟的价值、共识和自强不息、携手共勉的座右铭，也是渗透、融注、贯穿于大学的各个工作领域中，内化于所有师生的思想和行动之中的一种无形力量。"[1]大学的文化力量在潜移默化中统一了大学生的思想观念，影响大学生的日常行为习惯，大学生在师生互动中更是直接受到世界观、人生观、价值观的教育。"北京大学原中文系教授钱理群于 2012 年 4 月在武汉大学老校长刘道玉召集的'《理想大学》专题研讨会'上说：我们的一些大学，包括北京大学，正在培养一些'精致的利己主义者'，他们高智商，世俗，老到，善于表演，懂得配合，更善于利用体制达到自己的目的。这种人一旦掌握权力，比一般的贪官污吏危害更大。"[2]帮助大学生形成正确的价值取向，有助于大学生在大学的校园文化中培养出积极的兴趣爱好和人生志趣。

大学的文化力量是大学的生命力的体现，是师生在教学和科研活动中的共同氛围，是大学教育中的共同语言，"要塑造既有广泛的文化修养又在某个特殊方面有专业知识的人才，他们的专业知识可以给他们进步、腾飞的基础，而他们所具有的广泛的文化，使他们有哲学般深邃，又如艺术般高雅"[3]大学文化内化大学生的内心素质，在改造大学生的同时也改造了自身，大学的

---

〔1〕 参见郭必裕："文化力量与大学发展"，载《江苏高教》2006 年第 5 期。

〔2〕 参见谢湘、堵力："北大清华再争状元就没有希望"，载《中国青年报》2012 年 5 月 3 日，第 3 版。

〔3〕 ［英］怀特海：《教育的目的》，庄莲平、王立中译注，文汇出版社 2012 年版，第 1 页。

文化提高大学生的文化素质，提升自身的文化自信和底气，大学生的文化素质也为大学文化贡献了自身的力量，文化化人，人促文化，这种互补互促的教育活动持续地反复地发生在大学校园中，实现大学与大学生之间的文化水平的共同提升。

四、大学生教育开拓了大学生的眼界

大学教育开拓了大学生认识世界的眼界。大学生在进入大学之前，认识到的世界大部分是被局限在家庭和校园之间的，忙碌的高中学业使大学生没有太多多余的时间去好奇这个世界，他们把目光专注于脚下，专注于眼前的升学，直到进入大学，才是触碰到了这个大社会的边缘，大学是社会和校园的交错，让大学生在大学的庇护下去探索外面的世界，这能让大学生们付出较小的代价就能获得更多的心得体会，是一个很好的社会实践的机会。

大学教育培养了大学生独立思考问题的能力。为了把大学生"培养成为合乎规格的人才，以便为国家建设服务"，[1] 就必须让大学生养成独立思考的习惯。因此，如何将大学生培养成具有独立思维的人也是大学教育的教育目标之一，独立思考能力与独立生活能力是相辅相成的，大学独立生活的方式自然会使大学生独立思考能力得到锻炼。大学教育相对开放式的学习会让大学生了解到知识的多面化、问题的多样性，很多问题并不是非黑即白、没有标准答案的，而这时也并没有老师让你说一答二，而是需要从自身的起点去认识问题。大学教育不仅教会了大学生思考，更重要的是让大学生知道为了什么而思考。

大学教育开阔了大学生看待社会的眼界。在这里，大学生可以认识很多老师和同学，通过和这些优秀的人的交流和互相学习，在提升自身专业知识的同时提升眼界，只有开阔了自己的双眼，才能走到更高的地方，才能看到之前目之所不及之处。机会是留给有准备的人，但前提是能看得到机会，而不是它在眼前，你却茫然不知，一个有才华的大学生需要眼界的支撑，才能了解自身身处的社会和行业，才能运用自己的所学不断朝着正确的方向提升自己的高度，才能取得理想的成就。

---

〔1〕　华岗：《培养独立思考能力的主要关键》，上海人民出版社 1955 年版，第 1~2 页。

第 二 章

大学新生适应性教育

大学新生阶段，是大学生成才的关键阶段，大学生在该阶段出现的适应性问题比较突出，能否正确认识和恰当处理这些问题，关系到他们整个大学阶段的成长和发展。本章重点探讨多校区大学新生适应性教育，因为在多校区背景下，各校区在资源配置、校园文化建设等方面存在差异，大学新生更易产生不适应感，适应性教育尤为重要。

第一节　多校区大学

一、我国多校区大学形成的背景

我国于1995年提出科教兴国战略，政府也相继深化高等教育体制改革，要求高校通过进行合并重组等方式，扩大招生规模，节约办学成本，提高办学质量，由此促成了我国高等学校一校多区办学的局面。[1]

（一）多校区办学是我国高等教育走向大众化的时代要求

美国学者马丁·特罗将高等教育的发展划分为三个阶段：一为"精英教育"阶段，二为"大众化教育"阶段，三为"普及型教育"阶段。其中，精英教育是指毛入学率小于15%的教育；15%~50%的毛入学率则为大众化教育，50%以上为普及型教育阶段。[2]有调查显示，2003年我国高等教育在校人数已为适龄人口的15%，达1600万人，这说明我国将步入或已经步入高等

---

〔1〕　参见周济："历史性的跨越 新征途的重任——中国高等教育改革与发展近期回顾和展望"，载《中国高等教育》2002年第17期。

〔2〕　参见谢志芳："多校区高校学生思想教育管理工作研究"，南京师范大学2005年硕士学位论文。

教育的大众化阶段。[1]高等教育大众化的实现，一方面有利于我国人口素质的提高，另一方面使得高校现有资源的有限与办学规模的不断扩大之间的矛盾日益凸显。在此情况下，一些高校通过高校合并或建设新校区的方式来缓解办学压力及提高办学实力。例如：原镇江医学院、原江苏理工大学和原镇江师范专科学校三所高校合并成现在的江苏大学；2000 年，原中南工业大学、长沙铁道学院以及湖南医科大学三所高校合并组建成中南大学；中山大学合并了中山医科大学，并新建了珠海校区和大学城东校区；江西理工大学由原南方冶金学院、原南昌有色金属工业学校和原江西省商业技工学校合并组建而成，拥有红旗校区、西校区、黄金校区和南昌校区，形成了一校两市四区的办学格局。

（二）多校区办学是人才培养顺应时代发展的必经阶段

人才培养关系到国家的发展，国与国的竞争归根结底就是人才的竞争。国家的人才主要来自高等教育，如何促进高等教育培养出顺应时代发展的、国家所需的人才，是我国进行高等教育改革的目标。因此，中共十五大之后，在政府的行政干预下高校进行了合并，从而形成了多校区高校的局面。这一时期高等教育发展呈现出从学科专业分化向学科交叉融合发展的趋势，人才培养由精英教育开始向大众教育过渡。通过高校间的重组或合并，以及新建校区，逐步实现了文理融合、学科互补，拓宽了学生的知识视野，增强了学生的文化底蕴。多校区高校节约办学成本、优化资源配置、提升办学实力，以培养出文理兼容、视野宽广的全面发展人才为目标是顺应时代发展的要求，是必经的教育改革阶段之一。

（三）多校区办学是接轨国际高等教育的正确选择

20 世纪 50 年代，在全面学习苏联模式的基础上，我国形成了适应计划经济体制的粗放型高等教育发展模式。这一时期高等教育具有以下特点：教育资源分布不集中，专业设置不优化，办学成效不明显等。从 20 世纪 80 年代中期开始，为了适应经济全球化和科技的飞速发展，高等教育面临新的挑战并进行了高等并进行了高等教育体制改革的尝试。党的十五大召开，吹响了我国高等教育改革的号角，到 1998 年扬州会议，我国高等教育体制改革逐步

---

〔1〕　参见陈岩："世界教育史上的飞跃——中国进入高等教育大众化阶段"，载《天津商学院学报》2003 年第 4 期。

推进。在"共建、调整、合作、合并"这一改革方针的指引下，我国高等教育逐渐形成了比例适宜的综合性大学、多科性大学和单科性大学共存的新格局，同时也涌现出一批综合实力强、国际影响力大的多校区大学。

随着全球经济一体化，高等教育的国际交流与合作也越加频繁。相对发达资本主义国家的高等教育，我国高等教育要迎头赶上，就需要加强国际交流与合作。而在发达国家高校纷纷采取多校区办学的趋势下，我国高等教育进行多校区办学，整合教学资源，接轨国际高等教育，是非常有必要的。

多校区大学的办学实践，是通过高校合并或新建校区的方式对高校办学资源进行重新配置、优化重组，从而达到资源优势互补、办学效益提高的效果，在某种程度上提高了我国高校的综合实力以及国际竞争力。

二、我国多校区大学的特点

多校区大学相比普通的单一校区大学，在学科布局、办学规模和文化建设方面都有特殊性。概括而言：散、全、杂、大。具体分析如下：

首先，多校区大学的不同校区可能分布在同一城市，也可能分布在不同的城市，空间分布相对而言比较分散。其次，如前所述，经过合并重组，多校区大学往往学科设置较齐全，多为综合性大学。再其次，各校区间空间上的距离，导致人员、交通和部门设置方面都较为复杂，如何协调资源配置，融合校园文化，均衡各校区发展都较为复杂。最后，经过合并重组或新建校区建成多校区大学后，办学规模十分庞大。例如浙江大学和中山大学，不仅校区多，学生和教职工人数也多，是一个磅礴发展的庞大群体。

三、我国多校区大学的学生教育管理模式

多校区大学的特点决定了其在学生教育管理方面的独特性。单一校区办学的大学在部门设置、组织机构及管理权限等方面相对而言较固定，而多校区办学高校由于规模巨大、校区较多，功能和组织结构都有差别。目前，我国多校区大学在学生教育管理方面主要可分为三大类：

第一，条状管理。条状管理是相对集权的管理方式，学校统一领导，对各校区进行统一管理。如：中南大学和南京大学。此种管理模式的优点在于权力集中、机构精简，工作高度统一，有利于资源优化配置。但因校区空间上分散，难以协调各方资源，容易忽略各校区间在资源和文化等方面的差距，

容易出现不良竞争的现象。

第二，块状管理。相对于条状管理，块状管理让各校区具有较大的自主权，在人力、财力、物力等运行上有着与学校职能部门同样的权利，是一种相对分权的管理模式。如：南京航空航天大学即是采取块状管理模式，南京校区和江宁校区都具有自主管理权。该种管理模式的优点在于机构完整、人力充足、分工明确，减少了管理层次，缩小了管理跨度，有利于各校区根据实际调整工作，有利于内部信息交流，提高工作效率。但是整体来看，高校行政机构重复设置，削弱了学校职能部门的权利，减少了校区间的交流，易造成各校区各自为政，管理尺度不一，不利于大学整体效应的发挥。

第三，条块结合管理。条块结合管理即结合集权和分权两种模式进行管理。该种管理模式根据各校区具体情况而定，有利于宏观上的集权和微观上的分权，如山东大学在威海校区采用块状管理，在济南的 6 个校区采用条状管理。但在条块结合的管理模式下，机构部门繁冗复杂，各部门职能权利和义务划分不清楚，易造成机构和部门之间的沟通不通畅，滋生各种矛盾。

四、多校区大学新生适应性教育的内涵

对于多校区大学而言，由于各校区管理机制不同、资源共享困难、师生交流欠缺等因素，大学新生适应性问题更为突出。在此，我们首先要对多校区大学新生适应性教育的内涵进行梳理。

（一）"大学新生"的内涵

大学新生即是大学一年级学生。本书所指的大学新生主要为"95 后"大学一年级学生。"95 后"大学新生成长在文化多元、网络发达的信息时代，他们的价值取向及个性发展受各种社会信息的影响。他们往往具备较强的主体意识和竞争意识，但团队合作精神和心理承受能力有待培养。

（二）"适应"的内涵

中国有句古话"识时务者为俊杰"，达尔文的进化论也提到"优胜劣汰"，皮亚杰指出"智慧的本质就是适应"，这些都是在阐明"适应"对于人类发展进步的重要性。[1]

"适应"一词在《辞海》的定义为"生物在生存竞争中适合环境条件而

---

〔1〕　参见贺淑曼等编著：《健康心理与人才发展》，世界出版发行公司 1999 年版，第 55 页。

形成一定性状的现象。"[1] 皮亚杰认为"适应"是有机体通过同化和顺应两种作用，与环境达成平衡的过程或状态。[2] "适应"在生物学中被认为"生物体随外界环境条件的改变而改变自身的特性或生活方式的能力"。本书涉及的"适应"是指"95 后"大学新生进入大学校园后，面对环境的改变，能够进行自我调整，使自身逐步顺应新环境、新变化，从而实现协调发展的能力。

（三）多校区大学新生适应性教育的内涵

多校区大学新生适应性教育是指针对大学新生刚进入大学出现的一系列不适应现象，以生为本，对新生进行系统的思想政治教育，帮助其迅速适应新环境，融入大学生活。多校区大学新生适应性教育的特殊性就在于多校区。如前文所述，多校区大学具有特殊性，各校区的新生在作为适应性教育的对象时，教育主体应该在思想政治教育的实践活动中，开展有效的适应性教育，帮助多校区大学新生解决适应性方面的问题，尽快成长成才，全面发展，最终实现高校培养人才的目标。

五、多校区大学新生适应性教育的意义

（一）是大学生思想政治教育的本质要求

大学生思想政治教育肩负着"怎样培养人"和"培养什么样的人"的历史使命，为培养适应新时代需要的人才，高校应加强对大学新生的适应性教育。在多校区办学高校，新生入学后，面对的学习生活环境完全陌生，人际关系多元复杂，加上不少新生是初次离开父母独立生活。当新生感受到现实与理想的巨大反差时，新生的思想将受到猛烈的冲击，表现出焦虑感、孤独感、失落感等不适应现象。若对新生的不适应问题不加干预或处理不当，新生很容易产生逃课、厌学、甚至自杀等严重后果。大学新生因不适应新环境所引发的一系列思想问题给高校学生管理工作带来了新的挑战。新生适应性教育作为思想政治教育工作的重要组成部分，肩负着引导新生在思想、心理、行为等方面完成自我适应和超越的任务，其宗旨在于帮助新生尽快融入高校学习和生活，使其步入大学生活的正轨，合理规划大学生涯，实现人生目标。

---

〔1〕 参见陈时见主编：《学校教育变革与教师适应性研究》，商务印书馆 2006 年版，第 241 页。
〔2〕 参见后家衡："两地办学模式下大学新生适应性教育浅探"，载《科教导刊（上旬刊）》2011 年第 13 期。

在多校区办学背景下，对大学新生进行适应性教育工作对大学生思想政治教育工作的开展影响深远，新生若在适应阶段做到了"思想"与"行为"的统一，将对整个大学四年的思想政治教育乃至整个人生的思想和行为的和谐发展起到事半功倍的作用。所以，多校区办学高校应坚持"贴近实际、贴近生活、贴近学生"的指导思想，围绕大学新生的实际需求，有步骤、有计划、有目的地开展适应性教育工作。

（二）是推进高校学风和校风建设的内在需要

为建设良好的学风和校风，高校经常组织各种文化团体活动。而大学新生通常是各种团体活动的主体，通过参加校园文化活动，有助于大学新生融入集体生活，提高交际和团队合作能力。同时，有利于和谐、美丽校园的创建，为推进高校良好校风的建设创造条件。

因此，在多校区办学背景下，针对新生通常被单独安排在一个分校区这一实际，从入学初期开始，高校有计划、有目的地组织开展新生适应性教育，是推进高校良好学风和校风建设的内在需要。例如，对其进行学习适应性教育，帮助其认识专业，培养其专业兴趣，改进其学习方法，提高其自主学习的能力及学习积极性，有利于高校良好学风的形成；开展校规校纪教育，增强新生自我约束及自我管理意识，有利于高校的良好学风的形成。

（三）是大学生全面发展的现实需要

教育的根本目的是培养和发展人。2004 年，中共中央 16 号文件强调，高校思想政治教育的目标就是促进大学生全面发展，为国家培养建设社会主义的有用人才。

在多校区办学背景下，大学新生更容易因为新校区远离市区，或分校区教育资源不均衡，与专业教师和学长学姐缺乏交流等，产生一些不适应的心理焦虑。这些不良情绪的产生，会直接影响到大学整个过程，势必对其人生发展带来不利影响。因此，多校区高校更应把握新生入学的教育先机，以促进新生的全面发展和成长成才为目标，结合多校区与新生的诸多特点，进行科学系统的适应性教育，帮助多校区新生渡过适应难关，保障其全面发展。

六、多校区办学对新生适应性的影响

（一）多校区办学对新生适应性的积极影响

首先，与单一校区办学相比，多校区办学背景下，新生可以感受到不同校区的管理模式、校园文化。并且不同校区的教育资源往往分配不均，学生需要突破资源瓶颈，积极主动获取知识，这有助于学生的自主能力培养。

其次，多校区办学模式下，因校区分散，各校区间距离较远，致使新生与其他高年级学生及校外人员往来较少，这在一定程度上使得高年级学生的一些不良风气不会影响到新生，新生可以在相对单纯的环境中专心学习，养成良好的学习习惯，进而有利于学校良好学风和校风的形成。

最后，因不同年级的学生知识水平、社会阅历等差异，学校在组织活动时需要考虑的因素更多。在多校区办学模式下，在教育活动和形式上可以针对新生的特点和需求进行灵活的安排，免除了兼顾其他年级学生的后顾之忧。这在一定程度上能提升高校新生适应性教育的有效性。

（二）多校区办学对新生适应性的消极影响

多校区办学背景下，新生通常被单独安排在一个校区进行教育和管理，一定程度上对新生适应大学起到了积极作用，但也存在一定的消极影响。

第一，多校区大学的校区分散，常常导致师生交流不便，教师人格魅力的积极影响难以发挥，高年级学生的"朋辈效应"难以起到作用，这在一定程度上不利于新生适应大学新生活和新环境。

第二，在多校区办学背景下，各校区在校园基础设施建设等方面存在差异。例如，有些校区是合并其他高校而成的，合并前各高校的办学水平参差不齐；此外，有些新建校区因建校时间不长，各方面仍处于待发展阶段。倘若大一新生被单独安排在这些校区，其归属感和自豪感往往会削弱，进而影响其适应大学生活。

第三，多校区高校的新生通常需要进行不止一次的适应过程。很多多校区大学，将不同年级安排在不同校区，这意味着新生在完成一年级学习后将面临搬离校区，使得新生需要再次适应新环境，这在一定程度上给新生带来心理上的消极影响。

第四，多校区办学不利于校园文化的传承。一所大学的校园文化的形成不是大学与生俱来的，而是一个长期积淀的过程，需要经过几年、几十年甚至上百年时间的建设与发展。在多校区办学背景下，对于合并类多校区大学，因原有校园文化的历史影响，很难在短时间内传承新大学的文化氛围。对于拓展类多校区大学，新校区建校时间不长，校园文化仍处于发展或待发展阶段，包含管理制度、运行机制、物质及精神文化等在内的校园文化难以与老校区完全一致。各个校区的校园文化氛围浓淡不一，不利于校园文化的传承，也给新生的适应带来不利影响。

第二节　多校区大学新生适应性教育现状

一、调研设计及样本选取

本研究问卷内容分为两部分：第一部分是个人基本情况，包括新生性别和专业类型；第二部分是多校区大学新生适应状况，包括对教育时间、内容、方式方法、教育主体的调研，以及新生对学校新生适应性教育的满意度、看法及建议等。

为了更加全面准确地了解多校区大学新生适应状况和新生适应性教育现状，本研究于 2017 年 6 月选取江西省赣南三所多校区办学高校为调研范围，分别是江西理工大学、赣南医学院、江西应用技术职业学院，总共选取 1100 名在校大学生为调查对象进行问卷调查。

二、统计方法

本次问卷调查共发放 1100 份问卷，其中江西理工大学、赣南医学院各发放 400 份，江西应用技术职业学院 300 份，回收 1062 份，回收率为 96.55%。剔除无效问卷，共收回有效问卷 1020 份，有效回收率达 92.73%，达到问卷调查基本要求，可作为论文研究的数据依据。其中男生占总统计的 52.94%，女生占 47.06%。

本问卷采用 SPSS Statistics 18.0 软件进行数据统计处理，所有数据以百分数形式进行统计。结合定量和定性的分析方法，找出多校区大学新生适应性教育存在的问题，并探讨多校区大学新生适应性问题出现的原因，为寻找提升多校区大学新生适应性教育成效的对策提供依据。

三、多校区大学新生的主要适应性问题

大学新生初入校园，脱离原有的熟悉环境，面对完全陌生的新环境，他们没有相应的经验，还没有做好充分的心理准备，加上多校区这一特殊背景下各校区的管理模式、校区建设、校园文化等方面存在一定的差异，新生易

对新环境出现各种不适应感。通过对问卷数据进行分析发现，大部分新生在入学后出现过不适应的现象，针对问题"您入学后是否出现过对多校区的不适应现象"，有612名新生回答"是"，408名新生回答"否"，数据显示60%的新生出现了适应性问题，详见图2.1。对多校区的不适应主要表现在以下几个方面：

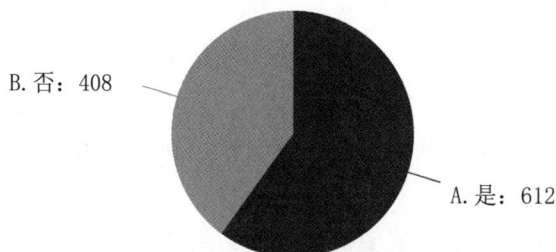

B. 否：408

A. 是：612

图 2.1　新生出现适应性问题的比例

（一）对多校区学生管理模式的不适应

在本次问卷调查中，针对问题"多校区办学对您产生过以下哪些不适应的情况"时，有42.25%的同学选择了管理模式的不适应。详见图2.2。

在多校区办学背景下，有不少高校将新生单独安排在位置较为偏远的校区，有些高校为了便于管理，采用封闭式或半封闭半军事化管理模式。在这种管理模式下，新生不能自由进出校园，生活、娱乐等场所极其有限，新生进校后发现现实中的大学与理想中的大学差距较大，容易产生强烈的失落感，进而可能出现新生心理不适应感；同时，有些多校区高校按学科分布，同一级新生可能分布在不同的校区，因各校区建设时间不一，校区发展存在快慢之分，处于欠发达校区的新生易产生心理不平衡感。在与学生进行访谈的过程中，一大学90%的学生对大一时期的半封闭半军事化管理模式表示排斥，该管理模式让入学不久的新生对校园的归属感大大降低，从而影响新生适应性。

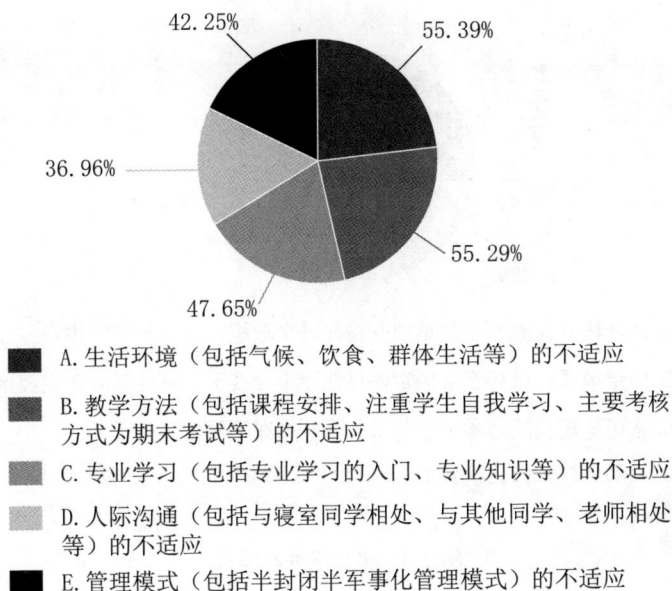

图 2.2　新生不适应表现

A. 生活环境（包括气候、饮食、群体生活等）的不适应

B. 教学方法（包括课程安排、注重学生自我学习、主要考核方式为期末考试等）的不适应

C. 专业学习（包括专业学习的入门、专业知识等）的不适应

D. 人际沟通（包括与寝室同学相处、与其他同学、老师相处等）的不适应

E. 管理模式（包括半封闭半军事化管理模式）的不适应

（二）对多校区学习生活环境的不适应

图 2.2 显示，55.39% 的同学选择了生活环境的不适应，在五个方面中占比最大。调查显示，超过 55% 的多校区高校将新生单独安排在一个分校区，详见图 2.3。分校区与主校区相比，因历史及现实条件的限制，位置较偏远，存在生活娱乐设施及教学实践、科研平台建设等方面发展较薄弱，校园文化氛围不够浓厚，校园周边环境较差等不足。例如：分校区校园超市、食堂、图书馆、校医院等生活场所相对不足，周边公共场所交通不够便利等。当新生入学后发现大学的学习生活环境与理想中的大学差别较大时，新生易产生心理不适应，有些新生甚至因对学习生活环境的不适应而做出退学的决定。在与学生进行访谈的过程中，大多数学生提到在入学初对新生所处校区的学习生活环境不适应，给他们的学习和生活造成极大的不便。

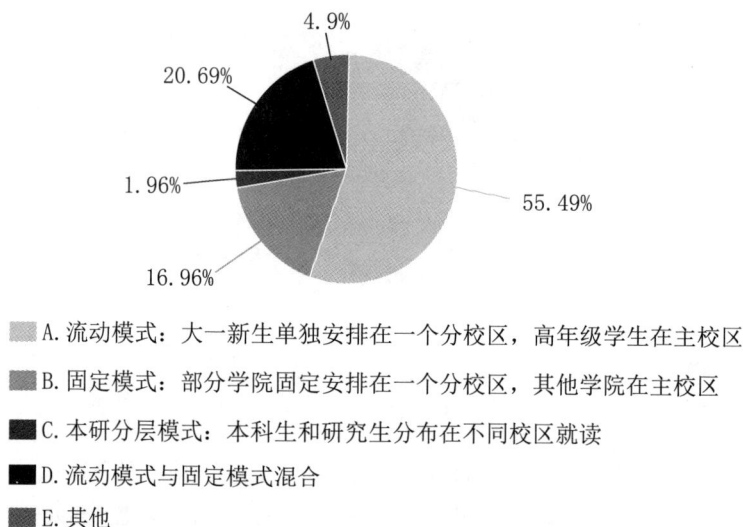

A. 流动模式：大一新生单独安排在一个分校区，高年级学生在主校区

B. 固定模式：部分学院固定安排在一个分校区，其他学院在主校区

C. 本研分层模式：本科生和研究生分布在不同校区就读

D. 流动模式与固定模式混合

E. 其他

图 2.3　多校区办学模式

（三）对多校区人际沟通的不适应

调查数据显示，如图 2.2，36.96%的新生出现对多校区人际沟通的不适应。对于刚刚入学不久的新生，初次远离家人和朋友，在生活、学习等方面必然会遇到或多或少的困难。对于这一年龄段的学生，他们更愿意与同龄人进行沟通交流，更易接受同学及学长学姐的指导。然而，在多校区办学背景下，新生或与高年级学生分布在不同的校区，或与不同专业的学生分布在不同的校区，当新生在学习和生活中遇到困难时不便于与高年级学生沟通交流，学长学姐对新生的"传、帮、带"影响被削弱。同时，在多校区高校，新生往往被安排在位置较偏远的分校区，而从事教学的专任教师以及从事学生工作的管理人员通常住在老校区，教师及管理人员下班后基本都会匆匆忙忙回家。由此使得新生与教师及管理人员的交流较少，新生在学业、生活、心理及感情等方面遇到的问题及困难难以与老师进行面对面的沟通，久而久之，师生之间可能产生隔膜，甚至出现信任危机，从而导致新生对多校区人际沟通的不适应。

四、多校区大学新生适应性教育的成效

大学一年级是大学教育的基础，在这一时期做好新生的适应性教育对新

生后期的学习和未来的发展将起着至关重要的作用。因此，近年来各高校越来越重视对新生的适应性教育，也取得了一定成效。

（一）高校越来越重视新生适应性教育工作

通过对本书问卷调查数据进行分析，可以发现，为了帮助大学新生尽快适应大学校园生活，江西省赣南 3 所多校区办学高校均进行了一定程度的适应性教育。在本书问卷调查中，针对"您认为您所在院校是否重视新生适应性教育"这一问题，42.45%的同学回答"一般重视"，29.8%的同学回答"比较重视"，8.14%的同学回答"非常重视"，详见图2.4。可见，新生适应性教育得到了各高校的重视。通过与部分新生和专职辅导员访谈，结合笔者担任新生辅导员的工作经验发现，几乎所有多校区办学高校都会开展新生适应性教育工作，包括为期1~2周的军训、新生入学教育、专业介绍和心理健康普查等。由此可见，各高校都能较好地把握教育先机，让新生在入学之初能够通过适应性教育活动了解学校和所学专业的基本情况等，为新生即将开启的大学生活打下基础。

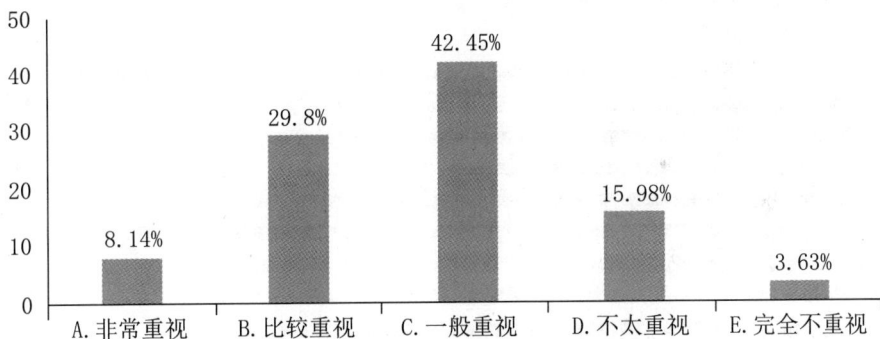

图2.4　高校对新生适应性教育的重视程度

（二）新生适应性教育内容越来越广泛

近年来，为帮助新生尽快融入新环境，实现角色转换，多校区办学高校在大一期间开展了各种新生适应性教育活动，内容主要包括：通过印发学校宣传册、组织校史馆参观等进行校史校情教育，以提高新生的校园责任感和归属感；通过组织所有新生学习《大学生手册》以及参加《大学生手册》知识竞赛等进行校规校纪教育，以规范新生行为习惯；通过新生见面会和专业介绍的形式组织院系教师对新生进行专业学习指导，以培养新生的专业兴趣，帮助其了解专业前景；开展心理健康普查及开设心理健康课程帮助新生正确认识自我；通过开设有关就业和创业的讲座或讲坛帮助新生了解当前就业形势及创业政策，从而帮助新生树立远大理想、合理规划人生；举办迎新晚会、社团文化活动、新老生交流会等一系列活动，为新生提供交流平台，促进新生人际交往。

五、多校区大学新生适应性教育存在的不足

近年来，各高校都开展了相应的新生适应性教育工作。但随着时代的发展，每一届大学新生的性格特征有所变化，出现的不适应情况也不同，原有固定的适应性教育模式已难以满足新生的实际需求，主要存在以下方面的不足：

（一）教育内容陈旧，缺乏针对性

在本书问卷调查中，针对"您所在院校主要开展了哪些新生适应性教育活动"一题，在专业介绍等9个选项中，排在前三的分别是：专业介绍（占77.16%）、军训（占65.78%）、职业生涯规划教育（占58.82%），后三位的分别是：学习方法指导（占46.27%）、生活技能指导（占41.27%）、校情校史（占32.94%），详见图2.5。

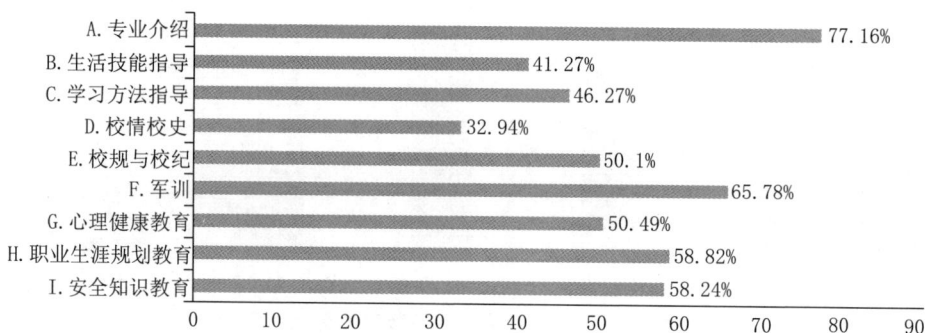

图2.5 新生适应性教育的主要内容

可见，当前多校区高校在选择新生适应性教育内容时没有站在时代的高度，未针对多校区办学这一实际对新生适应性产生的不良影响，以及"95后"新生的个性设计有针对性的、贴近新生实际的教育内容，以吸引新生、引起新生的共鸣。在调查新生对所在院校开展的适应性教育内容的评价时，只有28.43%的学生认为内容丰富，满足了自己的需要；54.61%的学生认为内容不够丰富，还有很多方面未涉及；16.96%的学生认为内容较少，基本没

什么帮助，详见图 2.6。可见，当前在新生适应性教育一块，多校区大学存在内容陈旧、缺乏针对性的不足之处。

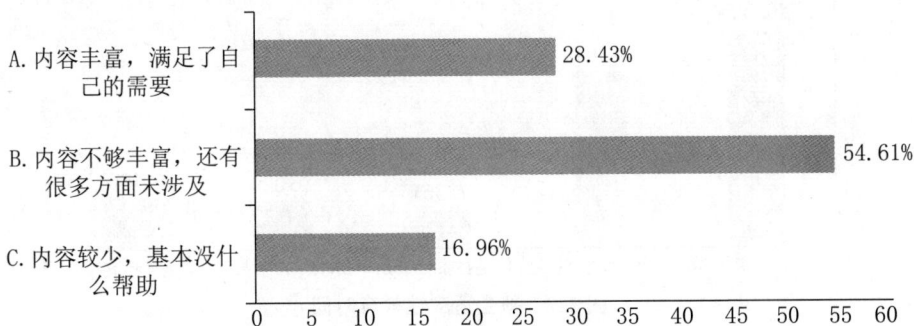

图 2.6　对适应性教育内容的评价

在多校区办学背景下，因校区分散、师生交流欠缺等问题，新生表现出的适应性问题与单一校区办学的高校新生存在差异，所以多校区办学高校应鉴于这一实际，设计有针对性、贴近新生实际需求的教育内容。例如：组织社区工作人员或青年志愿者深入到新生中去介绍学校周边环境，讲解政府、医院等场所的办事流程，使新生尽快熟悉校园及周边环境，消除他们因初来乍到产生的陌生感，提升他们的归属感。

（二）教育时间过于集中，缺乏连贯性

在对适应性教育持续的时间调查中，选择一周的学生占 40.59%，选择一个月的占 33.04%，7.35% 的同学选择两到三个月，选择一个学期的只有 9.02%，选择一学年的只有 10%，详见图 2.7。由此可见，大多数多校区高校往往将适应性教育活动集中安排在开学初的一个月内，在一定程度上能够起到帮助新生适应新环境的作用。然而，作为个体的人，适应是一个相对较长的过程，而且具有周期性，每个特定的周期表现出的不适应性问题是不同的。对于刚入学的新生，他们并没有完全熟悉新环境，尚未融入新的学习和生活，适应性问题尚未完全表现出来。在这种情况下，各高校便开始进行各类新生适应性教育活动，在如此短暂而集中的时间内，教育效果甚微。有些高校甚至安排新生白天军训，晚上听取各种讲座、报告，新生很难集中注意力去学习，难以真正理解和掌握教育的内容和实质。而当新生在日后遇到实际困难和问题时，新生适应性教育活动早已结束，新生可能无所适从，由此使得新生适应性教育与实际需求错位。

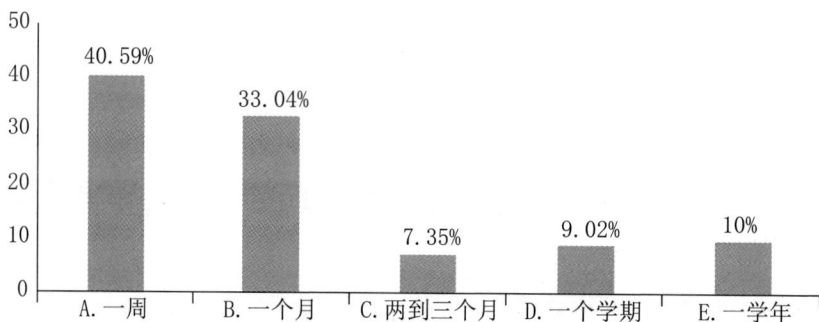

图 2.7 新生适应性教育时间

在前文已经提到，许多多校区办学的高校是一种流动模式，即按年级划分校区。新生通常被单独安排在一个校区，完成大学一年级学习后需要搬离原校区，去到一个新的校区与高年级学生一起生活和学习，他们将面临二次适应。因此，新生适应性教育更应注重时间的连贯性，不应将所有适应性教育活动集中安排在入学后的 1~2 个月内，而应跨越整个大学一年级，根据不同时期新生可能出现的问题有计划、有目的地进行，使新生实实在在地受益。

（三）教育形式单一，缺乏多样性

在对新生适应性教育途径的调查中，74.9% 的同学选择报告、讲座，65% 的同学选择主题班会，39.8% 的同学选择了学院、学校会议，而选择教师针对性指导、同辈群体经验交流会的分别只有 22.16% 和 27.25%，详见图 2.8。

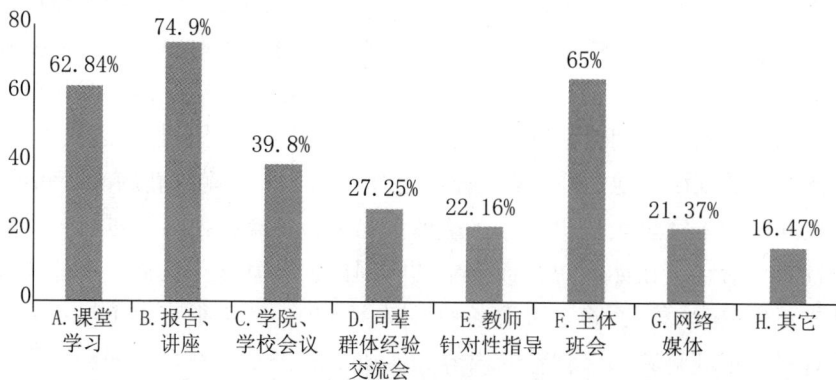

图 2.8 新生适应性教育开展的主要途径

由此可见，许多高校的新生适应性教育模式较固定，一般采用讲座、报告、主题班会等形式。无论是讲座还是报告，教育的主体一般都是教师或学校领导，他们与新生之间的年龄差距使得新生在受教育的过程中可能因教育者的威严不敢表达自身在实际中遇到的困惑，教育者也可能因代沟无法对新生适应性问题提出行之有效的解决办法。此外，以单一说教为主的教育往往显得枯燥无味，由此可能造成台上说教者唱独角戏，台下学生无所谓的结果，完全达不到教育的效果，对新生因不适应出现的实际问题和困难毫无帮助。

通过问卷调查及访谈发现，许多新生排斥这种以召开大会为主要形式的适应性教育，他们认为学校开展新生适应性教育的途径过于单一、吸引力不强。在新生对适应性教育方式方法的评价调查中，47.25%的同学认为方法单调，即使接受了教育，也基本没有留下印象；21.27%的同学认为方法老套，缺乏新意，详见图2.9。生活在科技迅猛发展的互联网时代，"95后"大学新生个性鲜明、时代感强，针对他们的适应性教育不能照搬原有固定模式，而应结合时代背景，采用符合新生个性及个体差异的教育方式，以独特新颖的方式提高新生的参与度及积极性。例如：在进行安全知识教育时，学校可通过消防演练的方式，让新生在实战演练过程中掌握知识和技能；也可以邀请有过亲身经历的高年级学生对新生进行信贷、网络及出行安全等方面的教育，使教育真正植入学生的内心。

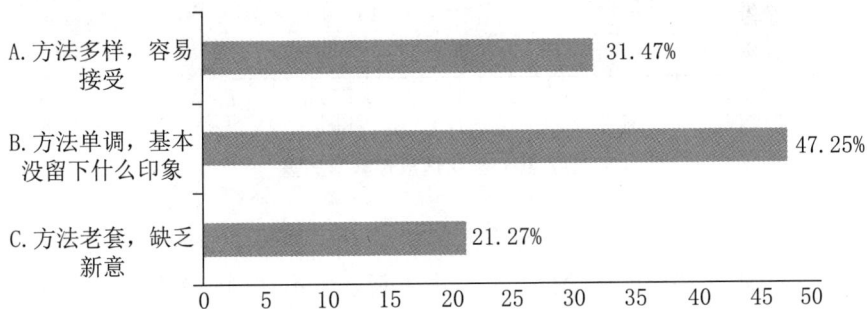

图2.9 对适应性教育方式方法的评价

（四）教育力量未形成合力

目前，多校区高校的适应性教育主体主要如下：辅导员、班主任、学院分管学生工作的领导、专业课教师、院系社团、高年级学长学姐及心理咨询中心工作人员。通过本研究问卷调查发现，有 86.96% 的同学认为高校新生适应性教育的主要力量是辅导员和班主任，其次是学长学姐（占比 37.25%），详见图 2.10。

根据相关规定，我国高校专职辅导员岗位的师生比不得低于 1:200。但是，目前我国许多高校在辅导员人员配备方面还存在一定困难，专职辅导员所带班级和人数远远超过以上比例。我们不难想象，在一个辅导员需要负责管理一个学院，多则四五百人，少则二三百人的状态下，何以能够对每个新生出现的适应性问题做到细致入微？更何况，在多校区办学模式下，辅导员、班主任一般不在新生所在校区居住，下了班便匆匆忙忙离开学校，与新生接触的机会很少。与新生年龄相近的高年级学长学姐，由于与新生有着相同的成长经历，对新生的指导更易被新生所接受和认可，更能引起新生的共鸣，但是在多校区背景下，因各校区客观存在的空间距离，很大程度上阻碍了新老生的沟通交流，难以发挥高年级学生在适应性教育上对新生的积极影响。

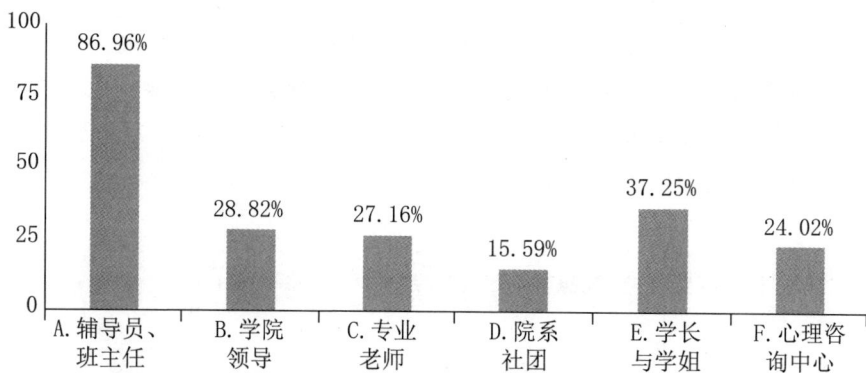

图 2.10　新生适应性教育力量

在调查中发现，新生认为最有效的教育方式是同辈群体经验交流会，详见图 2.11。但在多校区办学模式下，由于新老生不在同一个校区，高年级学生不方便对新生进行指导，即使经常举办经验交流会，因时间有限，也难以发挥其最佳效果。此外，在实际操作中，多校区高校因没有成立独立的适应性教育中心或机构，适应性教育还是依靠学校各部门、各院系的力量。因利益冲突，易出现各部门各自为政的现象，各教育力量不能协同合作，不能充分将各级力量拧成一股绳，使教育效果最佳化。

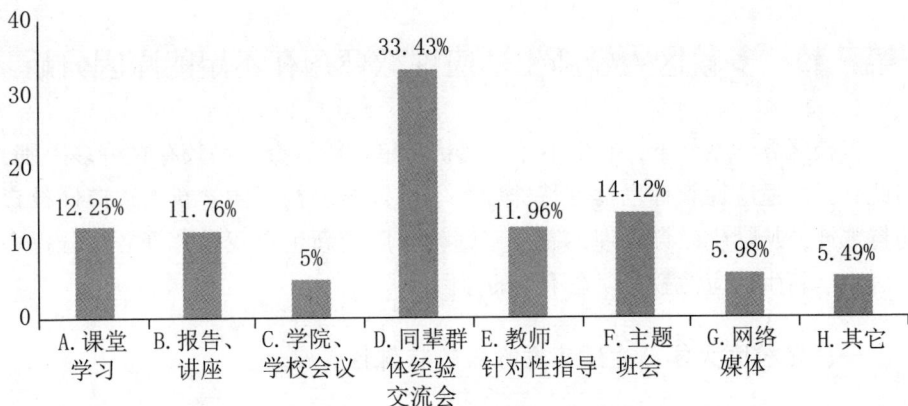

图 2.11 对适应性教育方式的评价

（五）教育效果不明显

新生，作为适应性教育的对象，对适应性教育工作的评价最能反映其教育的效果。在问卷调查中，63.33% 的学生认为学校开展的适应性教育工作效果一般，9.9% 的学生觉得效果较差，8.73% 的学生认为基本没有效果，详见图 2.12。可见，当前多校区高校开展的新生适应性教育效果不明显，没有真正起到帮助新生解决实际问题的作用，也间接反映出当前新生适应性教育工作不到位的现象。

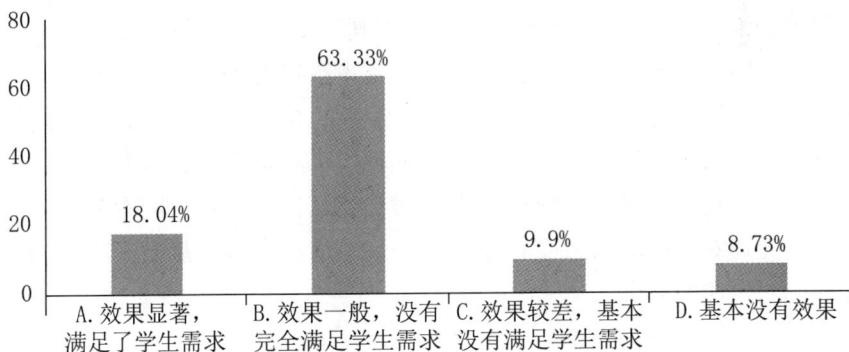

图 2.12 对适应性教育效果的评价

第三节　多校区大学新生适应性教育存在不足的原因分析

多校区办学条件下，新生不适应现状与单一校区办学高校存在许多差别，因此其新生适应性教育也具有特殊性。本书针对多校区大学新生适应性教育的特殊性，从学生教育管理体制、家庭教育以及新生自我教育等方面分析多校区大学新生适应性教育存在不足的原因。

一、多校区大学新生适应性教育的特殊性

（一）各校区功能定位不一

在前面已经介绍了多校区大学产生的背景，受到历史等因素的影响，目前我国的多校区大学各校区多数是按功能划分。一般而言，采用按学院或者按年级划分的占多数，这种按功能划分的办学实践在一定程度上便于高校教育管理，有助于提高工作效率，但同时也造成了许多问题。按学院划分的校区，各校区科研氛围浓淡不一，新生入学后只能接触到本学院的学生，很难与其他学科专业学生进行交流、沟通，更谈不上学科之间的交流与渗透。按年级划分的校区，一般情况下，为了便于管理，通常将低年级学生单独安排在一个校区，由此易造成低年级学生与高年级学生缺乏沟通、交流。也有些校区是按教学功能划分，那些生活在作为基础教学的校区的新生很难接受到专业学习氛围以及科研学术氛围的熏陶，不利于新生对人生的长远规划。

各校区因功能定位不一，在学生管理模式选择上存在一定的差别。有些校区为便于学生管理，对只有大学一年级学生的校区进行封闭式或半封闭半军事化管理，例如本研究调查的其中一所多校区办学高校，对新生进行半封闭半军事化管理。虽然这种管理模式有其有利之处，但对于刚刚参加完高考的新生，无疑对他们的思想或心理产生了一定消极影响，从而影响他们对大学校园学习生活的适应。

（二）各校区教育资源分配不均，资源共享困难

多校区大学不论是通过高校合并而成还是通过新建校区而成，受多种因素影响，各校区的教育资源存在分配不均的现象。调查数据显示，如图 2.13，71.18%的学生认为在多校区办学高校，各校区办学资源存在分配不均的问题，超过 9 成的学生认为资源分配不均对新生适应性产生消极影响，详见

图 2.14。

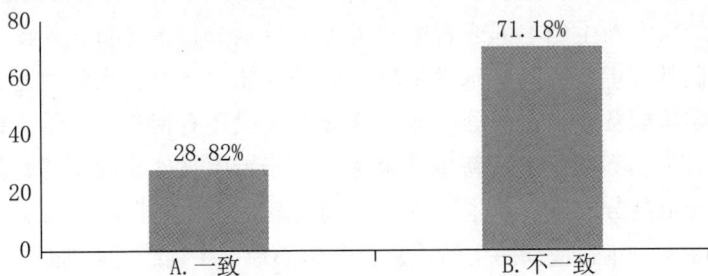

图 2.13 各校区教育资源分配是否一致？

第一，教学实践、科研平台等办学资源分配不均，影响新生适应性。高校，作为学生学习知识和文化、掌握技能和技巧的学府圣地，需要为学生提供各种学习场所及实践场地。然而，受各种因素影响，多校区办学高校，在办学资源配置上很难做到各校区完全均等。通常情况下，分校区在这一方面与主校区相比显得较为薄弱。例如：一所大学的图书馆主要位于主校区，图书资源丰富，场地占地面积大，能够满足师生的实际需求，而其他分校区一般只设置阅览室，图书资源数量相对较少，种类不齐，很难满足分校区师生的需求。在多校区办学背景下，新生通常被安排在以基础教学为主的分校区，主要学习一些公共必修课和选修课。一般情况下，以基础教学为主的分校区不设置实验室等科研实践平台，新生一旦需要做实验，必须自行前往主校区或其他高年级学生所在校区进行实验，这不仅给新生带来不便，同时也人为地阻碍了新生进行科学研究和探索奥秘的愿望，对于新生学习方面的适应造成一定的影响。

第二，生活、娱乐等基础设施建设参差不齐，影响新生适应性。一所高校能否为学生提供良好的生活环境和便利的生活条件对学生适应性、归属感和幸福感的影响至关重要。然而，对于多校区办学高校，各校区在生活、娱乐等基础设施建设方面存在参差不齐的现象。住在主校区的学生能够享受到相对齐全的后勤保障服务，例如，食堂数量多、饮食种类多，学生可自行挑选，而分校区的学生由于人数相对较少，校区一般只设置少量的食堂，品种较单一，学生基本没有挑选的余地。校医院一般设在主校区，医疗设备和医务人员较充足，分校区一般只安排医务人员值班，只能进行一些普通感冒等疾病的治疗，一旦需要进行身体检查及输液等治疗时需转至本部校医院，手续相对复杂。而对于新生入学后的体检，如果新生被安排在相对偏远的校区，则需要组织所有新生到本部或者组织医务人员到分校区进行，如此会造成许多不便。此外，主校区的娱乐设施较之分校区相对齐全，大型体育馆、健身房、舞蹈室等配备齐全，而分校区在这方面建设还有待提升，学生课余时间活动场所有限，不利于丰富新生课余生活。若新生被安排在生活、娱乐设施建设水平较低的分校区，新生很难享受到与其他学生相同的资源，在一定程度上会使新生较难适应新的生活，甚至产生心理不平衡感等心理问题。

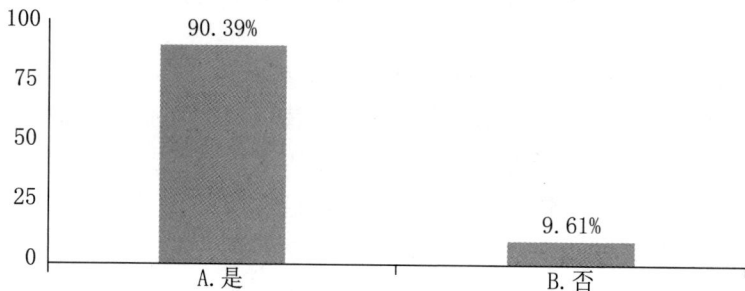

图 2.14　教育资源分配对新生适应性是否有影响?

（三）校园文化氛围浓淡不一，不利于校园文化传承

对于任何一所大学而言，大学校园文化在培育人和发展人的过程中起着教育学生、激励学生及增强师生员工凝聚力等作用。经历长期积淀形成的校园文化底蕴对激发学生对学校的认同感和自豪感有着春风化雨的作用。

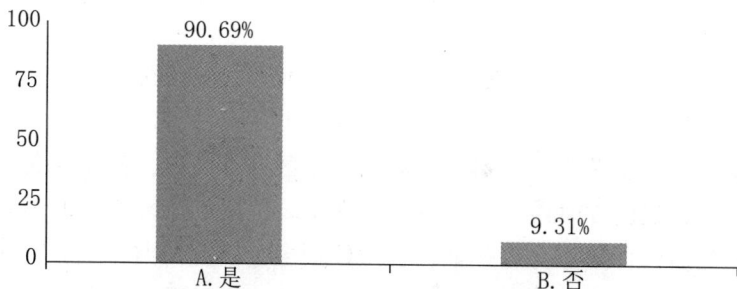

图 2.15　校园文化对新生适应性是否有影响?

第一，各校区校园文化浓淡不一。校园文化之所以成为一种文化，是因

为其凝结了无数师生员工的智慧与心血，汇聚了几代甚至几十代校园人的思想与观念。一所大学浓厚的校园文化氛围的形成不是一蹴而就的，而是需要经历长期的历史积淀才能形成。

调查数据显示，多达 90.69% 的学生认为校园文化会对大学新生适应校园生活产生影响，详见图 2.15。在多校区办学背景下，因办学历史悠久，经过长期的发展与积淀，老校区的校园文化建设往往比其他分校区的校园文化建设更充分，校园文化氛围更浓厚。新校区和各分校区相应地普遍存在师生员工人数较少、校园文化建设尚处在起步阶段、校园文化氛围较淡等问题。多校区办学背景下，大学新生一般都被安排在新校区或分校区，他们感受不到浓厚的校园文化氛围，久而久之，容易产生对校园的厌倦，丧失心理上的优越感，缺乏对校园的认同感和归属感，从而影响新生适应大学生活。

第二，校园文化传承不易。多校区办学背景下，各校区地理位置比较分散，空间上的距离在一定程度上使得各校区在文化氛围和学术交流的影响力上受到影响。[1]

对于合并型多校区大学而言，在合并前各高校有着各自的办学历史、运行机制、管理模式和学科结构等，使得各校区的校园文化个性鲜明、各具特色。各校区间的差异使得在合并成一个大学后存在理念和利益等方面的冲突，从而使得学校缺乏凝聚力，不利于校园文化的传承。此外，受原有思维方式和行为习惯的影响，在合并后，师生员工易对新的管理模式产生困惑和迷茫，心理归属感不强，主校区的师生易表现出优越感，被合并高校的师生易产生受冷落歧视感，原有办学层次和成员素质也存在一定的差异。这些都会影响多校区大学校园文化建设的步伐和质量，进而制约各校区校园文化的融合。

对于拓展型多校区大学，由于新校区新建不久，校园文化活动场所等配套设施还处于一个逐步完善的过程中，同时，因缺乏老校区传统的校园文化底蕴，学术氛围不够浓厚、信息交流相对不便，老校区的文化也难以快速融进新校区。此外，新校区在建设初期，为使校区尽快投入使用，往往存在重物质环境的建设、轻精神文化的建设等问题。新校区在建成初期，一眼望去到处都是现代化的高楼大厦，却很难找到体现学校办学历史、价值观念、人文关怀等蕴含校园精神文化的标志性建筑，从而使处在新校区的师生缺少校

---

〔1〕　参见杨萍："多校区大学校园文化建设研究"，西南交通大学 2008 年硕士学位论文。

园文化的熏陶，归属感不强，给校园文化传承带来极大的障碍。例如，在许多多校区大学的老校区，有不少体现办学特色的文化长廊，如英语角、校史广场等，师生们在这些地方能够畅谈古今中外历史，结交知音知己，这已成为师生心中的一种寄托。而在新建的校区或其他分校区，师生们可能一时难以找到这样的场所。

（四）校区分散，不利于师生交流

新生作为一个社会人，必然需要与周围的人进行交往。在大学校园，与新生交往最密切的便是专业教师、班主任、辅导员、同学及高年级学生，师生交流、生生交流对新生的适应性影响力不容小觑。调查数据显示，87.26%的学生认为师生交流、生生交流对新生的适应性产生重要影响，详见图2.16。

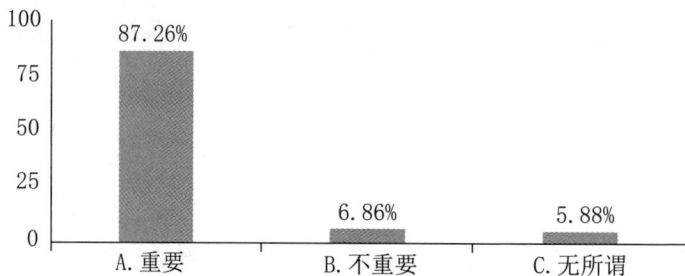

图2.16 师生交流对新生适应性的影响

第一，师生交流欠缺。作为高校教师，不仅仅承担着为学生传道、授业、解惑的职责，更重要的是言传身教，用人格魅力去影响学生、感化学生，教学生学会做人、学会做事。然而，在多校区办学背景下，由于校区分散，教师每天需要花更多的时间在交通上，教师除了在课堂上与学生进行有限的接触，课后基本没有时间和精力深入学生宿舍和自习室，对于新生的熟悉度极其有限，很难发现新生在适应过程中出现的问题。师生之间的沟通交流不足容易使得学生的心理、思想问题被遮蔽，时间久了，学生感受不到老师的关爱，对班级没有归属感，整个班级就容易出现思想涣散和学风、班风较差等问题。而一旦学生出现心理问题，班主任、专职辅导员没有及时发现，就很难针对问题进行有效的干预。同时，专职教师与学生之间的沟通交流不足，不利于提高新生对所学专业的认识，专业认知上的偏差易造成新生对专业不感兴趣，严重的会导致厌学、放弃等学习不适应性问题。

第二，新生与高年级学生交流不足。对于一所高校而言，良好的校风和学风不是一日而成的，而是需要一届又一届的学生代代相传的。对于刚入学的新生，他们可能首次离开父母家人、尝试独立生活，因缺乏相应的经验，他们在学习、生活等方面会遇到各种各样的困难，他们需要通过与学长、学姐的交流得到相应的指导，学长、学姐优良的品行在交流中无声地传承到新生身上。然而，在多校区办学背景下，新生与高年级学生分布在不同的校区。新生与高年级学生之间沟通、交流受到空间距离的限制，使得高年级学生的"传、帮、带"作用不能发挥到实处，由此导致新生在适应过程中遇到的问题不能得到有针对性的解答，从而不利于新生适应新生活。

二、多校区大学新生适应性教育存在不足的原因

分析多校区办学模式下大学新生适应性教育存在的不足，是提出有效对策的前提。本书主要从学校教育、家庭教育及新生自我教育三个方面进行成因分析。

（一）高校学生教育管理体制的不健全

多校区办学背景下，高校作为高等教育的教育主体，其学生教育管理体制对新生适应性教育的开展影响深远。多校区大学因多校区这一特殊性，在开展新生适应性教育过程中存在思想认识不到位及实践探索不足等问题。

第一，思想认识不到位。俗语说：态度决定高度。高校对大学新生适应性教育的重视程度及认识高度对教育的成效往往起着决定性的作用。但在现实中，高校存在思想认识不到位的现象，主要表现如下：

一方面，忽视了新生适应性教育在大学生思想政治教育中的重要作用。近年来，党和国家越来越重视大学生思想政治教育，起草和出台了多个文件，召开了多次会议。作为思想政治教育工作的重要组成部分，大学新生适应性教育对培养人和发展人的影响意义深远。然而，在多校区办学背景下，一些高校在管理体制方面存在一定的缺陷，在开展新生适应性教育工作过程中，对其认识存在偏差。许多高校将新生适应性教育等同于新生入学教育，导致在内容设置上、目标管理上不合理、不科学。另一方面，多校区大学新生适应性教育受重视程度不高。因多校区办学这一特殊性，一些高校没有成立专门的教育中心或机构，导致适应性教育工作的主管部门及主要负责人分不清主次，人员较混乱，所以易出现各部门对教育工作的不重视、不负责，造成

适应性教育分工不明确，教育力量分散，各自为政现象突出，教育效果不明显。

第二，实践探索不足。实践和认识的辩证关系告诉我们实践是认识的基础，实践是认识的来源。进行多校区大学新生适应性教育必须在科学把握大学新生的特点和实际需求，掌握多校区办学背景下新生适应性的内在规律基础上开展工作。然而，在实际操作中，多校区大学的新生适应性教育存在实践探索不足的问题，主要表现在以下方面：

首先，没有成立专门的中心或机构。目前，大部分多校区高校没有成立专门负责全校新生适应性教育工作的中心或机构，新生适应性教育工作主要在学校统一领导下，由学生工作部及各院系协调开展。在多校区高校，因各校区分散，新生通常被安排在分校区，而各院系及学生工作部驻扎在校本部，只是选派少量人员驻扎在分校区。空间上的距离使得新生适应性教育工作在领导和分工上权限划分不清，教育内容可能重叠，教育时间可能过于集中，从而使得教育效果不佳。其次，适应性教育工作存在形式主义。多校区办学高校，虽然在新生入学后也开展了一定形式的适应性教育活动，但很多情况下，教育过于表面，存在形式主义。调查发现，许多高校在新生一入学便将各种适应性教育活动集中安排在较短时间内，一般集中在入学后的 9 月份。新生入学不久，许多适应性问题还没有完全表现出来，在这种情况下进行教育，会导致新生在日后真正出现问题的时候难以得到有效的指导。同时，许多高校新生适应性教育的内容一成不变，不能根据每年新生的不同特点和实际需求更新教育内容，使新生得到有效的帮助。此外，教育的方式方法较为老套，主要以讲座、报告、大会等形式开展，不能吸引新生的注意力，教育效果较差。更为重要的是，多校区办学背景下，高校没有将新生适应性教育工作看成一项长期的工作，每一项教育内容开展一次就结束了，不注重教育的连贯和延续，不注重新生适应性效果的跟踪和反馈。这样的教育如蜻蜓点水、过眼云烟，作用难以充分发挥。

第三，适应性教育工作缺乏必要的保障。在多校区大学新生适应性教育过程中，高校没有出台相应的政策、制度和规定，如新生适应性教育工作管理办法和条例等，来保障工作的有序开展，也没有相应的监督、考核及反馈机制来确保教育的有效性。此外，在队伍建设上，适应性教育工作力量显得比较薄弱，无论是在理论水平还是在人员配备上都存在许多不足。何况，目前我国还没形成比较成熟的大学新生适应性教育理论可供借鉴和参考，教育工作者还只是在摸索中前进。在资金投入方面，高校新生适应性教育工作尚没有得到学校的高度重视，在财务预算的时候没有设置专项经费，由此造成适应性教育工作者积极性不高。

（二）家庭教育与学校教育的配合不够紧密

俗话说，家长是孩子的第一任教师，家庭环境和家庭教育与大学新生的适应能力的培养息息相关。

第一，家庭教育在新生适应性教育方面的不足。受传统教育观念的影响，在新生入学后，许多家庭对子女的影响力大大降低了，大学生家庭教育的缺失日益严重。有些家长认为子女考上大学后只需为孩子提供学费和生活费，其他一切事情放手让子女自己独立解决，没有必要再继续家庭教育；有些家长为了养家糊口日夜奔波，无暇顾及子女；有些家长因学识有限，对子女的教育感到"心有余而力不足"；也有的家长因家庭变故等原因忽视了对子女的关心与教育。事实上，家庭教育在新生适应性的影响力是不容忽视的，家长作为孩子最熟悉、最亲密和最信赖的人之一，能通过孩子的言语表达、喜怒哀乐等先于老师和同学发现孩子的不适应情况，从而通过各种途径帮助他们尽快适应新生活。

第二，家庭教育与学校教育未形成合力。在新生入学后，高校采取各种措施预防和应对新生在学习、生活等方面表现出来的不适应问题，是新生适应性教育的主力。但由于每年新生数量巨大，每个个体的性格特点差异较大，表现出不同的适应性问题，单靠学校方面的力量很难满足每个新生的需求，高校需要与家庭共同教育方能起到良好的教育效果。在现实中，当新生出现不适应现象时，班主任、辅导员及院系领导都非常重视，会采取一定的措施进行干预，起到了一定的作用。但针对新生的不适应问题，很多情况下需要家长的配合，以期提高教育的实际效果。然而，有些家长对于学校的工作不予支持和配合，教育不能形成合力，使得适应性教育的效果达不到预期的目标。笔者通过与专职辅导员访谈了解到，对于出现心理疾病或心理障碍等问题的学生，学校除了会采取一系列措施，同时也会在第一时间与家长沟通以寻求家长的帮助，但现实中有不少家长对于学校提出的请求不够重视。

（三）新生自我教育、自我管理、自我服务能力的欠缺

根据内外因辩证原理可知，学校教育管理和家庭教育的有关问题是多校

区大学新生适应性问题产生的外因，新生自我教育能力的欠缺是内因，后者起着主导作用。

一方面，新生自我教育、自我管理及自我服务的能力不足。新生入学后，面对新的生活环境，失去家人的帮忙，有些新生无所适从，对生活上遇到的问题不能正确的处理。例如，不能根据实际情况合理安排自己的课余生活、对生活中的日常消费不能合理地进行规划，许多新生出现"断粮"、"青黄不接"和盲目跟风的现象；有些新生缺乏基本的安全常识，入学后容易被不良商贩或不法分子欺骗和迷惑。大学新生独立生活能力的欠缺使得他们不能很好地进行环境适应和角色转换，严重的可能产生心理问题。作为新时代大学生，应改变原有的依赖心理，不能一味地抱怨客观条件的不足，而应积极为适应新环境创造条件，并不断提升自我教育、自我管理和自我服务的能力。在多校区办学高校中学习和生活，新生应该提高自我意识，在生活学习环境相对较差的条件下，形成艰苦奋斗的作风，锻炼自己的体魄，磨炼自己的意志。

另一方面，新生积极性、主动性不够。在多校区办学模式下，部分新生以校区分散等客观因素为借口，在生活、学习等方面遇到困难时不能积极、主动地与同学和老师沟通交流。例如，多校区办学高校，受客观因素制约，高校的心理健康咨询中心多数设在本部，师资配备和场地设备齐全；而在新生所处的分校区，一般只设置简陋的值班室，安排人员轮流值班。在此情况下，部分存在心理不适应或心理疾病的新生不能积极主动地寻求专业人员的帮助。在学习上，部分新生即使出现学习压力大、学习方法不对等问题，但因多校区办学模式下师生交流不便的局限性，不能积极主动向老师请教，久而久之，问题得不到有效解决，将变得越来越严重。

第四节　多校区大学新生适应性教育的对策

一、多校区大学新生适应性教育的基本理论依据

（一）马克思主义关于人的全面发展理论

马克思关于人的全面发展的表述为"人以一种全面的方式，也就是说，

作为一个完整的人，占有自己的全面的本质”。[1]人的全面发展，即人的全面、自由、和谐的发展，包括人的需要的全面发展、人的能力的全面发展、人的综合素质的全面提高、人的社会关系的全面丰富、人的个性的自由发展以及人的主体性的充分发挥。

多校区大学新生适应性教育应以追求人的全面发展为目标，坚持以人为本，在广泛调研、了解学生的适应状况的基础上，以多校区这一特殊背景为核心，针对新生的实际需求，制定出符合新生全面发展需求的适应性教育内容，把握适应性教育的时间，通过多样化的途径将适应性教育的作用发挥出来，从而帮助新生完成角色转换，适应新生活。

具体而言，坚持马克思主义关于人的全面发展观，进行多校区大学新生适应性教育应做到以下几点：首先，尊重新生的主体性地位，注重新生需要的充分满足。[2]多校区大学新生一般被单独安排在分校区，生活环境较封闭，师生交流相对欠缺，校园文化氛围不够浓厚，学生更易产生空虚、寂寞、归属感弱等情绪。因此，多校区大学新生适应性教育应结合多校区办学这一特殊情况，在调研的基础上，充分尊重新生主体性地位，在内容设置上应选择新生乐于接受的、贴近新生实际的、主题鲜明的内容，在教育形式上应注重多样化，避免完全单向灌输教育的形式。其次，注重新生社会关系的全面发展。这里讲的新生的社会关系，主要是指新生的人际关系。人际关系的好坏会引起不同的情感体验，人际关系越好，交流双方越会感到心情舒畅；人际关系越差，彼此越会产生不愉快的情感体验，可导致心理抑郁，严重的可导致心理失常。[3]作为一个社会人，大学新生必然要与周边的人交流，与师生保持良好的人际关系有助于提高新生的归属感。因此，高校应针对一校多区办学师生交流相对欠缺这一特点，为增进新生与高年级学生交流，建立相关机制，定期举办高、低年级经验交流会，同时鼓励新生加入学生社团，让新生在社团活动中锻炼自身能力的同时掌握人际沟通的技巧，扩大交际面。

（二）马斯洛需求层次理论

需要是有机体对内部环境或外部条件的一种稳定需求的状态，是有机体

---

〔1〕　[德]马克思：《马克思1844年经济学哲学手稿》，人民出版社1985年版，第80页。

〔2〕　参见闫建亮："大学新生适应性教育规范化研究"，华北电力大学2015年硕士学位论文。

〔3〕　参见苏碧洋、张美兰主编：《普通心理学》，厦门大学出版社2017年版，第132页。

活动的源泉。[1]马斯洛需求层次理论是由美国心理学家亚伯拉罕·马斯洛提出的，他认为人的需求有 5 种，从低到高依次为生理需要、安全需要、归属与爱的需要、尊重需要和自我实现需要。[2]该理论反映了每个个体需求的模式和特征——在满足了较低层次的需求之后会产生更高层次的需求。大学新生大多处于 17~20 岁的青年期，这个时期充满生机和活力，但也是心理急剧发生变化，各种价值观念形成的关键时期。他们需要什么、希望学校为他们解决什么问题是高校进行思想政治教育的重要依据。因此，在多校区办学背景下，应根据马斯洛需求层次理论分析新生所面临的实际诉求，进行有效的新生适应性教育。

首先，根据马斯洛的理论，生理需要是人的最基本的需求，对于大学新生而言，保障他们的衣食住行是新生适应性教育的起点，是最基本的工作。其次，学校能否提供一个安全、有序的学习环境，营造一种公平、有序、安全的竞争环境是在满足新生生理基础上对安全的更高层次的需求。当代大学生处于身体健康、精力充沛、朝气蓬勃的青春期，他们思想开放，敢于表达自我，渴望与身份、经历相似的同龄人交往，渴望得到异性的重视和青睐，渴望爱情的到来，渴望在与人的交往中展现自我、证明自己。同时，由于新生大多第一次远离父母亲人，家庭的关爱相比以前明显减少，因此新生渴望得到老师和同学的关爱，这便是新生归属与爱的需要的体现。通过高考激烈的竞争，进入大学学习的学生充满自信，希望在各项赛事、活动中突破自我以赢得荣誉和声望，便是新生尊重的需要的体现。当新生前面四个层次的需求都得到满足之后，新生渴望充分发挥自身潜能，渴望充分融入到大学的学习当中，解决问题和自我管理的能力大大提升，人际关系和谐，为自我实现的需求的满足奠定基础。

然而，在多校区办学背景下，各校区在管理制度、运行机制、校园文化建设、资源配置等方面尚存在差距，有些新生存在认知偏差，新生五种层次的需求尚不能完全得到满足，因此需要学校对新生进行一定的适应性教育。在进行大学新生适应性教育过程中，应根据各校区具体情况，综合考虑新生的不同层次的需求，在充分尊重新生主体地位的基础上，开展形式多样的适

---

〔1〕 参见彭聃龄主编：《普通心理学》，北京师范大学出版社 2012 年版，第 322 页。
〔2〕 参见苏碧洋、张美兰主编：《普通心理学》，厦门大学出版社 2017 年版，第 134 页。

应性教育活动，规范新生适应性教育内容。同时，因每个个体适应能力存在高低之分，在教育过程中应建立相关机制，充分关注有特殊需要的新生。

（三）身份认同理论

简单地说，社会认同（Social Identity），也被称为社会身份认同，是指个体与某一社会身份建立心理联系的历程和结果。当人们成为群体成员或社会类别中的一员时，才可能以某种身份进入社会生活，获得社会的归属感和价值感，而由获得群体成员身份而来的归属感和价值感是每一个人自我概念形成与发展的重要组成部分。[1]

身份认同是个体对自身所扮演的社会角色的认知与接纳，个体的社会角色包含了社会期待、社会价值、社会规范等范畴。个体对自我身份的认同，是对于"我是谁""他人眼中的我""我与他人的关系""我存在的价值"等问题的感知、思考与内化。衡量个体对某种社会身份的认同程度可以从以下几个方面着手。第一，对自我是否归属某一群体的认知，这里所讲的归属既包括身体或身份的归属，也包括内心对该群体的接纳与融入。第二，对自我在某一群体中所担任的角色，以及与之相适应的权利、义务与责任的认知。第三，对自我是否认可某一群体价值信仰的认知。[2]

对于刚刚入学的大学新生，他们正处于从高中到大学的过渡期，他们是否在身份上认同自己归属于大学生群体、并从内心愿意融入到这个群体，是否认可大学生应该恪守的道德标准以及应尽的义务都是判断一个大学生新生是否真正具有大学生身份的标准。在这一时期，若新生在身份认同过程中出现偏离，就容易在生活、学习等方面出现不适应的问题。

在多校区办学环境下，生活在高校机关职能部门所在校区的师生对高校校园的归属感及认同感较强，而生活在只有少数教职工驻守的分校区的师生对校园的归属感及认同感较弱。大学新生面对一校多区办学局面时，倘若将他们安置在办学资源相对匮乏、师生交流不便的分校区，新生对高校的归属感和认同感便易降低，由此易造成新生对大学生身份的认知偏差，从而导致对大学学习、生活、人际交往等不适应的问题。在现实中，生活在分校区的

---

〔1〕　参见杨宜音、张曙光编著：《社会心理学》，首都经济贸易大学出版社2015年版，第225页。

〔2〕　李卓群："从'角色规定'到'身份认同'——大学新生养成教育初探"，载《学理论》2015年第36期。

大学新生通常易产生自己是否属于某一高校的质疑。他们因与高年级学生和教职工的交流不足，参与主校区各类活动的机会较少，往往感觉自己被学校遗忘在某一角落。因此，在多校区办学背景下，高校教育管理者应通过相应的适应性教育活动来增强新生对高校的归属感和认同感，培养新生"今天你以母校为荣，明天母校以你为荣"的自豪感。同时，在新生阶段，高校应开展丰富多彩的校园文化活动，让新生在活动参与中感受到学校对他们的重视与关怀，从而帮助新生逐步适应新环境。

二、多校区大学新生适应性教育应坚持的基本原则

（一）及时性原则

大学新生刚进入大学这个相对陌生的环境，原有固定和平衡的生活模式被打破，新的模式尚未建立，使得新生在环境适应和心理适应等方面出现问题。大学新生在不同阶段所表现出来的不适应问题不同，但每一阶段的适应程度都将对下一阶段的适应程度产生影响，如果某一阶段新生出现的适应性问题没有得到及时解决，后期的适应性教育工作将无法正常开展。因此，高校在开展新生适应性教育之前应做好新生调研工作，根据新生的特点与实际需求，合理规划教育内容和时间，待新生入学后，及时并有计划、有步骤地开展新生适应性教育工作，以帮助大学新生顺利完成角色转换。

（二）针对性原则

多校区大学新生适应性教育应针对多校区办学这一特殊性开展符合大学新生特点的教育活动。对于刚入学的新生，他们离开父母和家人的照顾，离开熟悉的同学，面对全新的环境和交际圈，在生活、学习、人际沟通、心理等各方面都将出现一定程度的不适应。因此，在开展新生适应性教育过程中，高校应针对新生普遍存在的适应性问题制定统一的教育方针和安排统一的教育活动。例如，开展校史校情教育以树立新生对大学的校园归属感和责任感，开展理想信念教育以帮助新生树立正确的人生观、价值观，开展新生入学教育以帮助新生熟悉校园生活，开展安全知识教育以帮助新生增强安全意识和自我保护意识，开展专业介绍活动以帮助新生了解所学专业，提高专业认识和兴趣，开展心理健康知识讲座以帮助新生调整心理等。因每个个体成长环境、性格特征、环境适应能力等存在差异，多校区大学新生入学后所表现出的适应问题也不同，同一问题表现的程度也存在个体差异。因此，高校在面

向所有大学新生进行统一的适应性教育活动的同时应特别关注特殊个体，并开展有针对性的教育活动，尤其要关注那些家庭贫困、单亲家庭或父母双亡家庭及有身体缺陷的新生。对他们应着重开展心理方面和生活方面的适应性教育，可进行一对一的引导和教育，以促进他们身心健康成长。

（三）创新性原则

在多校区办学背景下，大学新生的适应状况与单校区办学背景下新生的适应情况存在差异，高校在开展新生适应性教育过程中不应采用一成不变的教育模式，而应紧紧围绕多校区这个实际情况，针对新生出现的对多校区学习生活环境、人际交往、管理模式等不适应的问题，创新工作机制和教育方法。第一，在工作机制方面，应明确各部门的工作职责，协调各教育要素力量。以往大学新生适应性教育主要依托学校力量，组织保卫处、学生工作部门及各学院教研室进行统一教育。笔者认为，大学新生适应性教育不仅仅是依靠学校层面一方的力量就能帮助新生顺利过渡到大学、实现角色转换，而需要学校力量与家庭力量、社会力量相结合进行共同教育，方能取得最佳的教育效果。因此，学校应建立新生家校交流制度，及时向新生的家人反馈新生在校情况。同时，校园周边环境对新生适应也具有很大的影响，因此，多校区办学高校在安排新生校区的时候应选择周边秩序井然、环境良好的校区。第二，在新生适应性教育方法上，应做到教育理念创新和教育方法创新。新生适应性教育应尊重学生主体地位，充分调动新生的主动性及积极性，改变以往传统的单方面灌输、理论说教的方式，摒弃一成不变的教育内容，开展丰富多彩的、学生喜闻乐见的教育活动。

三、多校区大学新生适应性教育的主要内容

前文笔者根据问卷调查总结出当前多校区大学新生适应性教育存在教育内容缺乏针对性及教育时间过于集中、缺乏连贯性等不足。笔者认为，在多校区办学背景下，新生适应是一个长期的过程，应将新生适应性教育常态化、规范化。因此，高校应充分把握新生的心理变化规律和适应性特征，在大学第一学年，有计划、分阶段进行针对性适应性教育。

（一）适应性教育初期——环境认同教育

首先是环境认同教育。人与环境的关系是辩证统一的。一方面，人类的生存与发展离不开环境，人与环境是相互联系、相互依存、相互统一的；另

一方面，人与环境是相对立的。人具有主观能动性，为了生存和发展，人会改造环境，利用环境，环境又会反作用于人。

适应性教育初期一般为入学后第一个月，这一阶段各高校一般会安排军训活动，是大学新生建立大学整体认知和产生最初评价的时期，是新生适应性教育的关键阶段。初入大学校园，新的环境给新生提出了新的要求，新生易出现态度消极等不适应情况；但与此同时，新的环境也给新生提供了许多发展的机会。新生适应性教育正是着眼于帮助新生缩小理想与现实的差距、回应新环境提出的新要求，充分利用新环境提供的发展机会，避免新生对高校产生消极的认识，从而逐步实现新生与大学环境的协调发展。

针对多校区大学新生出现的对学校管理模式的不适应问题，在入学初期的适应性教育过程中，应注重对新生的环境认同教育。多校区办学高校，各校区在校区建设、资金投入、师资力量等方面不可避免地存在差距。为便于管理，新生通常被安排在地理位置较偏远、周边环境较差的分校区，师生交流不便，资源匮乏，新生在思想上和心理上对高校的认同感和归属感低，不利于新生的健康成长。因此，多校区大学在新生入学后，高校应立足学校实际开展环境认同教育，通过各种途径，有计划、有目的、有组织地引导新生参与学校各项活动，从内心理解学校、接受学校，从而内化为对学校的自豪感、归属感和责任感。环境认同教育主要包括客观环境认同和校园文化认同。客观环境认同侧重于引导新生熟悉高校所处地域，校园建设及周边环境等。校园文化认同则侧重于通过高校的办学理念、办学特色、办学传统、校训、校风、学科建设成效以及校史校情等高校文化陶冶新生，提高新生对高校的认识，增强新生对高校的归属感和认同感，从而使得新生尽快适应大学。

（二）适应性教育中期——学习适应教育和生活适应教育

新生入学一个月后至第一学期末，对大学有了整体概念，新鲜感逐渐消失，理想与现实的差距感逐渐显现。此时高校应根据新生的实际需求进行学习适应教育，使新生明确高校对人才培养的要求，确定学习目标，转变学习方法，帮助新生尽快适应大学学习。

第一，加强新生学习适应教育。一方面，加强新生专业思想教育。有不少新生在高考填报志愿的时候对本专业认识不到位，也有新生是应家长要求或专业调剂而被动选择本专业，对专业缺乏兴趣。对所学专业认识不到位和缺乏专业兴趣都将影响新生的专业认同感，因此，高校在新生入学后应及时开展专业思想教育。可组织各院系教研室在新生入学后进行专业介绍，详细介绍本专业的人才培养目标、培养方案、主要课程及就业前景，也可邀请本专业知名专家、学者开设讲座提高本专业的认识度，各院系应有意识地做好本专业科学前沿、学科竞赛、学术交流等方面的展览，以此加深新生对所学专业的认识，培养专业兴趣，提高专业自信心和自豪感。另一方面，加强新生学习方法和技能教育。大学学习与中学学习存在极大差别，高校应引导新生转变学习方式和学习模式，改变以前中学时期的被动学习模式，转向以自学为主的主动学习模式。同时，应让新生明白大学学习长远目标的重要性，大学学习不能抱有"60分万岁"的心态，而应与人生职业规划有机结合起来。其次，教育新生珍惜时间、合理利用时间、科学规划时间。引导新生学会正确利用校图书馆资料和电子资源等校内外各种资源，引导新生形成"主动、觅取、创造"的学习方式，[1]有意识地培养新生独立思考、敢于探索的科学研究意识。通过定期师生座谈会和新老生经验交流会对新生进行学习方法指导，安排任课教师定期进行课程答疑，缓解多校区办学环境下师生交流欠缺的困难。

此外，大学新生正处于世界观、人生观、价值观形成的关键期，在世界经济全球化、政治多元化的时代背景下，大学新生容易受各种不良社会思潮和价值观念的影响。加上高考成功后暂时失去了学习的动力，许多新生学习目标处于"真空"状态，感到人生一片迷茫。因此，高校应结合当前社会发展形势和新生实际，加强大学新生理想信念教育，引导新生调整心态，确定学习目标，合理规划人生。高校应在大学一年级阶段，通过开设"大学生职业生涯规划""大学生创新创业基础"等课程，对新生进行职业意识培养和职业生涯规划教育，让新生找到学习的兴趣，提高学习的积极性和主动性，从而提高学习效果。

第二，加强新生生活适应教育。新生进入大学后，犹如进入人生的第二个断乳期，原有固定的人际交往圈被打破，新的人际关系尚未建立，生活上脱离了父母的照顾与保护，独立生活能力差，同时多校区办学模式下分校区生活条件相对较艰苦，部分新生出现对大学校园生活不适应的现象。因此，

---

〔1〕　参见庆承松、张勇："我国高校新生教育研究综述"，载《合肥工业大学学报（社会科学版）》2008年第4期。

针对这一实际，高校应及时开展新生生活适应教育，引导新生提高独立生活和人际交往的能力，从而尽快适应大学新生活。加强对新生生活能力问题的培养，包括培养新生尽快适应当地饮食习惯和气候条件的能力、独立处理日常生活问题的能力、合理规划时间的能力、合理支配生活开支的能力等，使新生掌握独立生活的能力和技巧，克服新生适应期出现的各种困难，从而尽快融入大学校园生活。

（三）适应性教育后期——人际沟通适应教育及心理健康教育

第一，加强新生人际沟通适应教育。针对多校区办学背景下因校区分散，师生之间、高年级学生与新生之间交流不足，新生对人际沟通存在不适应情况，高校应有针对性地开展人际交流指导。高校应当建立师生定期交流制度，通过讲座、座谈会或开设"公共关系与礼仪"课程等形式开展人际交往能力教育，引导新生学会尊重他人、理解他人和关心他人，掌握人际交往的技巧和艺术，正确处理师生关系、同学关系和室友关系，构建和谐的人际关系。

第二，加强新生心理健康教育。在多校区办学背景下，新生因生活、学习、人际交往等方面的转变，容易出现心理上的不适应，表现出自卑、失落、抑郁等心理问题，若不及时加以疏导，易造成逃学、心理疾病或自杀等问题。因此，在新生入学后的新生适应性教育过程中，高校应遵循大学新生心理发展规律，开展大学新生心理健康适应教育，做好新生心理咨询工作，切实提高新生心理调节能力和抗压抗挫折能力，培养新生良好心理品质，促进新生身心健康。首先，对新生进行心理健康普查，建立新生心理健康档案。新生入学后，高校心理健康教育与咨询中心组织对新生进行心理健康普查，为排查出有心理问题倾向的新生建立心理健康档案，并及时加以干预，尽量做到早发现、早治疗。其次，定期开展心理健康知识普及教育，引导新生正确看待心理问题。高校在课程设置方面，应针对新生易出现的心理不适应现象在大一期间开设"大学生心理健康教育"等相关课程，帮助新生了解心理健康知识，正确认识和看待自己和同学的心理问题，并掌握一定的心理问题的解决途径。最后，有效开展心理咨询工作。多校区办学背景下，因新生通常不在主校区，而心理健康教育与咨询中心往往设在主校区，不方便新生进行咨询。因此，高校应在各校区设立心理咨询室，并在师资安排和器材配备方面做到位，为新生心理咨询提供便利，以帮助新生缓解压力。同时，高校应开设在线心理咨询网站、心理咨询热线等平台，切实为新生提供帮助。

四、多校区大学新生适应性教育的有效途径

（一）建立健全管理体制，协同教育管理

在多校区办学背景下，高校学生教育管理工作本身就是一个复杂的系统工程，而针对新生的适应性教育工作只有在学校统一指导思想下，各部门、各要素间协同合作，方能取得良好的效果。

第一，树立"一个大学"的办学理念。为了整合教育资源、提高办学实力以及提升学校竞争力，众多高校通过高校合并或新建校区进行多校区办学实践。在多校区办学模式下，或多或少会出现有些校区地理位置较偏远、软硬件设施相对匮乏等问题，在此背景下，分校区的有些工作人员工作积极性不高，校园归属感不强。在这种情况下，学生工作队伍怎能把学生工作做到最佳？因此，在多校区办学模式下，学校应该统一指导思想，树立"一个大学"的理念。任何一个校区的发展都事关整个大学的发展，各校区、各部门都是从属于整个大学的要素，各要素间应相互配合、相互协调，共同促进整个大学的长远发展。在工作部署上，学校应注重各校区的长远发展，在校区建设方面尽可能做到均衡发展，以此增强各校区师生的校园归属感，调动积极性。因各校区具体实际情况不同，学校应在大的方针政策、对外关系等方面进行统一指导，但在各校区的日常管理等方面给予分校区一定的权限，做到"宏观集中决策，微观分权管理"。

第二，规范组织机构运行机制。多校区大学新生适应性教育包括学习、生活、人际交往、心理等各方面，工作量之大、任务之繁琐、涉及部门之多，不是某一校区、某一部门或某一老师单枪匹马就能做好，而需要在学校的统一指导下，引领各部门和各院系共同参与。为了实现规范整个组织机构的运行的目标，应当做到以下几项要求。首先，成立专门机构。目前，我国大部分高校尚未成立专门的新生适应性教育中心或机构，新生适应性教育工作只是在开学初期依托新生辅导员、校心理咨询中心和各院系专业教研室进行短期的教育，且没有任何考核体系的监督，执行效果不明显。在多校区办学背景下，因校区分散，各部门、各院系等力量不易统一，成立新生适应性教育中心全面负责指挥和协调新生适应性教育工作，可使该项工作效果更佳。教育中心的工作主要包括调研新生的特点和实际需求、新生适应性教育内容的选择、教育时间的安排、教育活动的开展、教育效果的评估、教育方案的制

定以及监督各院系各部门新生适应性教育的执行情况等。其次，各部门及院系协同合作。各部门和院系是大学新生适应性教育工作的主要实施者，应在学校统一指导的前提下，结合各部门及各院系的实际，根据新生的特点，制定新生适应性教育的具体方案，按时按质地逐步开展新生适应性教育工作。这里值得一提的是，在多校区办学背景下，大学新生往往统一安排在一个校区，各部门与各院系开展新生适应性教育工作过程中，应加强沟通交流，避免教育工作的重叠或缺失、教育时间的过度集中，同时在制定方案的时候应注意在教育形式的选择上尽量做到不同形式的交叉使用，以免产生形式单一、内容枯燥无味的问题。

（二）利用互联网建设智慧校园，实现资源共享

多校区高校各校区间空间距离的现实存在客观上制约了校区间信息的通畅和资源的共享，一定程度上对新生适应性教育产生影响。当今社会是一个信息化社会，生活在科技发达的时代，原有靠书信、电话的交流方式已不再符合时代的发展潮流，因此，应充分利用互联网技术，构建智慧校园，增强各校区间信息互通。一方面，建设校园微信服务平台、智慧校园手机 App 等，将使学校的教育资源得到充分的利用和共享，使师生交流更加便捷，不再受空间距离的限制，也使得高校办学成本大大降低；另一方面，利用互联网建设智慧校园将提高高校教职工的办事效率。通过互联网，即使身处不同校区，广大教职工和学生也能快速、便捷地了解学校的各项方针政策和新闻动态。同时教师可以将优秀的论文、课件、教材在服务平台进行共享，学生可通过手机 App 获取学校的各种教学、科研、管理、服务的最新动态信息。

（三）加强各校区校园文化建设，促进校园文化融合

多校区大学校园文化建设是一个复杂的过程，既要发挥学校层面的集中管理能力，又要充分调动各校区的积极性，实行各校区的分权管理，从而促进多校区大学校园文化的融合，增强各校区师生员工的大学整体归属感和自豪感。

第一，加强高校校史的学习与宣传。对于刚入学的新生，通常被安排在新校区或分校区生活，因新校区或分校区在校园文化建设上与老校区尚存在一定差距，新生难以在无形中感受到浓厚的文化氛围及学校精神的鼓舞。因此，加强学校校史的宣传与学习对文化的传承具有重要的作用。在校区文化建设过程中，各校区可以根据自身实际进行符合校区特色的校园文化建设，

尤其不能缺少具有历史文化积淀和蕴含校园精神文化的标志性建筑。例如，高校可在新生入学后，开展校史校情专题讲座、专题报告，或带领新生进入校史馆、校史广场进行参观，了解学校发展历史；也可以在新生开学典礼上邀请知名校友发言，讲述其大学情怀，以培养新生的校园自豪感和归属感。

第二，增进各校区间的学术交流。大学，作为各种思想的汇聚之地，承担着为社会培养人才的伟大使命，也为学术和思想交流与传播提供了良好的环境。在多校区办学背景下，各校区学科布局不一致，各校区的学术氛围浓淡不一。因此，多校区大学应立足实际，打破校区和院系的壁垒，有计划、有目的地组织跨校区的学术交流、文艺演出及体育赛事等活动。如开展高低年级篮球比赛、校区间演讲比赛、校园歌手大赛等丰富多彩的各类文体活动，组织新生到学院实验室和实践基地参观学习，培养新生的专业意识，在各校区进行科技成果展巡展、校园合唱队巡演等。通过学术交流，促进校区间相互学习、相互补充，促进校区间的文化交流与融合，从而形成学校统一的价值观，增强师生凝聚力，让置身其中的各校区师生对学校产生强烈的归属感、自豪感和责任感。

（四）构建多样化交流平台，建立师生交流制度

高校作为人才培养的主阵地之一，加强师生之间、学生与学生之间的交流对于提升新生适应能力具有重要的意义。在多校区办学模式下，因校区分散这一现实，新生与教师、新生与高年级学生之间沟通交流存在一定的不便，教师的影响、高年级学生的"传、帮、带"作用不明显。因此，学校应构建多样化交流平台，建立师生交流制度和朋辈教育制度，帮助新生尽早适应大学学习生活。

第一，建立师生定期交流制度。在多校区办学背景下，因新生辅导员、班主任及任课教师不与新生同住一个校区，存在师生交流欠缺的问题，很难发挥教师对新生适应的指导作用。针对这一问题，高校应制定师生定期交流制度，以弥补校区分散的不足。专职辅导员和班主任每周应深入新生班级、宿舍，与新生就学习、生活、人际交往等方面进行交流，了解新生的不适应状况，把握新生的思想动态。每月开展主题班会，班风、学风建设等工作。任课教师每周应开展定期答疑工作，解决新生学习方面的困难。

第二，发挥朋辈教育的作用。朋辈，即"朋友""同辈"。朋辈教育是指具有相同背景或相同经历，年龄相近的人在一起分享信息、观念或行为技能，

以实现对参与者的积极影响的教育方式。在多校区大学新生适应性教育中，朋辈教育是指具有一定实践经验，在学习、生活、思想等各方面表现突出的高年级学生通过一定的方式与大学新生进行交流和沟通，让新生在交流中体验到关爱、获得帮助，从而尽快过渡到大学学习生活中去的教育形式。

有研究发现，相似性是人际交往形成的条件之一。常言道："物以类聚，人以群分"，说的就是在人际交往过程中，人们通常喜欢和在各方面与自己存在某种相似性的人交往。对于刚刚入学的"95 后"大学新生，自主意识和自我独立意识不断增强，对传统的教育工作者的理论灌输和说教普遍存在排斥和反感心理，而朋辈群体来源于同学，成长于同学之间，与新生在年龄、经历等方面的相似性使得新生对朋辈教育更易于接受。因此，在大学新生适应性教育过程中，利用朋辈群体进行教育是对传统教育方式的有效补充，能更好地调动大学生群体内部的各种力量，充分发挥高年级优秀学生的标杆、榜样作用，增强教育的可接受性。

在多校区办学背景下，因各校区功能或定位不同，大学新生校区的分布在一定程度上不利于其与专任教师以及高年级学生之间的交流。因此，充分发挥朋辈群体的教育作用对于增强师生、生生交流，提高新生适应性教育实效性，促进新生更快更好地适应大学生活将起到事半功倍的作用。

笔者认为，在多校区办学模式下，可通过以下方式发挥朋辈教育在大学新生适应性教育中的作用。第一，建立以朋辈为核心的"新生工作站"。在新生开学前，挑选一批优秀的高年级学生进行培训，成立"新生工作站"，通过加入新生 QQ 群或微信群的方式为新生和家长提供有关大学各方面的信息。同时在新生报到期间，"新生工作站"的工作人员在各宿舍楼设点，在为新生及家长提供帮助的同时，深入宿舍与新生交流大学成长经验及学习心得，及时消除新生在入学初期的迷茫与不安，帮助新生尽早适应新的环境。"新生工作站"的建立不仅满足了新生入学时最迫切的对各类信息的需求，还能够及时掌握新生的新特点，为接下来的新生适应性教育提供有力的依据。第二，设立以朋辈示范为主的"新生讲坛"。每年的大学新生入学初期，学校各部门、各院系会为新生开展各类讲坛及专业介绍，但该类活动大部分是以老师讲授为主的方式进行。通过调查发现，新生认为虽然该类活动让他们对学校和专业有了更深的了解，但他们对新生入学初期接二连三地听讲座、报告表示反感，并认为这些对帮助他们适应新环境效果不明显。而设立由高年级优秀学生主讲的"新生讲坛"，自入学初期开始针对新生的特点及需求定期开展论坛讲述他们的成长经历，传授他们的成功经验，同时与新生进行互动，为新生排忧解难，可以帮助新生在新的环境中感受到关心、关怀，可以帮助他们在迷茫的状态下重新树立信心，确定目标，规划人生。第三，成立以朋辈力量为主的"新生适应调研组"。大学新生适应性教育内容的确定、教育方式方法的选择等都不能是一成不变的，而应该根据每届新生的新特点、新需求进行调整。因此，挑选一批政治素养高、综合素质强的高年级学生在新生入学后的不同阶段深入新生进行调研，了解新生的实际需求，及时反馈新生出现的适应问题，形成调查报告，以便学校学生工作管理部门及新生适应性教育执行部门针对新生实际情况做好新生适应性教育工作。组建"新生适应调研组"最大的优势在于高年级学生与新生年龄相仿，成长经历相似，新生更愿意向同辈表达真实的想法、倾诉成长的烦恼，因此，调研结果更具真实性。

（五）切实发挥家庭教育对大学新生适应性教育的助力作用

在孩子的成长过程中，家庭教育是学校教育和社会教育的基础，对孩子的成长发挥着重要作用。父母的言行举止、行为习惯以及思想观念对孩子有着潜移默化的影响，良好的家庭教育对大学生积极向上、乐观开朗的心态和诚实守信、乐于助人的品行的形成起着"润物细无声"的作用。大学一年级，正是大学生树立正确的世界观、人生观、价值观的关键时期，他们的思想观念和价值取向易受到各种因素的影响，因此在这一时期需要加强学校教育与家庭教育的沟通，有效地将学校教育资源的优势与家庭教育的优势结合起来，合力促进新生尽早适应大学生活。

第一，加强家校沟通，建立家校联动机制。为有效加强家校沟通交流，高校应充分利用现代信息网络技术，创新工作方式方法，建立新生家长QQ群、微信群、家长委员会等家校联系平台，让家长能够及时了解和把握新生在校学习情况及思想动态，并对高校办学、管理等提出建议。高校应及时反馈存在适应困难的新生具体情况，一旦新生出现适应性障碍就及时请求家长的帮助，共同促进新生实现角色转换。同时，高校应充分发挥教育指导作用，多渠道加强对家庭教育的教育理论、教育方法和教育艺术的指导，使家庭教育规范化、科学化，从而提升家庭教育的实效性。此外，为增进家校联系，高校可举办各类活动，如在每年的新生迎新晚会邀请部分家长参加，邀请家长参与新生座谈会，通过讲座或书信的形式组织新生进行感恩教育等。

第二，转变教育观念，优化教育方式。当前"95后"大学新生，生活在经济快速增长、科学技术突飞猛进、思想日益开放的时代，他们崇尚科学、主张民主，他们知识丰富、接受新事物的能力较强，但与父母的代沟逐渐拉大。如今，在大学，成绩已不再成为评价学生的唯一标准，学校越来越重视学生德、智、体、美、劳的全面发展。因此，大学新生家长应转变以往分数至上的教育观念，在关注子女学习的同时应注重子女综合素质的培养。在大学新生适应阶段，家庭教育要对子女独立生活能力、人际交往能力、心理抗压抗挫能力等方面加以有效的引导。同时，为有效拉近与子女的距离，顺利开展家庭教育，新生家长应改变子女考上大学之后父母只需为子女提供学费和生活费的错误观念，不断加强自我教育，如积极学习网络新技术、主动了解国家发展新形势和新动态，多渠道掌握子女思想上和心理上的新变化。在教育方式上，随着子女年龄的增长，自主性逐渐增强，中小学时期的家长权威式教育方式已不再适用于大学新生，民主、平等的沟通交流方式更易被新生接受。

（六）引导学生提升自我教育、自我管理、自我服务的能力

大学新生适应性教育能否取得实际效果与高校的工作运行机制、家庭教育等关系密切，也与新生自身主观能动性的发挥息息相关。学校教育和家庭教育是外因，新生自身主观能动性的发挥是内因，外因通过内因起作用。因此，作为新时代中国大学生，"95后"大学新生应正确认识自我，客观、全面地评价自我，树立远大理想，合理利用时间，积极参与社会实践，坦然面对挫折与挑战，学会自我调节，以积极的心态迎接美好的大学生活。

《普通高等学校学生管理规定》第五条规定，实施学生管理，应当尊重和保护学生的合法权利，教育和引导学生承担应尽的义务与责任，鼓励和支持学生实施自我管理、自我服务、自我教育、自我监督。因此，高校在学生管理过程中，不要总是把新生看作没有长大的孩子，而应转变观念，敢于放手让新生去尝试、去体验，哪怕经历失败也是一种磨炼与收获。但在现实中，有不少高校在学生管理过程中，对学生管得过严、过死。笔者认为，在多校区办学背景下，高校应开展各种活动，充分发挥新生的主观能动性，让新生在实践活动中锻炼自我，从而提升新生自我管理、自我教育、自我监督及自我服务的能力。例如：鼓励新生加入学生会、社团组织等，在活动中锻炼人际交往的能力，培养团结协作的精神。

五、多校区大学新生适应性教育的保障机制

（一）组织保障

在多校区办学背景下，大学新生适应性教育的顺利开展需要依靠一定的个人和组织进行分工、合作，构建一个包含校、院、系三级机构在内的组织体系。首先，高校党委应建立健全领导机制，高度重视新生适应性教育工作的开展，负责总体规划和制定方案。其次，各二级学院和校区党总支按照学校党委的统一规划和目标，根据专业特点和新生实际需求上传下达新生适应性教育的作用，充分调动学院和校区教职工的积极性，制定实效性强的新生适应性教育活动方案，采用多样化教育途径，及时调研新生适应状况。最后，新生适应性教育还需在党委的统一领导下，协调各管理和服务部门，形成全员育人、全程育人和全方位育人的局面。例如：教务处应根据上一级新生对于课程设置的反馈信息及时调整不合理的课程安排。同时，在大一期间，教务处应组织新生对网上选课和网上评课进行集中学习，使新生熟悉选课和评课流程。后勤服务部门应定期对新生生活进行调研，及时根据新生反馈的信息，提高食堂、学生公寓等的服务质量，满足新生的生活需要。新生所处校区管理委员会应定期对新生进行调研，想新生所想，急新生所急，为了新生的一切，为了一切新生，切实为新生的发展提供帮助和服务。

（二）队伍保障

多校区大学新生适应性教育的顺利开展除了需要依靠学校层面的统一组织，合理规划，还需要建设一支思想政治素养高、经验丰富、业务精、能力强的适应性教育师资队伍。首先，科学配备新生适应性教育队伍。目前，国内高校新生适应性教育工作者主要由辅导员、班主任担任，但在当前高校教师工作量多和科研压力大等的情况下，他们的精力和时间显得极其有限，导致新生适应性教育的效果甚微。因此，笔者认为各高校每年应严格按照国家要求足额配备辅导员，并把好辅导员队伍的质量关。其次，提高大学新生适应性教育工作者的理论水平和实践能力。高校应定期组织新生适应性教育工作人员对前期新生工作进行交流、总结，为有效开展下一步工作奠定基础。同时，可采用"送出去"和"引进来"的方法提升适应性教育工作者的水平。一方面，高校应组织工作人员到其他新生适应性教育工作取得良好成效的高校进修学习；另一方面，高校应邀请相关培训机构或专家到校内对适应

性教育工作人员进行培训，让工作人员得到全方位的指导，从而提高工作能力和业务水平。

（三）制度保障

多校区大学新生适应性教育的长效发展需要高校制定一套行之有效的管理制度，使新生适应性教育有章可循。第一，建立考核制度。将适应性教育工作中所取得的成绩纳入部门和个人工作业绩考核范畴，是实现适应性教育目标的必要保障，也对各教育部门的工作起到一定的约束和激励作用。目前大多数高校虽然都开展了新生适应性教育，但许多高校因没有制定相应的考核机制，新生适应性教育工作只是流于形式，效果欠佳。为取得每一届新生适应性教育工作的良好成效，高校应加强对各教育工作部门和个人的考核，并在制定考核机制时不断完善考核内容，改进考核办法，坚持客观、公平、公正的原则，对考核结果进行一定的奖惩。在多校区办学这一特殊背景下，新生适应性教育工作涉及的部门较多，高校应根据实际进行考核，以保证新生适应性教育工作取得最佳效果。第二，建立反馈机制。定期开展经验交流会，研究探讨新生适应性教育工作中遇到的问题，总结经验教训；定期组织调研，及时了解、掌握新生适应性教育的开展情况，吸取基层教育工作者的建议，密切关注新生需求，不断从新生中取得反馈信息，使新生适应性教育的形式、内容更符合学生主体的需要，从而提高大学新生适应性教育的实效性。

总之，多校区大学新生适应性教育的顺利开展需要高校制定一套行之有效的管理办法，形成一个包括校、院、系在内的组织体系，组建一支高水平的专业师资队伍，从而为新生适应大学生活提供保障。

第 三 章

大学生体育精神教育

体育之所以能经久不衰，在数千年的发展和变化中，不但与人类共进退，而且成为现代人类社会不可或缺的一种精神文化，最重要的原因之一就是：在体育运动中能产生出一种积极和高贵的精神文化。这种精神文化在社会上起到了不可取代的作用，比如在大学生的行为规范教育、大学生的道德水平的提升以及社会文明水平的提高等领域。一个国家的政治、经济、文化及社会的发展都离不开体育。作为一种文化的存在形式，体育蕴藏着多姿多彩的文化素养，社会的发展与体育精神有着密切的联系，特别是我们当代大学生的体育行为与体育精神有着更为密切的联系，这就需要我们对当代大学生进行体育精神的培育。

体育精神是在体育活动中产生的，它不仅可以引发情感共鸣，更是一种能激起人类昂扬斗志的精神力量。可以说，最为宝贵的一种精神就是体育精神，进行体育锻炼就是进行教育。在体育活动或体育比赛中所体现出来的积极向上的心理或昂扬的斗志等都已经得到了社会的肯定与大众的倡导。比如，团结协作、坚持不懈、不屈不挠、挑战自我、公平正义等，这些都是来自体育文化的真谛。体育精神作为一种文化意识形态的存在形式，是体育运动的高级产物，彰显出人在体育运动时之本性，它与文化、教育完美结合，与人的价值观念相匹配，出现在体育运动之中，与个体精神形成的过程完美融合，进而让个体在其他方面也能运用上这种精神。

体育存在的价值之所以得以提升，是因为体育精神的存在，而体育精神提升了大学生对体育模式的认识，让大学生的内在生命得以丰富，让大学生的道德意识和行为标准得到了规范化，因此这些体育精神必然应该是当代大学生所具有的。不管是小到个人还是大到团体，体育精神都可以让自己的魅力得以展示，从来不会屈服于任何困难。不管是在体育竞技场上英勇地争夺冠军，还是无意间的失败，体育精神总会不经意间出现在大学生眼前并牵动他们坚定的信念。大学生须能感受到获胜方第一百零一次成功的喜悦，也须认清第一百零一次背后一百次失败的永不言弃。体育精神最高贵之处便在于不在乎输赢，不断超越自我的魅力。

大学生体育精神的培育研究，对指导大学生的生活方式、体育活动的开展以及对大学生的人格塑造具有重要的理论意义。体育精神之所以能够对大学生的日常生活和体育活动进行指导，是因为体育精神可以渗透出一种体育自身独特的教育因素，而这种因素表现为感染力、鼓舞力等。大学生体育精神的培育研究，是为了让大学生明白在体育活动或竞赛中体育精神所体现的什么是团结协作，什么是顽强拼搏，且明白为什么要拥有一个健康的体魄与积极的心态去面对生活与工作。对大学生体育精神培育，一方面有利于帮助大学生树立正确的价值观。在大学阶段，对大学生进行体育精神的培育对其价值观的形成可以说十分重要，能提前打下遵守爱国、敬业、诚信、友善等方面行为准则的扎实基础。大学生体育精神有着至高无上的正能量，不仅在实现中华民族伟大复兴中给予源源不断的前进动力，同样也是构建社会主义核心价值观的重要手段。另一方面有利于促进大学生形成健康的生活方式。在大学阶段，对大学生进行体育精神的培育能让大学生的业余生活越来越丰富有趣，从而激发大学生对体育活动参与的兴趣，进而使其生活方式得以改善，进一步推动我国公民的精神文明水平的提高与运动素质的发展，进而推进我国体育事业的蒸蒸日上。

第一节　大学生体育精神

一、大学生体育精神的内涵

丁可红等（2014）认为：体育精神是一种文化意识形态，它是通过体育运动而形成并集中体现出人类的力量、智慧和进取心等积极意识的总和，是体育运动的最高级产物。[1]黄晓波（2011）把"体"理解为人之本，把"育"理解为人类日常训练、培育，把"体质"理解为人类的先天性遗传天

---

〔1〕　参见于可红、张俏："论体育精神与大学精神"，载《体育学刊》2014 年第 3 期。

赋与后天性环境的影响及培育所融合的最终结果。体育不仅仅是单纯的强身健体，从精神层面的角度更是一种体育精神的提取。体育精神是一种至高无上的精神，进行体育锻炼就是接受教育的方式。[1]罗军委（2017）在当代中国竞技体育精神文化中提炼出以下五大重要构成部分，分别为："家至上精神""勇于拼搏精神""敢于创新精神""艰苦奋斗精神""百折不挠精神"。[2]

在总结与借鉴相关理论观点的基础上，笔者认为大学生体育精神是大学生在校园里基于一定的校园历史文化及社会意识，并通过体育实践活动的完美融合、沉淀与提取才得以形成，它是一种精神文化，呈现出校园体育风貌、道德观念以及行为意识；它还是一种思维活动与某种共同心理状态的总和，大学生在参与文体活动时，能体现出文体活动所特有的生活方式。

综合分析大学生体育精神的内涵及外延，笔者提炼出大学生体育精神主要由"吃苦耐劳精神""公平竞争精神""团结协作精神""争先创优精神""全面发展精神"这五大部分构成，并分别予以阐述。

（一）吃苦耐劳精神

培育吃苦耐劳精神，大学生的敬业奉献意识、坚强的意志力等自然而然会有所提高。吃苦耐劳是敬业奉献的具体表现形式之一，要想称得上敬业奉献，必须要有吃苦耐劳精神作为前提。大学生的敬业奉献意识不是与生俱来的，而是其成长脚步下的必经之路。因此，敬业奉献意识不是轻而易举就有的，它随着社会的发展而发展，所以是一个动态的过程，这个过程会历经磨难，且个体在成长期需不断地适应新事物、新环境，所以，它还是一个不断自我创新、自我学习以及自我能力修养的过程。

第一，吃苦耐劳精神有利于增强敬业奉献意识，可以帮助大学生增强独立自主意识。目前，大多数在校大学生都是独生子女，对于在生活或学习上遇到的困难与挫折，他们通常会有一种依赖别人的心理，不是想着自己怎么去寻找解决的办法，而是想着请求他人来帮忙。假如大学生能正面对待问题，就会去想办法解决困难，打败挫折，自然而然就提升了吃苦耐劳精神。当通

---

〔1〕 参见黄晓波："培育大学体育精神的现实意义及途径"，载《体育学刊》2012年第1期。

〔2〕 罗军委："当代中国竞技体育精神文化内涵与建设研究"，江西师范大学2017年硕士学位论文。

过自己解决了一个问题时，遇到下一个问题时就不会觉得问题会有多难，反而会想方设法去寻找解决问题的方法，因为在解决上一个问题时无形中会变得更自信，同时还积累了如何解决问题的经验，当再次把问题解决后，会自然而然地产生一种从未有过的自豪感。从而，对他人的依赖感会慢慢地消失，而敬业奉献意识在无形中增强了。

第二，吃苦耐劳精神有利于增强大学生坚强的意志力。当大学生受到不良的外界因素或其自身负面情绪影响时，吃苦耐劳精神有利于帮助大学生战胜困难，克制情绪，让大学生找到真正的自我，明白理想与现实的差距，让自己在人生的道路上坚定意志力，勇敢地面对困难与挫折，踏踏实实地迈向人生成功之路。正确看待自己，为自己树立伟大的奋斗目标，凡事靠自己，努力去寻找解决问题的办法，而不是想着如何依赖别人，对自己的人生理想与信念保持一颗勇往直前、敢于拼搏、坚持不懈的心。两者既能相互影响，共同进步，又能让大学生的敬业奉献意识得到进一步提升。

（二）公平竞争精神

在所有的体育竞赛中，公平竞争是赛事规则最基本的要求，也是体育精神的存在形式之一。所有体育赛事的举办都是在公平竞争的基础之上的，每位参赛的运动员必须遵守比赛规则，公平公正，不搞特权，让体育赛事呈现公开性。公平竞争的体育精神主要有以下两点：第一，遵守"公平""公正""公开"的体育赛事规则，秉承其优良的体育操守、道德范式；第二，勇于拼搏，勇往直前，坚持不懈，充分发挥临危不惧的定力。教师应该强化大学生的规则意识，让每位大学生都能认识到这种规则约束的重要性，且要每位大学生都能做到自觉地遵守规章制度，让每个学生都接受平等、维护平等，认识到没有人能在特权中行事。把公平竞争意识结合到体育教学中去，在整个教学过程中设置一定力度的奖罚，当大学生完全做到了遵守或违背了，教师给予一定的奖励或对应的处罚，这样的好处在于能使大学生对公平竞争意识有一个更深的体会。

培育大学生的公平竞争精神，可以让大学生端正公平竞争的心态与打消存在侥幸的念想，使公平竞争规则得以规范，共建公平竞争舞台，促使大学生成为品学兼优、敢于拼搏、业务能力强与综合素质高的新型人才。假如不公平的竞争时有发生的话，自然会出现越来越多的滥用职权和搞特权现象，结果就是不遵守规则的风气在校园内蔓延开来。

（三）团结协作精神

在社会经济不断发展、科学技术不断创新的当今，集体活动逐渐受人民喜爱，活动的次数不断增加，质量不断提升。集体活动要求大学生一定要具备良好的团队协作能力，唯有如此，才能够促进整个团队营造彼此间良好的竞争氛围。因此，高校一定要重视高校大学生团队协作能力培养，让大学生能够倾听和接受他人的建议，培养大学生以集体为中心的价值观，学会尊重他人，乐于合作，这样才能够促进大学生更好地成长，推动其得到更好的身心发展。

矛盾具有特殊性，不同的大学生在各方面素质上都有其独特的一面。培养大学生团结协作的能力，可以促进大学生在体育方面获得综合素质的明显提高。大学生具有了团结协作的能力时，可以学会看待事物的正确方法，并且对事物进行客观理性的评价、学会相互理解与包容。在团队协作的氛围中，大学生能够从团队伙伴的合作与帮助中获取更多的信息，从而促使大学生思维模式、心理素质等得到显著性的提高，并且激发综合素质的巨大潜力，取得巨大进步。

在大学体育课堂中，体育教师可以通过各种活动来促进大学生间的相互合作和配合，在合作的过程中引导大学生不断地培养团队协作能力。这不仅有利于体育教师从根本上转变传统教学方式，而且也有利于师生间的良好沟通，从而形成轻松、活跃的体育教学环境，大学生之间也能更好地进行感情沟通和建立友谊，彼此间互相学习、共同进步。这样才能够更好地促进大学生在体育学习技能上的增强以及体育兴趣的增多，另外还有助于大学生在学习体育技能的学习过程中如何进行团队协作、如何树立正确的价值观，从而发挥出大学体育课的重要价值，实现体育课教学的最佳成效。

（四）争先创优精神

"更快""更高""更强"六个字诠释了争先创优精神的独特意义。众所周知，所有体育赛事的结果只有两个：胜负、输赢或成功与失败。相信每位参赛运动员无一不是想得到胜、赢或成功的，但前提是每位运动员需在身体与心理上有一个充足的准备，在赛场上不光要战胜对手，更要战胜自己。在赛场上最大的敌人是自己而不是对手，因为当自身疲惫不堪时，更多的是需要战胜自己的心理，敢于挑战自我，在体育竞赛中争先创优，在拼搏中展示自己最佳状态，为自己创造更好的成绩。在竞赛中争先创优并做到敢于拼搏，坚持不懈，永不言弃。在高校发扬争先创优的精神，不仅能让校园变得生机勃勃，还能让全体师生充满个性，充满激情。

教育随着社会的发展而不断优化，体育精神也随之不断重组，高校校园体育文化舞台也应随之得到创新和优化。充分发挥体育运动在高校教育中的作用，重视学生个性发展与全面发展相结合，继承学术规范与发扬学术民主相结合，形成优良的教学方式与训练方法，培育具有新时代特色的体育精神。教职工和学生是校园里体育精神的载体，他们拥有的体育认识、体育情感、体育意志、体育行为、体育能力及进行的实践活动，都体现出了他们的体育精神特征，从而内化成一种体育精神。但是，体育精神的形成并非一蹴而就，它是伴随着学校的发展历程和社会历史条件变化而形成的一种精神，它必须经历"倡导、践行、提炼、再实践、升华、发扬光大"的过程，而且这个过程是漫长的、持久的、复杂的。哲学思想是指导体育精神培育的必然要求，需要确立正确的舆论导向、理论导向和政策导向，需要培养大学生形成健康的体育心理，需要广大师生在实践中培育体育精神。

（五）全面发展精神

体育精神是不断超越自我的精神，是不断完善自我的精神，自体育赛事的开展以来，每位参赛者都在赛场上践行和传播着超越自我、追求卓越的体育精神。马克思主义思想表明，事物都处于不断发展与变化之中。作为运动竞技者的个体既是自己同时又非自己，因为从进入大学生活起，大学生就开始处于一个不断成长、发展与变化的过程之中，在整个过程中大学生不仅得到了个体生理上的成长，也得到了心理成长与灵魂的净化。正如人类起始于动物界，却超越于动物界一样，大学生的进步、成长与发展也是一个不断超越自我、不断完善自我，全面发展的过程，而且每一个大学生也只有在不断超越自我、不断完善自我的过程中不断进步，才能获得全面综合的发展。

二、大学生体育精神的相关理论

体育精神起着引导体育实践活动的作用，也对体育文化在模式的选择上起着规范作用。体育精神具有的规范意识，在体育道德风貌、体育行为规范、体育积极心态及体育美好展望中体现出来。体育精神还具有能动作用，在体育行为中作为核心力量，是一种储备资源。

（一）人的全面发展理论

在马克思主义基本原理中，人的全面发展理论是重要组成部分。体育精神是可以提高人类道德素质的，对人的全面发展十分重要，也让人的精神境界得到相应的提升，构成社会文化非常重要的组成部分。在马克思全面发展理论中，体育精神是重要的组成部分，要想实现人的全面而自由的发展，精神生产是不可或缺的前提条件。体育是把身体活动作为手段，目的在于寻求身心和谐及全面自由的发展。体育精神在人的全面发展中起着不能取代的、独具特色的功能，可以说是"文明其精神，野蛮其体魄"。所以，加大对大学生体育精神的培育力度在人的全面发展中显得十分重要。

如今的大学生生活方式各具特色，思维十分活跃，视野也很广阔，而且有着丰富多彩的情感。但是在另一方面，他们也存在着一些心理上的小问题，比如整体表现出脆弱的心理、对适应新环境的能力不够强、遇到挫折时处理问题的能力低下、缺乏抗压能力及危机意识、存在依赖心理、自信心不足等。体育精神可以让大学生通过体育运动表现出积极、乐观、文明、公平、自信、无私奉献、顽强拼搏及团结协作等品质。在和谐团结的大学生体育精神中，大学生能相互取得对方的赞美与支持，同时感到成功时的欢乐。与此同时大学生能较容易地发现自身的不足之处，比如自身体力薄弱、技艺缺乏、意志力不够坚强、情感比较脆弱等。同时也能发现自身的优点，在学习中不断进步，虚心接受新事物，敢于挑战自我，努力使自己达到更高目标。大学生要使自己在社会化进程中快速适应新社会环境，随时做好应对社会所发出的挑战的准备，有利于帮助大学生做一个情感的调控，而体育精神有利于提升大学生坚强的意志力，有利于改变大学生冲动易怒的小情绪，让其开心地加入到团队之中，有利于大学生维持阳光、积极与健康的心态，从而为大学生实现自身全面和谐发展打下扎实的基础。

（二）体育强国战略

习近平在新时期大背景下提到，"两个一百年"奋斗目标将把中国的体育事业的发展列入到规划中去。这体现出体育事业的发展在国家战略高度得到重视，将体育强国建设提升至全面建成小康社会的宏伟目标，提升至与中华民族伟大复兴中国梦同一高度的宏伟目标。在体育强国发展的内容上，坚持要以人的全面和谐发展、增强国家的总体实力为直接目标；在体育强国发展的实践上，要求在社会各方面进行广泛的发展，比如把体育精神、体育机制、体育场馆设施建设、体育文化等都列入到体育事业发展当中。如今，体育强国建设不够完善，体育还不是所有人的活动，不管是在功能或价值的角度来看都未达到预设的目标。

新中国成立以后，中国共产党坚持以马克思主义理论为指导，体育事业得到越来越大的发展，对不同时期的体育事业发展使用不同的战略方针，使得中国体育事业的发展得到了很好的推动。毛泽东曾提出的战略思想"发展体育运动，增强人民体质"让中国的体育事业走上了飞速发展的路线。为不断推进中国特色体育事业的发展，为从体育大国的建设迈向体育强国的建设，邓小平、江泽民与胡锦涛等人也做出了伟大贡献。习近平在新时代背景下提出"体育强国梦"，让体育强国建设与全面建成小康社会及治国理政战略完美融合。"体育强国梦"是中华民族伟大复兴中国梦的内容之一，从价值上与功能上看内涵各具特色。八十年代前就提出过"体育强国梦"，所以这不是一个新词，至今又提起，是因为其在本质、内涵及意义等方面都有一定程度的改变。在新时代中国特色社会主义的指引下，体育强国建设这项事业发生了整体性的变化，注重以人的全面发展为目的，不再是单纯的提高运动技能与增强体质，坚持以科学发展为中心，以文化为介质，争取让大众体育、竞技体育及体育产业共同发展。另外，体育精神的建设需提升至国家战略高度，让中国特色社会主义体育文化形成有价值、稳中求进的体育精神。

三、大学生体育精神培育的意义

大学生的首要任务是学习，这一时期他们的知识储备更完善，思想也相对成熟，为步入社会打下扎实的基础。培育大学生的体育精神能很好的培养他们吃苦耐劳、公平竞争、团结合作、争先创优与全面发展的精神，大学生拥有了这样的精神品质，对其以后的发展具有十分重要的作用。对大学生体育精神培育力度的加强，不但能增强大学生的体质，还能提高大学生的运动兴趣，从而让大学生积极地参加到体育活动中来。大学生体育精神培育对改善大学生的生活行为方式有着积极的促进作用，让其生活质量得以提升，课余生活也会变得更加有特色。

（一）有利于大学生健全人格的培养

历史唯物主义指出，社会存在决定社会意识，大学生体育精神是各种体育活动实践长期以来积淀而形成的。社会意识对社会存在具有反作用，先进的社会意识对社会存在具有促进作用。大学生体育精神是一种正确的社会意识，它不仅有利于指导大学生体育活动的开展以及大学生的人格塑造，而且有利于促进社会主义和谐社会建设，弘扬社会正气以及传递社会正能量等。

独立健全的人格可以说是进行社会活动的前提和基础，它也是一个人最宝贵的财富，体现着一个人的良好道德品质，衡量着一个人的人格健康状况。一是要有正确的价值观、人生观和道德观，在任何时候，都需用客观公正全面的角度去看待问题和事情；二是能够清晰地认识自己，能够坚持以客观实际的原则来看待自己；三是要具有专注的精神，能够专注于自己所参加的各种事项和活动，同时对自己所从事的学习和工作任务都抱着积极向上的态度去对待和完成。

大学生体育精神的培育既有利于培养大学生参与活动的积极性，激发学生参加校园、班级等集体活动的热情，也有利于大学生的自我展示意识的培养和竞争意识与能力的培养，能激励大学生在集体体育活动中大胆表现自我，勇敢顽强地在体育赛事中力争上游。大学生体育精神的培育有利于培养大学生遵守规则意识，引导大学生公平、公正、公开地进行体育活动或体育赛事，并引导大学生做到既要遵守赛事规则，也要尊重竞争对手。大学生体育精神的培育有利于培养大学生的团队合作精神，让大学生在体育活动和体育赛事中能够互相团结、互相帮助、互相促进、共同进步。大学生体育精神的培育有利于大学生真、善、美价值观的培养，指导大学生客观正确地去看待问题以及处理问题。在体育精神的感染与熏陶下，大学生的集体感、责任感以及处理人际关系的能力都会得到提升。因此，可以说体育精神有利于学生们形成健全的人格。

（二）有利于提升高校良好风貌

学校的综合水平和整体风貌在一定程度上可以从体育精神文明水平反映出来。新时代经济和文化都得到了较大的发展，教育备受国家的关注，尤其是精神文化方面。而且高校是为国家培养和输送人才的基地，是培养和树立大学生正确人生观、价值观、道德观的摇篮，因此得到越来越多人的密切关注。然而，在经济全球化和网络化的影响下，高校负面的新闻也在日益增多和广泛传播，如错误的金钱观导致的拜金主义、借高利贷、作弊、抄袭等不良风气和"以我为主的"个人主义等。这些负面能量对于大学生良好性格和品德的形成都有很大的不良影响，也制约着我国未来人才的质量。但在负面消息不断滋生和扩大的同时，许多正能量和先进的文化也在不断地发展和传承，体育精神就是其中一种能够传递正能量、也能够降低负面文化的影响的重要先进文化。

体育精神提倡人文主义，坚持以马克思列宁主义、毛泽东思想和邓小平理论、习近平新时代中国特色社会主义思想为指导思想，为高校的发展指明了发展方向和前进道路。体育精神提倡体育与文化、教育融为一体的教育方式，这为高校培养出德智体美劳全面发展的优秀人才提供了有效的方法，也大大地提高了高校人才培养能力。体育精神提倡人生的奋斗精神，通过提供良好的教育和耐心帮助大学生树立高远的志向、历练勇于担当、艰苦奋斗的精神以及积极奋发的人生心态。体育精神提倡公正性、正义性，反对弄虚作假、徇私舞弊，倡导开展具有公平公正的良好秩序的校园、班级等体育活动，杜绝裁判的"黑哨""友情分"等校园不公正、不光彩事件。在体育精神的陶冶与感染下，高校的综合水平与整体风貌能够得到不断的提升，因此，可以说体育精神有助于提升高校良好风貌。

（三）有利于创新高校体育发展理念

为了能使大学生体育精神培育的各方面工作得以开展，每个高校应对体育文化制度、建设方式等多处进行提升与完善，给大学生创造一个氛围良好的人文教育环境。

第一，各大高校在体育发展制度的制定上必须遵循高校自身的实际情况以及自身的教学规律。大学生体育精神培育的前提条件是要拥有可行性的体育教学制度，以此让校园体育文化有规可循、有重要保障。

第二，各大高校在教育理念方面应有所改变，在重视技能训练的同时也重视体育精神方面的课题演练，重视体育精神培育。学校可以开设体育俱乐部、社团、协会等体育交流场所来提高大学生的运动兴趣，让大学生能主动加入到喜欢的运动中去，让体育文化的影响力在校园内得到提升，让体育文化在校园内的发展成为一种趋势，从而使得大学生的积极性与好动性得以提升，使得大学生能体会到积极参与体育活动的重要性，使得个体的责任意识得以提高。

（四）有利于弘扬社会主义核心价值观

在大学阶段，培育大学生的体育精神对其价值观的形成可以说十分重要，能提前为遵守爱国、敬业、诚信、友善等方面行为准则打下扎实基础。大学生体育精神有着至高无上的正能量，在实现中华民族伟大复兴中给予源源不断的前进动力，同样也是构建社会主义核心价值观的重要手段。

对大学生进行体育精神培育，能把大学生的公平正义感激发出来，促使其发自内心地为社会不公平不正义事件打抱不平，刻苦提升自己的文化修养及保持身心健康，积极主动参与体育活动，争取为社会的发展奉献出自己的一份力量。把体育精神的培育融入到高校体育教学的整个教学过程中，可以帮助大学生的价值观正确地形成。在体育教学过程中，给学生讲解体育运动中展现体育精神的相关例子，给学生播放体育精神相关的视频，能使大学生对体育精神的感受更深刻，从而把他们积极主动参与体育活动的兴趣激发出来，同时也可以改善大学生对学习的态度，使得大学生在学习中遇到挫折可以用平常心去对待，从而形成积极的价值观。

大学生体育精神所体现的顽强拼搏、公平竞争、团结协作、争先创优、全面发展等精神，都是社会主义核心价值观的重要内容，对弘扬社会主义核心价值观具有十分重要的意义，可以为实现社会主义核心价值观打下扎实的基础，使得社会主义核心价值观的涵义变得更加丰富。

（五）有利于推进高校体育精神常态化建设

一方面，进行体育精神培育是根据高校体育教学的直接目标与最终目的所做的抉择，把体育精神培育与体育教学完美融合有利于培养大学生的吃苦耐劳、公平竞争、团结合作、争先创优与全面发展的优良道德品质。换个角度来看，进行体育精神培育有利于高校体育教学工作的顺利开展。当前一些高校大学生因为受到了社会经济快速发展的影响，在价值观上发生了一些偏差。所以在高校体育精神常态化建设下，要以正确的方式带动大学生积极主动地参与体育锻炼，进而为增强其身心健康发展打下扎实的基础。

另一方面，要把体育文化开展的创新模式融入到高校体育工作开展中去。与时俱进的体育文化开展形式不但可以激发大学生积极主动参加体育活动的兴趣，还可以让大学生的体育精神培育得到增强，进而提升大学生的体育精神。为了对体育文化开展的模式进行创新，各大高校应积极采取对策，例如举办一个人数相对较多的体育文化艺术节，以弘扬体育观为主题，倡导勇往直前的体育精神，用艺术节自身独特的魅力吸引大学生的眼球，对大学生彼此间的团结协作进行表扬，让其能心甘情愿地参与到团体中，让体育精神在体育活动中得到提高。

第二节　大学生体育精神的现状

为了正确分析大学生体育精神培育的基本现状，笔者以赣南部分高校为例，通过发放调查问卷的方式，在赣南部分高校范围内开展有关大学生体育精神现状的调查研究。大学生体育精神调查问卷发放 1077 份，回收后整理得到有效问卷 918 份，回收率为 85.24%。对回收的问卷用 EXCEL 进行统计整理，以下是本次调查问题的概括及对调查结果的统计。

一、大学生体育精神积极的表现

当今社会体育精神无时无刻不在影响着大学生的生活与教育，让大学生的体育活动也变得越来越多姿多彩，同时也让大学生的生活变得更加生动有趣，不管是篮球场上的自由活动还是班级间的友谊赛或是校运会，都能体会得到。培育大学生体育精神会给大学生的校园生活带来美好。

（一）提高大学生运动兴趣

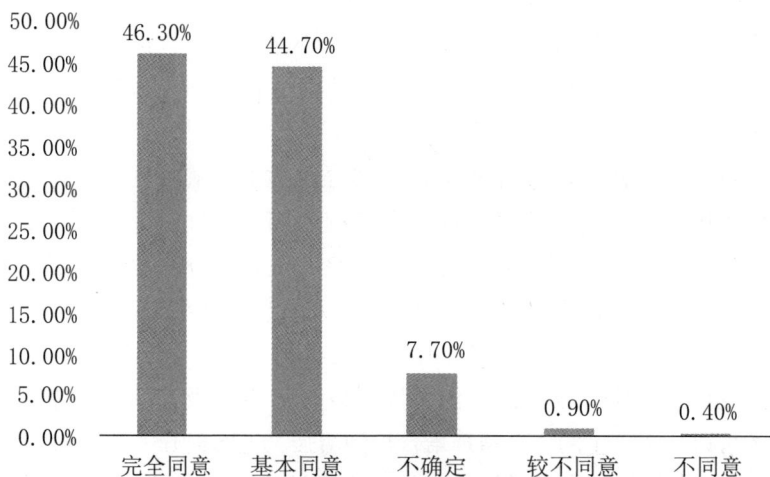

图 3.1　您在塑造体育精神时是否提高了运动兴趣？

从图 3.1 中可以看出，对于大学生在塑造体育精神时是否提高了运动兴趣，表示完全同意的占总人数 46.3%，表示基本同意的占总人数的 44.7%，持不确定态度的占总人数的 7.7%，0.9% 的人持较不同意态度，仅有 0.4% 的人持不同意态度。从调查数据来看，大学生认为在塑造体育精神时能提高运动兴趣的占比很高。

体育运动需要对学生进行思想上的教育，让学生变得情愿去运动，因为运动既可以让学生变得勤快，同时也可以让学生变得开朗，有些学生不喜欢运动，因此他们对体育课没有什么兴趣，所以教师应该从体育精神出发积极地鼓励学生进行体育运动，这样可以使学生变得活泼好动，从而更加的热爱体育运动，同时更加喜爱上体育课，这既是培养了学生的兴趣，同时也培养了学生体育的素养。其实，也只有在兴趣的驱动下，我们才能够基本保证学生的学习动力基本不会出现问题，所以我们还应该采用多样化教学。[1]举办多样化、趣味性浓的体育活动，能使大学生的兴趣更快地被激发出来，大学生的热情同样也会更快得以提高。所以，体育精神的培育可以用以赛代练的方式取代枯燥无味的训练，这样一来，不仅大学生的个人能力水平增强了，而且在比赛过程中他们的竞争精神也得到了培养。举办集体活动是不可或缺的，在集体活动中能很好地体现出大学生的团结协作意识，也能让大学生的自身能力得到提升，从而才能更好地提高大学生的个人能力与竞技水平。

（二）增强大学生勇气

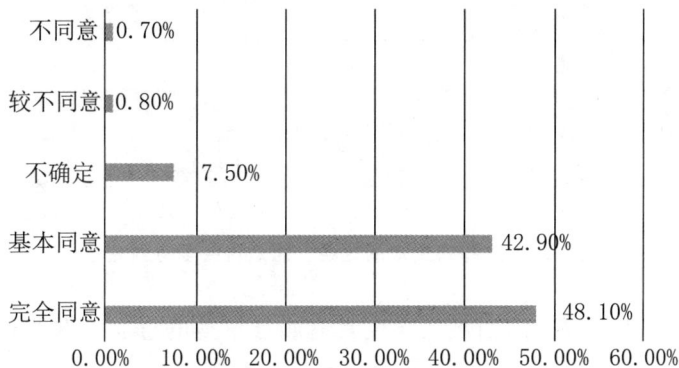

图 3.2　您在塑造体育精神时是否增强了勇气？

图 3.2 显示，有高达 48.1% 的比例表示完全同意在塑造体育精神时能增强勇气，持基本同意态度的占总数的 42.9%，持不确定态度的占总人数的

---

[1]　孔庆军："大学生体育精神培育探讨"，载《科技资讯》2018 年第 12 期。

7.5%, 0.8%的人持较不同意态度, 仅有 0.7%的持不同意态度。从调查数据来看, 大学生认为在塑造体育精神时能增强勇气的占比很大。

体育精神的形成受体育实践活动等多种不同因素的影响。在多种不同的竞争中能把敢于挑战、坚持不懈、迎难而上等精神与公平竞争意识培养出来, 在面临困难与挑战时, 能保持一个积极阳光与公平公正的心态, 对大学生的生活来说是非常有利的, 因为不管在他们的学习上还是生活上难免会遇到困难与挫折, 而此时体育精神可以帮助他们克服困难、战胜挫折。当大学生具备了体育精神, 他们在困难和挫折面前选择的就是勇往直前、永不言弃。在体育教学过程中, 体育教师应重视体育精神的价值, 积极把体育精神应用到体育教学过程中。

(三) 彰显大学生顽强拼搏意志

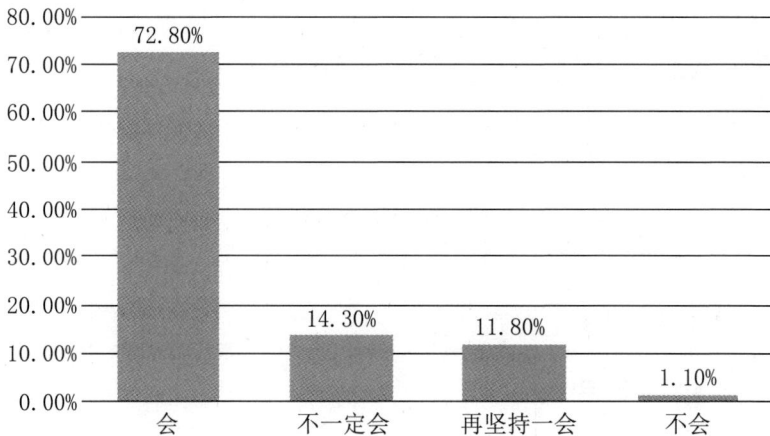

图 3.3 对即将失败的比赛, 您是否会坚持到底?

在图 3.3 中可以看出当代大学生具有顽强拼搏的意志。据调查, 在一场即将面临失败的比赛中, 有高达 72.8%的人能很肯定自己会坚持到底, 有14.3%的人表示不一定会坚持到底, 愿再坚持一会的有 11.8%的人, 仅有1.1%的人表示不会坚持到底。

(四) 大学生良好的自我认识

根据开放性问题调查结果得知, 大学生都认识到要通过多种渠道培育体育精神, 培育大学生体育精神的途径有如下几点: 多举办集体性活动, 比如篮球、足球等；组织与开展集体趣味体育活动，开展男女搭配的体育活动，调动学生的积极性；多开展体育精神讲座；等等。

二、大学生体育精神不足的表现

体育比赛是体育精神培育的核心，体育精神的一些功能在体育比赛中得以体现出来，比如激发兴趣、陶冶情操、培育人格等，让大学生在具有生命教育意义的体育实践中感受到体育精神。虽然在高校会举办多种多样的体育锻炼和体育竞赛，但是偏向注重成绩，因此，部分学生不愿参与体育竞赛，这就导致大学生得不到情感的体验，从某种程度上剥夺了大学生参与体育竞赛的权利。

（一）团结协作意识有待进一步提升

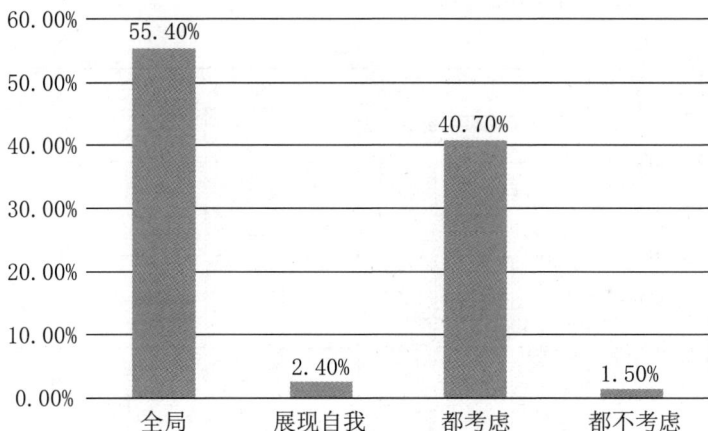

图 3.4　一场关键的比赛中您是考虑全局还是展现自我？

从图 3.4 的调查数据中可以看出在比赛中能做到团结协作考虑全局的占 55.4%，有占总人数 2.4% 的人选择展现自我，而有占总数高达 40.7% 的大学生选择全局和自我都会考虑，既想展现自我，也考虑团结协作，在两者之间徘徊不定。还有 1.5% 的大学生选择全局与展现自我都不考虑，选择自由发挥。从整体数据上看，虽然有大部分大学生愿意团结协作，但大学生团结协作意识仍有待进一步加强。

团结协作意识是所有成员为完成共同的奋斗目标，而把各自的表现意识凝结成一团所形成的一种意识。个性张扬是前提条件，齐心协力是重中之重。

多数大学生虽然通过体育锻炼之后团结协作意识与团队精神有所提升，但是其中有一部分大学生在生活和学习的过程中，对个性一词的理解还是不够全面。比如过于注重张扬的自我个性，一直以来我行我素，把个性理解为自我，跟团队相关的事一律不参加，喜欢搞特殊化等，所以，这部分大学生中的团结协作意识有待进一步增强。

大学生在面对与同伴之间的竞争与合作的时候，几乎都是关注与同伴之间的竞争而忽视合作，他们都不懂得合作中竞争与竞争中合作这样一个双赢的关系。还有少数大学生与他人有了差距之后，不是想着通过自己的努力来减小差距，而是对其充满敌意，把其当作自己的敌人，互相之间最基本的信任都没有了，意味着没办法形成合作关系，就无法培养团结协作意识。

（二）公平竞争意识有待进一步提升

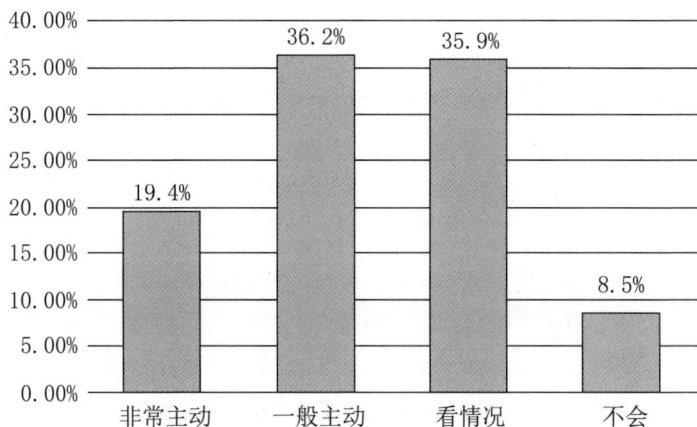

图 3.5　当您犯规裁判没发现，您是否会主动承担责任？

从调查数据来看，仅有 19.4% 的大学生在犯规而裁判没发现的情况下会非常主动承担责任，约占总人数的 1/5，有占总数 36.2% 的大学生会一般主动的承担责任，约占总人数的 1/3，还有占 35.9% 的大学生看情况来选择是否承担责任，有 8.5% 的大学生不会去承担责任。可见，当代大学生的公平、公正、公开竞争意识有待进一步提升。

对于竞技体育而言，需用规范统一、公平公正的规则来对竞技体育进行规制与执行。由于体育日益走向商业化，竞技体育商品化气味越来越浓重，导致一些人不择手段地想得到丰厚的金钱奖励和隐形的利益，一些人为了利益造假手段高明，出现一些人对制裁者进行行贿的现象，从而比赛极不公正，甚至还有使用武力解决等不光彩事件。公平竞争的体育精神在竞技体育中的地位受到重创，体现在以下三点：第一，有部分竞技项目提供给运动员报名的机会不是很公正，比如有的比赛在运动员的数量安排上或运动员的调配不公等；第二，有些比赛规则和制度没有遵循比赛的原则，公平、公正、公开的竞技性原则被忽略掉了；第三，出现判罚失误和裁判员故意吹黑哨等执行不公正现象，在制裁时套近乎、找关系、滥用私权、金钱交易等，不但没有践行竞技体育公平竞争规则的宗旨，而且还有侵犯运动员合法权利的现象。

（三）重在参与意识有待进一步提升

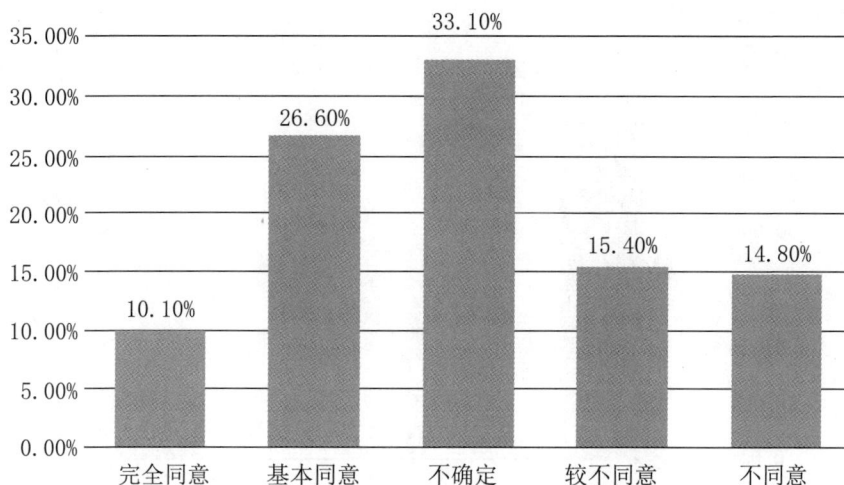

图 3.6 您不喜欢的体育活动是否从不参加？

从图 3.6 中可以看出，有高达 26.6% 的大学生对自己不喜欢的体育活动是否从不参加持基本同意态度，有 10.1% 的大学生持完全同意的态度，33.1% 的大学生表示不确定，只有 15.4% 和 14.8% 的大学生表示较不同意和不同意。大学生对自己不喜欢的体育运动的参与度不高。只有不断加强对大学生体育精神的培育，才能提升大学生对体育活动参与的积极性。

在高校里有着多姿多彩的校园体育活动，比如每年一届的校运会、各学院之间的足篮排球等比赛、各班级之间的友谊联赛、社团等各种各样的文体赛事活动，可以说完全能满足各类大学生的需求。大学生要想在这些体育活动中锻炼自己，且想要一定的收获，就必须积极参与到活动中去。但从当前高校的形势来看，小到班级，大到学校，从学生会干部的口中得知文体活动的安排没有一如既往的顺利，虽然其中有社会、学校、家庭以及学生会干部自身工作的原因，但是，除此之外最重要的原因在于，一些学生对学校组织的体育活动参与度不高。学校里各类文体活动的组织都出现了一定的难度，呈现出舞台很大、观众很少的一面，可见大学生对文体活动的重在参与意识有待进一步提升。

（四）敬业奉献意识有待进一步提升

敬业奉献意识应是每一位公民都应遵守的，不论职业的高低，它是职业品质优秀的象征。

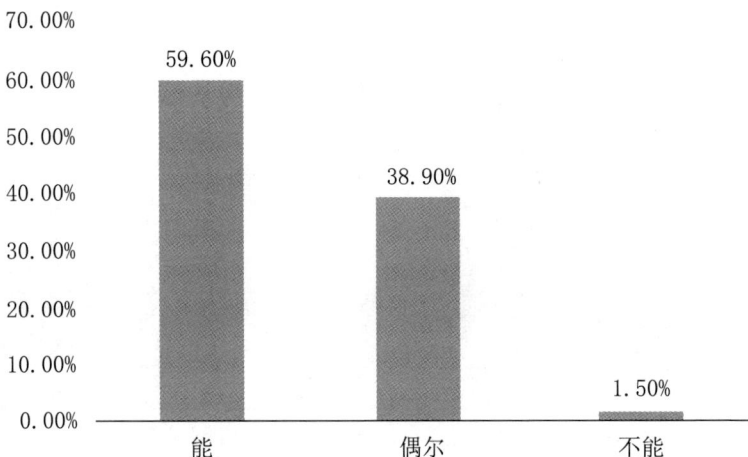

图 3.7 是否能做到敬业奉献？

从图 3.7 的调查结果来看，59.6% 的大学生能做到敬业奉献，38.9% 的大学生偶尔能做到，1.5% 的大学生直接表示做不到。要想大学生能更好地做到敬业奉献，需进一步增强大学生的敬业奉献意识。

当今衡量大学生道德水平的关键是看其是否具有敬业奉献意识。随着社会的发展，人与人之间存在着越来越强的依赖感，对社会的分工也越来越明细，团结协作当然也越来越强调敬业奉献意识。团队是否能取得成功，可以说敬业奉献意识是前提保障，一个团队要想变得更优秀，那就需要每个团员彼此间相互配合，完成属于自己的那份任务，从而达到预期的团体共同目标。然而实际情况恰恰相反，当今大学生在团体面前对待问题与处理事情呈现出的互相帮助、团结协作意识都不强，大都不考虑整体与大局，而追寻个人主义，从自身出发，把自己的利益视为核心，把自己与外界隔离开来，对与自己无关的事概不关心。由此可见，大学生的敬业奉献意识有待进一步增强。

三、大学生体育精神不足的原因

我国历史传统重视对"智育"的培育，一直以来德育意识不强。在德育方面欠缺的主要原因有评价体系的片面性、违背体育赛事规则、体育观念意识淡薄、体育知识掌握不够、体育教学指导思想偏离、受功利主义的影响等。

（一）评价体系单一片面

在高校，体育教学里的一些较为片面的评价，对于广大大学生及教师而言，具有阻碍作用。因为那些体育项目，广大大学生往往不喜欢，而且他们也不太喜欢体育老师缺乏新意的测评，而这往往会大大地削弱大学生在体育方面的热情。当下，国内大多数的高校体育教学，均还只是测验和达标，没有取得较大的突破，虽然大学生在自身理论层面和实践层面得到了一定的发展，但是其体育精神方面的培养却还没实现质的飞跃。而且高校的体育教学对学生的体育技能都有比较明确的评价标准，如跑步速度用计时衡量，跳远成绩用距离衡量，篮球、足球等球类运动用得分衡量，每种运动项目的锻炼情况通过考核成绩一目了然。但是，在体育精神方面，其培养成果却没有形成一个衡量评价体系：一是由于体育精神本身的抽象特点，这便较难如体育技能那样用分数去评价；二是由于体育精神在高校没有得到较大的重视，故而在教学计划中，相应的评价体系之建立也并未予以列入，同时专业人才也较为缺乏。

（二）违背体育赛事规则

1. 缺乏公平竞争精神。高校里校运会、各学院间的比赛以及各班级间的比赛存在不公平的竞争。首先是裁判员的黑哨，偏袒某一方"玩得好"的或者"有关系"的运动员，对犯规视而不见。其次是运动员作弊，比如最常见的就是在校运会期间，径赛抢跑，抱着"裁判要是发现了大不了就重跑，要是没发现就可以取得比别人更好的成绩"的心态。再比如在径赛的长跑比赛中，在田径场的某处没安排裁判员的情况下，某些运动员会投机取巧，跑出跑道外的地方以节省距离，为取得更好成绩不择手段。影响最恶劣的还有教师帮助学生作弊的，作为教师，滥用职权，跟裁判员打招呼、套近乎与搞关系等，想尽一切可以让学生取得好成绩的不公平竞争手段。一场不公平的比赛，对手不但不服你，而且会对你产生敌意，于是同学间的矛盾就会加深。正因如此，大学生需加强公平竞争精神的培育。

2. 缺乏互相尊重心理。拿校园的一场网球比赛来说，不管是单打还是双打比赛，双方运动员都应该做到互相尊重。其一，如果运动员在比赛过程中因为一个回球擦网落入对方范围内并且得分了，这时得分的运动员应该做出一个举手表示"抱歉"的动作，但是如果做出的是喊"Come On"握紧拳头的手势，显而易见是对对手的极为不尊重；其二，一方运动员在状态不佳、输球或者某种原因引起的气愤情绪，导致在赛场上直接摔球拍，这不仅是对对手的不尊重，也是对比赛的不尊重；其三，在网球比赛中常出现一些好胜心极强的运动员，因为比赛没打好或某种原因输掉了比赛，在下场的时候不去跟对方运动员握手；其四，更严重的是校园里篮球或足球等比赛难免会发生磕碰、摩擦，但是发生这种小事的时候，年轻气盛的大学生往往不能冷静下来，因小失大，导致运动员双方打起来，以武力解决。假如双方运动员能做到互相尊重，大事化小，小事化无，就可以避免不必要的纷争。

（三）体育观念意识淡薄

体育观念在大学生体育相关活动之选取上，往往发挥着一定的指导作用。对于当代大学生来说，体育观念的重要性在他们的思想里也在逐渐地增强。然而广大的大学生对于体育精神这一概念的理解也不是特别充分，毕竟他们在自身的理解能力方面是有限的；还有便是在自身的体育锻炼方面，他们还未形成较好的习惯，这便要求广大的教育者们在对大学生的教育过程中，不断地帮助大学生积极培育体育意识，逐步地养成锻炼身体的好习惯。在我们的日常生活中，虽然有许多的体育设施，如篮球场、羽毛球馆和足球场等，这些体育设施为大学生们进行体育锻炼提供了更多的机会和可能，在一定程度上有利于广大大学生对体育形成一定认识，但是给大学生们传输的更多的只是一般传统层面的认识，没有很好地顾及广大大学生的心理层面的认识，故他们没有很好地去领悟其蕴含的真正含义。

（四）体育知识掌握不够

一是体育技能课占主导地位。虽然目前国内很多高校都在不断增加大学生上体育课的时间，但是在高校的日常教学上，体育老师的主要内容仍是体育技能方面，大学生也很难学习到更多品德和体育相关的基础理论和知识，以致大学生在其自身的基础理论知识方面不够扎实，从而使得大学生在体育基础知识方面不够全面，在体育项目方面的学习不够系统合理。由于大学生对较为基本的体育知识缺乏系统认识以及高校不合理的设置和安排，极有可能带来一些不良影响。

二是在教学方法上缺乏一定的创新。在教学过程中，选取何种教学方法，将会对大学生学习新知识的兴趣和取得的效果产生较大的影响，因为这涉及到大学生对相关知识的接受和教师的教学质量。因此在教学中，教师需注意在教学方法上的选取不宜过于简单，大学生体育精神培养亦是。当前，国内高校在体育精神培养方面通常也有着诸如方法陈旧等问题，绝大多数教师也是以竞赛的方式对大学生予以体育精神方面的培养。然而体育精神，其本身也是蕴涵着许多不一样的内容，那么，对于这个过程中不尽相同的目标也需采取不同的方法。当前，一半以上的体育教师，他们在自身教学方法上很少会有创新，很多教育项目的实施都套用以往的教学方法，使得教学效率较低，由此大学生体育精神的培育效果达不到预期效果。

三是体育知识面窄。一般而言，大学生通常都较为希冀丰富的体育知识，比较关心体育方面的相关比赛，以及和体育相关的技能及知识，尤其是一些体育明星的相关新闻。所以为更好地培育大学生的体育精神，提升广大大学生在体育运动方面的兴趣，带动越来越多的大学生积极地参与到体育运动中来，体育教师需不断地提升自我，不停地扩展自身知识面的广度，并在日常体育教学中，逐步地改进传统模式，在教学过程中把大学生感兴趣的东西融入教学中来，如体育新闻、体育技术以及体育明星等。同时，学校应该多组织各种体育知识讲座及竞赛，多承办一些重大赛事，邀请一些体育明星和大学生进行一定的互动，在他们面对面互动的过程中，满足大学生对体育知识日益增长的实际需求，用实际行动更好地促进高校校园体育精神培育和发展。

（五）体育教学指导思想偏离

体育精神培育的开展，目前来说在高校并没有得到很大的重视，绝大多数高校对学生身体素质提高、运动技能掌握比较重视，但是体育精神培育基本被忽略，学校基本没有关于体育精神培育的制度文件，也没有将体育精神培育纳入教学计划中。虽然有一些高校曾尝试在体育教学内容中加入体育精神教学，但是实施情况并不理想，高校体育教学内容仍然局限在传授运动技能、增强学生体质方面，对学生体育精神的培育不够。主要体现在以下几个方面：

1. 高校的体育教学目标单一化。主要体现在以下的两方面：一方面是片面地强调体育能够更好地增强体质这一目标，重视技能在其负荷方面的要求，从而极易忽视大学生在成长过程中的情感所需及能力的发展；另一方面，强调社会属性，在体育运动的过程中，容易忽视大学生个体的差异，用一致的目标不断地阻碍大学生实现其自身目标的广度，常用较为单一的目标限制每一个不同的个体所努力的方向，这极大地束缚了广大大学生在个性上的发展。所以，高校的体育教学中，目标的单一化常常阻碍高校体育精神和教学的有效渗透和融合。

2. 高校体育教学内容的竞技化。高校在体育教学内容选择上，偏向于竞技化，即以竞技项目为中心，过多地强化内容方面在其自身的体系和分类，由此便容易忽视大学生自身的实际需求，一定程度上也不利于他们的身心发展，在对运动过程中较为独立之运动的分解及隔离，导致体育精神所蕴含的真善美很难真正地去充分展现。

3. 高校体育教学的技术化和组织的一体化。高校在体育教学过程中主要要求所展现的教学技术统一，尤其是在动作方面之准确规范上苛求之至，这便有点显得舍本逐末了。在体育方面相关的教学组织，往往是要求学生具有更多的服从之态度，以使他们在日常的活动中能更加统一。然而面对这样过高之要求，容易适得其反，有可能会降低大学生对体育的兴趣。因为像这样不从整体出发，追寻教学组织外在方面的一体，会使之前形式多样且丰富的体育教学，逐步地变为机械的演练，大学生在其自身个性上的发展便更加不易了。

4. 高校体育在教学方法上往往较为注重注入式。而高校在其体育方面的教学过程中，其教学课程将重心放置体育的技能和技术上，同时体育运动在一定程度上被异化，即在运动技能上不停地进行强化、重复，灵活多变的运动逐渐变得越来越枯燥乏味，这没有遵循大学生全面发展的需求，极不利于大学生自身更为全面的发展；同时在对和体育有关的课程中，教师在阐释的过程中，有的大学生往往是被动而不是主动地学习和接受，故一方面大学生在自身主动性的发挥上受到了较大的限制，另一方面教师在其教学上的自主创新也受到了一定的限制，导致人的日常交往逐渐变得机械化。

（六）体育精神趋向功利

随着市场经济的不断发展，现代体育也得到了逐步的发展。在市场经济条件下，一些大学生越来越关注物质利益，这也是一个重要的问题。物质和金钱这些东西在一定程度上影响着体育的发展，易使体育发展偏离正确的轨道，如诱发出个人主义、利己主义，以及功利主义，这些观念会带来不好的影响，那些不良的影响也在一定的程度上说明体育精神的缺乏。在当下国内体育方面这个大环境之下，学校体育教学也缺少人文精神的支持，一些大学生上体育课，并不只基于自身主体价值之实践，而是基于升学的目的。诸如以上这些基于功利及实用主义的观念，均是不重视学生综合素质发展的表现，尤其缺乏大学生精神、人格及道德等方面的培养，培养广大大学生的体育精神更难实现。所以，为更好地推动高校在体育方面的更大发展和突破，不断地提升广大大学生的人文素质，必须要把体育精神融入高校的日常体育教学中。

第三节　大学生体育精神的培育

一、大学生体育精神培育的原则

（一）时代性原则

体育精神培育遵循时代性原则。体育精神如同时代精神，它会跟随时代的脚步与社会的发展而随之变化，它还呈现出特有的时代精神风貌。体育精神的培育不能用孤立静止及片面的眼光去看世界，不能认为世界上所用事务皆是一成不变和孤立静止的，要根据现实生活情况，特别是在科技飞速发展的当代社会中，体育精神更要与时俱进。

（二）稳定性原则

体育精神培育遵循稳定性原则。意味着当具备了体育精神之后，会呈现出一定的稳定性特征。这样的稳定性特征可以在一定程度维护、保持与规范大学生的意志、行为和思想等，体育精神表现出的稳定性特征，意味着传统体育和学校体育的优良传统得到了继承，实现了传统体育与学校体育的完美融合。

（三）渗透性原则

体育精神培育遵循渗透性原则。体育精神具有一定的渗透力，表现在体育教学中的渗透，学校各类科研与管理工作的渗透，大学生接受思想政治教育以及世界观、价值观、人生观得以形成中的渗透，全体师生的任何文体活动中的渗透，进而对校园体育文化的发展与高校师生工作的开展起着重要的引导作用。

（四）个性原则

体育精神培育遵循个性原则。高校与高校之间的体育精神存在一定的差异，因为每所高校的地域、校园文化、工作性质以及校史传承等有所不同，这就导致各高校之间大学生的传统体育意识以及体育道德行为有所差异，因此，每所学校会展现出特有的体育精神，这就是体育精神的个性特征。

二、大学生体育精神培育的途径

大学生体育精神培育的途径多种多样，包括体育精神的自我培育、教师提高自身文化素养、环境教育与制度建设相结合、完善体育设施等，其中体育精神的自我培育是大学生体育精神培育的重要途径。

（一）体育精神的自我培育

当代大学生有着十分活跃的思维能力，吸纳新东西、适应新环境的能力较强。举办多种多样有关思想教育的座谈会，使得大学生能在人生观、世界观及价值观方面打下扎实的基础。努力培养吃苦耐劳、团结协作、公平竞争、争先创优、全面发展的体育精神，有助于体育精神的培养。

1. 向榜样学习。提倡大学生观看、欣赏国际大型赛事，可以具体到个人喜欢的明星、偶像。有的体育明星在比赛中表现出顽强拼搏、斗志昂扬、勇于挑战无畏的精神。比如喜欢网球的大学生可以多看看网球明星纳达尔的比赛视频，不光可以学习他高超的球技，还可以向他学习艰苦奋斗的精神。还有的体育明星因拥有全面稳定的技术、华丽积极的球风、绅士优雅的形象而著称，比如瑞士著名的网球运动员罗杰·费德勒。喜欢他的大学生可以多观看他的比赛视频，从中得到精神上的提升，从而形成一种精神上的自我培育。

此外，体育明星对大学生体育精神认知具有积极意义。体育明星的人格魅力深受大学生的青睐，比赛和训练中的精神能给大学生以行为示范作用，榜样的亲身经历可以作为教育引导的有效支撑或有益补充。因此，结合体育明星作为活动发起者的方式可以为大学生体育精神培育提供新的思路。此外，建立俱乐部、知名企业联盟等手段也可以作为体育精神培育的扩展方法，多元化的途径运用有助于体育精神培养不断保持动力与活力。

2. 养成自我培育的良好习惯。作为大学生学习固然重要，但是学习的同时也要注重身体的锻炼，俗话说得好，文体不分家，身体是革命的本钱。只有身体健康，才会有充沛的精力去学习，才会有充沛的精力去完成自己的理想。建议当今大学生在学习之余每天抽出半小时到一个小时时间完成一到五公里的晨跑，每位大学生都要参加，不管完成多少量，要先培养出重在参与的精神。每位大学生可以根据自己的体格来完成相应的量，体格稍差的可以先给自己定一个一或两公里的小目标，前期跑的时候是难以坚持的，但是俗话说万事开头难，只要同学们有吃苦耐劳的精神，相信大家可以战胜一切困难。当这样强度的晨跑已形成一种习惯的时候，同学们便可以给自己设定更高的目标，在原来的基础上加一公里的跑距，要有敢于挑战自我，挑战更高目标的顽强拼搏的精神。

3. 接受并发扬体育精神。微信是当代大学生最重要的通讯工具之一，大学生以关注微信朋友圈、微信公众号及微博等社交平台的方式来获取更多的网络流行信息。在这样一个形式下，要想让大学生远离这样一个虚拟平台，倒不如借助这些平台的特有魅力在大学生中宣传并发扬体育精神。可以通过建立微信群，在群里定时发一些健康向上的生活理念，推动更多的大学生积极地加入到体育精神的交流学习中来，这样下去，就会形成一种较好的舆论氛围，将对体育精神的情意内化有着深刻的影响。

（二）教师提高自身文化素养

对大学生体育精神的培育，之所以要教师提高自身的文化素养，是因为：首先，作为体育教师，其自身的师德师风对大学生有着十分重要的影响，可以说影响着大学生人格形成，甚至还可以说对大学生的这一生都有着深刻的影响。平日里体育教师要谨记以严要求、高标准规范自己的言行，做到以身作则，在师德师风方面的学习态度要严谨，每时每刻注意自己在学生中的地位，不越红线。教师要不断地学习来提高自身的文化素养，让自身良好的师长形象在大学生中树立。其次，之所以说体育教师肩负重任，是因为体育教师是体育精神的传递者。大学生体育精神的传播与体育教师优越的文化素养息息相关，但是当今大部分在职的体育教师的文化素养似乎都没有达到体育精神传递与弘扬的要求，所以，要提高体育教师自身的文化素养。

1. 体育教师对自己高标准、严要求。体育教师对学生的影响既深远，又广泛，所以要高标准严要求，努力学习更多的知识，提高对大学生体育精神的认识，对大学生进行生活教育时让自己成为一本"活教材"。作为体育教师，责任心一定要强，学生的一言一行、学习能力、责任心等都受体育教师的教育影响。培育大学生的体育精神对于体育教师来说责任重大。学生是主体，体育教师起引导作用，体育教师不但要尊重学生，还要爱护学生，学生具有独特性的思维，他们有着自我规划其思想、意识、个性等方面的权利。与此同时，体育教师一方面要加强对专业知识的钻研；另一方面要加强对自己学生的了解，按照学生的特色来制定相符合的课程计划以及有关的课外体育活动，以便使大学生更全面地了解体育精神内涵及特征，使大学生能发自内心的喜欢体育。

2. 体育教师要扩展自己的文化知识。针对体育教师而言，可以从根源上不断地进行一个自我提升，所谓终身学习，就是活到老学到老，不断加强学习，不断提高自身的文化素养，提高自身文化水平与专业知识技能。除了学习本专业知识外，还需大量阅读本专业之外的书籍、资料，做一个新时代有内涵、有文化、有修养的新型人才。当今高校的体育教师几乎都是毕业于体育学类院校或专业，所谓从根源上，就是在体育院校人才培养的过程中进行一个改革、提升，在掌握技能的同时，严抓文化理论知识，真正培养文武双全的人。大力提倡体育专业学生去修双学位，拓宽知识面，在实习期间，高校直接安排岗位，将课时数适当增多，要求态度严谨、认真对待。另外，已经在职的体育教师，需加强自己学习，同时也要提高自身的积极主动性，做一个好学的好教师。

3. 体育教师要为大学生树立榜样。体育教师是高校体育教学的主导者，体育教师自身所具备的体育精神如何，直接影响大学生体育精神的养成与培养。其身正，不令而行；其身不正，虽令不从。[1]这就是评价教师职业道德

---

〔1〕 参见黄喆："大学生体育精神培育的路径与方法研究"，载《体育世界（学术版）》2015年第10期。

最恰当的方式，从事体育教学工作的人，在培育体育精神方面，首先自身要有高尚的道德品质、坚强的毅力、永不言弃的精神、勇往直前的信念等，否则难以做到让大学生信服。每位体育教师应该对体育精神有一定的认识及深刻的感悟与体会。要想大学生在体育教学课堂中真正学习、吸纳到体育精神的精髓，体育教师必须加强自身的教学能力，改善教学理念，唯有这样方可在大学生体育精神的培育面前树立好榜样。

（三）环境教育与制度建设相结合

第一，打造良好的教育环境。有这样一句话："什么样的环境教育出什么样的人"，说明环境对人的影响是极其重要的。在良好的体育文化中能激发出大学生对体育活动更高的兴趣，当大学生对体育文化有了一定的认可，既有利于帮助大学生形成正确的价值观，选择阳光向上的体育雕塑，宏伟的体育建筑，健康向上以及文明优雅的体育宣传等，又有利于让大学生身心受到积极向上的影响。这既是环境教育功能的伟大，也是学校体育育人的基础。

第二，建立健全完善的体育制度。学校的体育管理制度只有在更加完善与规范的基础上，才能保证校园各项体育活动得以更好地有目的、有计划、持续性的开展，也是学校体育管理的科学性与规范性的前提保障，这对于学校的物质文明与精神文明建设来说有着十分重要的意义。这也体现出制度育人的内在功能，对大学生形成正确的体育观念大有益处，把环境教育与制度建设完美融合在一起，是一种物质文化与制度文化相融合的策略，能体现出基础性的作用。

（四）完善体育设施

1. 完善学校体育设施。学校体育设施是师生进行体育锻炼的重要保障，完善体育设施是营造良好的体育活动氛围的基础。只有在运动场地及器材充足的情况下，体育活动才能更好地开展。就比如十几个学生在排队等一个乒乓球台，几乎半个多小时才能打上一次，这样的话大学生的积极主动性很快就会降低。所以，在体育设施方面，一定要保证全体师生的需求，只有在学生想用就能用得上场地的情况下，才能激发出学生的运动兴趣。最重要的是体育设施的选用，一定要符合学生的实际情况。比如有的学校高价做了几个地下室网球场，却几乎都不开放，每次学生来到馆前都是闭馆，还有一种情况就是地下室空气相对较差，大部分学生也不愿意去。这就显得有点浪费。

2. 进一步加强体育场馆与设施中的体育精神元素建设。体育场馆与体育设施一直以来是大学生出处最多的地方，体育场馆的规划有着张扬体育精神的蕴涵，有利于大学生形成正确的体育观念。体育馆的外观设计给予大学生最为直观的印象，大学生因对其的高度关注与青睐，从而产生出一种发自内心的美感与愉悦感。极具青春活力的校园环境与多姿多彩的校园文体活动给予大学生潜移默化的感染，可以很好地帮助大学生形成积极向上的心态与正确的体育观念以及让他们的体育文化素养得以提升，当今高校体育场馆及设施在不断地完善，同时，在体育精神方面也应加强培育，从而提升大学生的体育行为及道德修养。

三、大学生体育精神培育的方法

大学生体育精神培育的方法多种多样，包括在课堂教学中融入体育精神、在体育实践中塑造体育精神、利用网络与广播等多媒体传播、举办丰富多彩的校园体育活动以及在校训的激励中涌现体育精神。

（一）在课堂教学中融入体育精神

1. 把体育精神纳入体育课程中。把体育精神融入校园体育文化的体育课程教学之中，且把其视为大学里一个重要的体育课程，使得大学生道德品质及体育精神得到增强。把体育精神分化成大学生易于接受的体育教学内容，让大学生在理论课的学习过程中能对体育精神的内涵有一定的认识及感悟，在自身的价值观上已经内化了体育精神，在主观能动性、身心健康发展及道德品质方面都建立了体育精神思想观念。大学生在体育活动中得到愉快的体验之后，通过真实的内心感受，使其能表现出一些体育精神的真正涵义，此刻，大学生自然而然会在学习中、工作中、生活中以及课余体育活动中融入体育精神的元素。

2. 课堂上诠释体育精神。因为在体育课堂教学中培育体育精神是比较直接的方式，所以体育教师在体育课堂中可以利用丰富多彩的体育活动向大学生诠释体育精神的涵义，使得大学生在体育活动中体会到体育精神的真谛，在无形中得以熏陶，养成品德高尚的人格。在体育教学中最重要的是进行体育精神的传播，而不是单纯的学习体育技能或锻炼身体。

（二）在体育实践中塑造体育精神

1. 丰富教学内容和方式。在教学内容单一化的体育教学中，体育精神培养目标相对难以实现，所以，在体育教学内容上要求体育教师不断创新与完善，在不同的体育项目中培育出全面的体育精神。其一，在体育教学中大学生应做到遵守课堂纪律，在比赛中严格遵守赛事规则，若有不遵守规则的大学生，一经发现便严格处理，在实践中提升他们的自觉遵守规则意识，并养成一种受益终身的好习惯。其二，在举办体育活动方面一定要多样化，帮助学生形成积极主动锻炼的好习惯，发自内心的喜欢上运动，在运动中放松心态、涵养心境，培育大学生乐观向上、坚持不懈的体育精神。其三，举办丰富多彩的体育竞赛，增强大学生的体育精神，举办个人竞赛，能培育出大学生吃苦耐劳、永不言弃的体育精神，举办团体竞赛，可以培育出大学生团结协作、公平竞争的体育精神。此外，参与多样化的体育竞赛还能增强大学生解决困难的能力，为以后的生活或工作积累更多的经验，以便遇到挫折能有足够的信心去解决。

2. 改革和完善大学生体育教学方式。在对大学生体育精神培育的过程中，体育教师的示范作用十分重要，在平时的体育教学中，体育教师应该加强体育精神的培育，让体育精神的培育与体育课堂教学完美融合。其一，组织一些与体育精神相关的专题知识讲座，让大学生对体育精神有一定的理解；其二，把体育精神纳入到思想政治教育的课程教学中；其三，把一些典型的与体育精神相关的案例编写成学习读本，让大学生了解体育趣事的同时也了解一些为祖国争光的运动员事迹，在给大学生传授知识的同时，潜移默化中也培育了大学生的体育精神。

3. 体育实践涌现体育精神。体育精神无处不在，在多种多样的体育实践活动中有许多都需要大学生去参加，不论是院校、班级间的友谊赛还是个人业余锻炼，再或者是指导群众锻炼者，会有许多优秀品质的大学生，当他们在体现出顽强拼搏、团结协作、公平竞争等这些体育精神的时候，作为体育教师应该及时进行点评及教育，尤其是在身边的大学生中，若有表现突出的案例可以以他们为榜样，鼓励其他同学向其看齐，让体育精神的魄力涌现在体育实践中。

（三）利用网络与广播等多媒体传播

1. 通过自媒体交流互动。注重在微信群、微信公众号、微博等一些流行社交工具的传播。在一定时间内按时发送一些与大学生体育精神相关的主题事件，并且做到有目的、有计划、有组织的选择较优秀与突出的案例，定期在大学生的微信群、公众号、微博等平台里推出。再有就是把体育精神相关的名言警句简略成容易上口的口号，在平台里推出，这种形式大学生也更易于接受。

2. 利用校园广播传播。利用校园广播在大学生闲暇之余，播报一些关于积极向上的音乐，比如《众人划桨开大船》《相信自己》《阳光总在风雨后》《我的未来不是梦》等；播报与大学生体育精神培育息息相关的鲜明事迹。比如在校园了解到某某大学生在学习之余每天抽出半个到一个小时时间坚持绕标准田径场跑道跑10圈、某某考研大学生在图书馆熄灯后在校园路灯下坚持学习到凌晨一点、某某大学生在江边发现有人落水英勇跳江救人等大学生身边活生生的例子。每天的校园新闻播报时间，也可以针对性地播报一些关于国际体育赛事，比如"女排精神"，她们基础扎实、勤学苦练、团结奋斗、同甘共苦、无所畏惧、顽强拼搏、勇攀高峰，五次蝉联世界冠军，她们这种精神给予了全国人民巨大的鼓舞。再比如澳大利亚网球公开赛，纳达尔与德约科维奇的男子单打比赛，一场耗时约6小时的史诗之战。比赛中，要想赢下每一分球，两人都必须坚持打出多拍甚至超出10拍以上的底线拉锯战，这场戏剧性十足的大决战从晚上7点半开始，在时针跨过凌晨一点之后才结束，因为过于疲惫，双方运动员在赛后的颁奖仪式上都已经无法站立。从这样精彩的大赛中，可以深深体会到他们顽强拼搏的体育精神、永不言弃的斗志，可见在赛场上最后都是靠坚强的意志，谁坚持下来了谁就是最后的赢家。

（四）举办丰富多彩的校园体育活动

1. 营造积极的校园体育活动氛围。打造一个氛围活跃有趣的体育课堂，在体育教学中单纯的技能学习并不是最重要的，而整个教学过程及教学方法的设计才是最重要的，强调以学生为主体，把学生的运动兴趣调动起来，重视学生的个性发展，帮助学生形成良好的终身体育意识。打造一个氛围活跃有趣的体育课堂，可以很好地把体育课堂效率提高上来，同时提高大学生对体育课的主动积极性。比如在同一课堂上尽可能地以游戏热身代替慢跑热身，一来可以更充分地把身体活动开，二来更好地调动大学生的积极性。再比如在课堂上多以游戏的形式代替枯燥无味的填鸭式课堂教学模式。

2. 定期开展丰富多彩、形式多样的课外体育活动。课外体育活动是校园体育活动的一部分，是体育课的后续，是参与共建校园体育活动氛围的重要组成部分。课外体育活动是学校的体育教学任务之一，课外体育活动的策划要根据学生的兴趣爱好、个性、自身条件等来安排内容，以调动学生的运动兴趣为目的，让学生以一种享受的姿态参与到其中去。可以组织一些趣味性较强，以娱乐性为目的等综合性项目，使大学生在无形中接受德育。比如定期举办绕校园跑活动，以班级为单位取平均成绩作为排名，全校取前十名，给予一定的物质奖励及颁发奖状。这样一来激发了大学生参与的积极性，还培养出了他们的团结协作精神。

3. 校领导的带头作用。在学校领导的带头作用下，师生共同参与并创建良好的体育活动氛围，积极主动参与体育活动，这样一来不但增强了学生体质，而且增进了师生之间的情感。除此之外，学校还可以策划长期的体育活动时间表，由领导小组带头，各部门工作人员负责配合工作，充分发挥体育教师的一技之长。在体育活动的策划中，要做到有目的、有计划、有组织等，而且要进行学年考评，设定一定的奖励，以更好地调动大学生的积极性。各高校都要有自身的体育规章制度，对体育工作与体育行为有一定的规范性与约束性，为体育的发展指明方向。在日常体育工作中，从高校自身实际情况出发，大学生遵守学校的规章制度，对现代化学校规章制度进行探究学习，校领导对学校体育工作制度进一步完善，此时，体育精神与体育文化才有可能会内化为师生的自觉行为。

4. 鼓励学生成立体育协会、社团。在大学生的社团、协会以及体育俱乐部等体育形式的活动方面，学校应给予大力的支持、帮助与鼓励，在每类体育活动项目中安排一个专业的体育教师为大学生提供技术指导，让大学生在锻炼身体的同时技能也得到一定的提升。在专业体育教师的指导下可以开展一些全体师生都乐于接受的娱乐性体育项目，以此来提高大学生的主动性、提高兴趣、提升技能，同时促进身心健康发展。比如篮球、足球、网球、羽毛球等协会的成立，每周制定两次的训练。在训练过程中，分别在体育教师中抽一名相对应的专业教师过来做专门的技术辅导。

5. 体育比赛教育法。当今大学生自尊心极强，有着一颗争强好胜的内心，在竞争性体育赛事平台的基础上，作为一个小青年锻炼成长的地方，能培育出大学生团结协作、公平竞争、重在参与及敬业奉献的意识。所以，竞争性体育赛事是一种大学生易于接受的方式，对竞争性体育赛事的举办要有目的、有计划、有组织地进行。

（五）在校训的激励中形成

校训对于大学生来说具有非常重要的影响作用，其在弘扬传统与继承发扬荣誉感及责任感有十分重要的意义。在校训的感染中,校园体育文化始终保持朝气蓬勃的良好风貌,激励着每位大学生的积极性与活泼性,从而形成一种相互合作,相互竞争的文化环境。大学生在这种情况下,能自觉地从被动接受体育锻炼转化为主动进行体育锻炼,且在进行体育锻炼的同时感悟到体育精神的蕴涵,使其张扬的个性在体育精神中内化为大学生的自觉意识。所以,为加强大学生的体育精神培育,在校园内应加强对校训的宣传力度。

大学生体育精神培育具有时代性、稳定性、渗透性与个性的培育原则,需要不断把握大学生思想政治教育规律,研究思路与时俱进,也希望体育运动中的大学生体育精神研究能引起更多学者的关注。

大学生心理健康教育

    大学生所处的年龄段是人的生理、心理发展的重要时期，也是大学生完善自我和走向成熟的关键时期。在这一时期，大学生具有独特性与依赖性并存、理想与现实冲突、自我意识强烈而自控能力差等特点，在此情况下大学生易出现心理问题。因此，加强大学生心理健康教育对于大学生成长成才至关重要。本章重点探讨贫困大学生心理健康教育的对策和路径。

    在 1985 年 5 月 27 日，中共中央发布了《中共中央关于教育体制改革的决定》，这标志着高校的改革、发展由此进入了一个新的历史阶段，尤其是在 1993 年 2 月 13 日，中共中央和国务院印发《中国教育改革和发展纲要》以来，高校经过一系列相关改革，成效显著。改革所涉及的范围很广，包含人才培养结构、高等教育体制、素质教育实施、招生并轨、毕业生就业、后勤社会化等各个方面，这些体现了高等教育在人才需求方面的要求，也是顺应社会发展的要求。高校大学生是我国高校在改革方面的重要见证者，同时在一定程度上而言，也是改革的受益者。这些大学生在相关的教育改革之下，一方面，他们在高校改革方面，怀着一定的好奇，他们对此也予以了更多的关注和理解；另一方面，面对我国高校在整个改革的过程中新出现的那些情况及问题，部分大学生在心理方面，也相应地产生了一些不适。

    在高校收费体制改革之下，贫困大学生作为较为特殊的一大群体，他们和普通学生一样，存在各种心理问题，同时，还存在普通学生身上没有的一些问题，如经济方面的拮据，以及由经济拮据所引发的一系列心理压力。这些心理问题也会影响到他们顺利毕业以及个人各方面素质的全面发展。这些恰恰也和高校在培养人才方面的目标紧密相关，对于维护社会秩序的稳定有着重要的作用。此外，这与当下社会所倡导的和谐社会的主旋律，也是相对应的，符合时代的发展和社会的需求，故贫困大学生心理方面的相关问题，社会需高度重视。

要实现 2020 年全面建成小康社会的宏伟百年目标，"精准扶贫是新时代脱贫攻坚的重要指导思想"。[1]《2015 年世界发展报告》明确指出，贫困不应仅从物质资源的匮乏上找原因，还需要从贫困主体的主观思维上加以认识。"扶贫先扶智，扶贫必扶志"。[2]"智志双扶"是有效进行贫困大学生心理健康教育的一个极其重要的环节。"智""志"都和贫困主体的心理因素有关，贫困大学生作为"行动者"，可以采取相应的行动来改变自己的人生。因此，对贫困大学生的心理健康研究是贫困大学生心理精准扶贫的基础。心理扶贫是扶贫的根本，能够促使贫困人口自立、自强、自信地走上脱贫发展之路，这才是真正的脱贫，才能达到彻底消除贫困的终极目标。[3]

第一节　高校改革对贫困大学生的影响

在我国，以往的高校制度，都是于高度集中的计划经济体制下慢慢形成的，同时当时的社会和经济发展情况，为我国的人才培养发挥了一定的推动作用，但也存在一定的缺陷，对社会也产生了一些不好的影响。因此，为了更好地顺应社会经济的良好发展，在高校进行相应的改革也是必然的。

一、高校改革的主要内容

我国的高校改革，其目的是更好地顺应社会经济的发展，从而在人才和知识方面为我国的可持续发展提供更为强力的支撑。近些年，高校改革的趋势也是为了更好地适应国内的经济发展，主要内容有：

（一）高教管理体制改革

新中国成立之后我国高等教育的管理体制方面，基本以苏联模式为参考。高度的计划经济之下，中央的部委、部门，陆续建立直属院校，以更好地服务其所属的相关企业。市场经济下，该结构出现了和高等教育不适应的情形。

---

〔1〕　参见冉永琴："高校贫困生心理健康状况与教育对策研究——基于重庆高校贫困大学生的问卷调查数据"，载《重庆工商大学学报（社会科学版）》2018 年第 6 期。

〔2〕　唐青阳："扶贫先扶志 扶贫必扶智"，载《重庆日报》2019 年 3 月 14 日，第 21 版。

〔3〕　参见刘学军："精准扶贫的根本在于'心理扶贫'"，载《丹东日报》2017 年 6 月 5 日，第 4 版。

于是，高校改革于其管理体制出发，提出"共建、调整、合作、合并"的八字方针，同时建立了中央、省级政府两级管理、分工负责的管理体制。第一，在宏观的新体制的指导下，高等教育的体制障碍逐步消除；第二，高校合并，特别是将医学院、财政院校与综合性大学合并。这些改革也是为了克服中央和地方之间存在的一些问题，如条块分割和浪费资源，以及不适应的弊病。

（二）内部管理体制改革

在高校改革中，内部管理体制改革作为一大重要的内容，包括重点学科建设、人才培养结构改革、教学内容和方式等。其中，教学作为改革核心，其针对的也是专业口径不宽、人文教育不强等弊端。而人事分配制度，其改革目标是降低不好现象的不良影响，从而调动大家的积极性，让其更加主动地参与到学校的相关建设工作，推动学校更快地发展。高校里后勤方面的相关改革，则是想更好地于根本方面去逐步消除体制方面的一系列不相适应的地方，让学生在各方面的条件都能得到更好的改善。

（三）办学和经费筹措体制改革

1990 年以来，政府包揽办学逐步进行了相应的改革，这种局面也在不断地改变中，特别是在教育筹资方面，其渠道在不断拓宽，办学体制上也是政府为主，社会各方面共同办学。近年来，民办高校也越来越多，他们所发的文凭也被国家所承认。当下，缴费和贷款读大学日益为人们所接受。

（四）招生与毕业生就业制度改革

1994 年 4 月，原国家教委下发了《关于进一步改革普通高等学校招生和毕业生就业制度的试点意见》，这也进一步突破了高校招生、毕业生包分配这些传统的形式，从而使得招生与学生就业和国家经济体制更加地紧密结合。1999 年始，高校招生也日益增多。2013 年，全国普通高校毕业生 699 万人。[1] 2014年，全国高校毕业生 727 万人。[2] 2015 年全国高校毕业生将近 750 万人。[3] 2016 年高校毕业生 756 万人。[4] 2017 年，我国普通高校毕业生人数达到了

---

〔1〕　国务院办公厅："国务院办公厅关于做好 2013 年全国普通高等学校毕业生就业工作的通知"，载《中国劳动保障报》2013 年 5 月 18 日，第 2 版。

〔2〕　参见孙秀："辽宁省大学生就业问题分析与对策研究"，内蒙古师范大学 2014 年硕士学位论文。

〔3〕　参见韩广宇："陕西省普通高校毕业生就业能力提升研究"，长安大学 2016 年硕士学位论文。

〔4〕　参见张丽媛："实现更高质量的职业指导——以高校毕业生职业指导工作为例"，载《职业》2016 年第 22 期。

795 万人。[1] 2018 年，高校毕业生人数达 820 万人。[2]

另外，应素质教育之要求，高考也作出了相应之变化。考试科目便是第一项重要改革对象；第二是考试内容；第三是网上录取；第四是有些地方作为试点，实施高考春秋两季。

二、贫困大学生的出现与现状分析

（一）贫困大学生的界定

关于贫困大学生和特困大学生的表述，有"作为一个专有名词，特困生指因经济困难影响身体健康和学业顺利完成的学生"[3]，有"他们交不起学杂费，生活费也很低，按现在一般标准每月生活费低于 150 元，其中月生活费低于 90 元者为特困生"[4]；也有"我们对上学时负担不起学校所规定的各项费用或上学后难以维持正常的学习和生活费用的大学生定义为贫困大学生"[5]；还有"大体上，因家庭收入少，难以依靠家庭的支持而正常完成学业的学生，可以界定为贫困生"[6]。以上可知，虽然无确切的统一定义，但都包含了以下基本涵义：一是所在家庭经济贫困；二是因经济困难，而较难维持基本学习及生活。

（二）贫困大学生产生的原因

贫困大学生产生的原因是多方面的，有社会、地域、自身三方面的因素。社会作为一重要外在因素，经济的发展往往对教育的发展起着很大的作用。当下，我国教育相对于发达国家，还是有待加强，特别是国内那些较为贫困的地方。在发达国家，贫困家庭所承担的教育费用相对更少，贫困大学生也相对更少一些。而如今，我国仍有一些高校，依然存在一些收费颇高、乱收费现象。同时，随着改革力度的不断加大，也出现一些下岗职工，这些原因都会相应地影响贫困大学生的产生。地域作为一主要因素，也影响着贫困大

---

〔1〕 王鹏程："重庆市高校毕业生就业问题及其对策研究"，重庆大学 2018 年硕士学位论文。

〔2〕 参见"李克强对全国普通高等学校毕业生就业创业工作电视电话会议作出重要批示强调 保持高校毕业生就业水平总体稳定 孙春兰胡春华出席会议并讲话"，载《中国人力资源社会保障》2018 年第 6 期。

〔3〕 袁靖宇、周甜："高校特困生工作的现状及对策"，载《江苏高教》1996 年第 4 期。

〔4〕 胡解旺：《大学生就业报告》，中央编译出版社 2004 年版，第 42 页。

〔5〕 陶传谱："贫困大学生心理健康初探"，载《湖北社会科学》2003 年第 5 期。

〔6〕 许素萍："贫困大学生的心理问题及心理救助"，载《思想理论教育导刊》2004 年第 7 期。

学生的出现。在我国，很多大学生来自农村，而不同地方的农村，其生活水平也不一样，如南北方和西部，这些地域的农村都不尽一样，有些农民收入高，有些则低。收入低，自然较难供养子女上学。贫困大学生自身作为一内在因素，他们自立方面并不强，也不具备相关技能，那么，较为现实的一大问题便是学费和生活费。虽然他们中有些人成绩好，但自立和实践能力较弱。贫困大学生在生理上正处于特定时期，他们也在这个时期容易产生一些心理方面的问题。贫困大学生在生理方面基本接近成年人，但其自身的心智却仍不够成熟，他们的三观也还在形成当中，尚未定型，其可塑性也较强。同时，贫困大学生由于自身社会经验不足，他们的抗挫折能力也不够强，对于很多事物的认知也较为浅显，且较容易受外界的影响。当然，也有一些贫困生在成绩方面并不理想，这也会影响他们克服经济方面的困难的能力。因为这些学生学习不好便较难拿到奖学金，有时在一些科目上还要补考，甚至重修。长此以往便容易恶性循环，对他们今后自身的独立能力方面也是影响较大的。

也有少数的贫困生，他们在生活方面，其生活方式往往也不够合理，这便很容易加剧自身的贫困程度。在大学，他们往往面临着很多的诱惑，而这些诱惑使得一些人迷失自我。他们向往丰富的物欲生活，即使自身没钱，也依然肆意地去跟他人攀比，满足自己的各种欲望。久而久之，便容易陷入经济方面的恶性循环，甚至走上犯罪之路。此外，也有迷恋网络，沉溺游戏之中无法自拔的。

（三）贫困大学生分布的现状

普通地方高校的贫困大学生比例大都在15%~30%之间，有些老少边穷地区的农、林、地、矿等高校的贫困生比例要略高于这个数。教育部的调查显示，大部分高校中，贫困生占全部在校生总数的10%~20%，平均为15.5%。高校贫困生62.5%来自农村，20.5%来自老少边穷地区，来自直辖市和沿海开放城市的分别占6.6%和7.7%，其他占2.4%。来自贫困和老少边穷地区的贫困生占了贫困生人数的83%。50.1%的贫困生家庭收入以农业为主要来源，38.6%的贫困生家庭收入以工资为主要来源，3.1%的贫困生家庭收入以商业和金融业为主要收入来源，其他收入来源的为8%。[1]教育部全国资助中心学

---

〔1〕参见赵国楗、乔锦忠："高校贫困生及受资助情况调查分析与建议"，载《中国高等教育》2000年第11期。

生资助发展报告的统计显示，目前全国在校大学生人数已达 2695 万人，其中贫困生比例为 30%。[1]

三、高校改革对贫困大学生发展与心理的影响

（一）高校改革的成果是显而易见的

以具体实例分析，高校的自主权在日益强化，他们可以依据自身实际，在教学、人才培养、校内激励机制等方面，制定适合自身的计划。如允许部分人提前毕业，加大助学贷款、勤工助学、奖学金、困难补助力度等。这些在一定程度上都能更好地促使贫困生完成学业，让他们从中得到更好的锻炼，其积极性也得到更大的激发。

（二）高校改革在客观上也引起了大学生尤其是贫困大学生心理状况发生变化

1. 高校扩招及就业形势对大学生心理的影响

我国处于"十三五"规划的决胜阶段，随着经济发展进入了新常态，就业环境也随之发生了很大的变化。从 1999 年起，在高校扩招的趋势下，高校教育也慢慢地进入新的阶段。过去所谓的"精英"教育也在逐步转变为一种"大众"式的教育，愈来愈多的人有机会步入大学，尤其是贫困学生。那么，随之而来的一个变化也发生了，毕业生就业的改变，不再像以往那样"毕业即就业"，换之而来的是自主择业，随之而来的就业困惑和压力也出现了。

一方面，学生数量的日益增加，相应的学业竞争也愈加激烈，特别是贫困学生，他们还要分出自身精力去解决自身的生活压力，去做一些兼职，这不但要挤占有限的时间，还会增加自身压力。另一方面是贫困大学生面临就业压力，他们势必对此充满着忧虑。这些大大小小的忧虑，都深深地影响着他们的身心健康。在 2017 年，据媒体报道，调查显示，有 68% 的大学生在毕业季花费超过 4000 元，甚至有 2% 的人毕业消费超过 10 000 元，仅 10% 的大学生毕业消费在 2000 元以内。[2]这种于贫困大学生而言，更是雪上加霜。

---

〔1〕 参见冉永琴："高校贫困生心理健康状况与教育对策研究——基于重庆高校贫困大学生的问卷调查数据"，载《重庆工商大学学报（社会科学版）》2018 年第 6 期。

〔2〕 参见程鹏宇："毕业消费千万别'打肿脸充胖子'"，载《杭州日报》2017 年 6 月 27 日，第 A13 版。

2. 高等教育成本分担机制改革对贫困大学生心理的影响

大学学费于富裕家庭而言压力不大，但对于来自农村的贫困学生而言，却是一项重要负担，而且我国来自边远贫困山区的学生较多，他们各个方面皆与城市中的学生有一定的差异，特别是消费方式和学习生活方式。这些林林总总的加起来，会在贫困生心中凝聚起一股巨大的压力，对他们的身心影响也是较大的，对他们的人格方面也产生一些不良影响。经济方面诸多压力往往能使人自卑，以及出现性格方面的孤僻、自闭、厌世，等等。另外，高校教育体制改革，一方面，重视学生综合素质，有利于推动他们的成长，加速他们的成才，相应地也得到他人的认可和喜欢；另一方面，他们也会产生很多方面的不适应而倍感压力。

第二节　贫困大学生的心理状况与问题分析

一、贫困大学生心理状况的总体表现

贫困大学生与非贫困大学生，他们都是同龄人，在个性方面，有共同的地方，如乐观、才华横溢、外向、坦白、率真，等等。与此同时，他们也存在一定的差异。总的来说，贫困大学生往往更容易出现一些问题，如心理比普通人更脆弱敏感；行为特征方面，也更为拘谨内省、节制、力求妥善，等等；在心理健康状况上，贫困生的躯体化、强迫症状、人际关系敏感、敌对性、精神病性五个方面得分高于非贫困生。[1]

在我国，多数贫困大学生由于家在经济落后的农村，家庭经济较差，他们经常担心学费和生活，这些和其他学生相比便是一项直接差距。他们便会因此在很多活动和行为中进行自我约束，经常让自己处于边缘地带；另外他们在经济、文化方面的差异，使他们有时较难适应大学生活，特别是在学习上，英语和计算机等方面的素养和城市的学生相差较大，这些在大学之前都是差异不大的，那么面对如今的巨大差距，难免生出一种很大的落差。此外，复杂的社会风气，也是一大外在的影响因素，如拜金主义、享乐主义这些都会对贫困大学生产生负面刺激。在以上这些社会经济方面和地区因素的结合

---

〔1〕　参见邓志军："当前贫困大学生心理贫困的现状、成因及教育对策"，载《教育探索》2004年第 12 期。

影响下，贫困大学生更容易产生自我轻视和否定；再加上国内高校在心理方面教育做得还不够，贫困大学生即使出现心理问题，也难以得到及时有效的处理，反而逐渐变得更加敏感和自卑脆弱，长此以往便会愈加恶性循环，直至心理的扭曲变形。而他们心理方面的极端表现往往是自我的毁灭，甚至危害他人而走向犯罪。

二、贫困大学生常见的心理问题分析

（一）影响贫困大学生心理健康的因素

影响贫困大学生心理健康的因素是多方面的，既有客观上的，又有主观上的。客观因素主要来自家庭、学校和社会方面；主观方面主要是自身因素。

1. 家庭环境的影响

家庭环境作为孩子人生之中的第一环境，父母也是他们最初的启蒙老师，家庭经济、父母素质及其教养方式，这些在孩子的心理和人格方面都产生直接影响。大多数的大学生，他们的主要经济来源是家庭，贫困大学生在大学期间，学费、生活费等方面的压力比非贫困生更大，特别是当家庭经济紧张时，更会给贫困大学生造成心理压力。同时，家庭经济拮据，难以满足孩子学习生活的基本要求，与富裕家庭的花费相比，更是相形见绌。因而，在校期间，贫困大学生学习也更为努力，他们希冀自身能得到奖学金，或去外面兼职，以此补贴生活。然而这些都在一定程度上会对他们的日常学习产生影响，这也使得他们容易陷入矛盾中，既想挣钱，又想搞好学习，由此也给自身带来极大的心理压力。

甚至有些贫困学生所在家庭，兄弟姐妹众多，这样的情况更是让他们苦不堪言。而且家中父母本身的心态也不尽健康，生活压力也使得家长苦不堪言，家长的心态对贫困大学生亦能产生直接的影响，倘若家长心理不健康，子女也很难健康地成长。此外，现实中还存在一些家庭不和谐、父母离异、单亲家庭等，这将直接影响处于该情形的贫困大学生的心理状况。同时，很多贫困大学生来自留守家庭，由于父母长期都在外工作，和子女相处的时间少之又少，他们和子女也缺乏交流和沟通。子女在成长的过程中难免会出现一些心理方面的问题，而父母又无暇顾及。不仅如此，贫困大学生很多也是从小和家中老人相处，家中老人往往也只能在吃穿上给予相应的照料，其余方面存在很大的不足，如情感方面的交流和心理方面的交流。然而，众多的贫困大学生的父母往往对他们倾注了很多的期望，这些也给他们带来了很多精神方面的压力，在压力之下，也较为容易产生心理问题。

2. 学校环境的影响

学校是学生学习和生活的场所，学习环境对贫困大学生很重要，对他们的身心健康往往有潜移默化的影响。

在应试教育之下，考试成绩是主要的评价标准，不论是学校和用人单位，还是考研，对学习成绩都有一定的要求，学生也纷纷为了高分而拼命学习，无形之中给学生造成很大的压力。那么，贫困大学生便容易因为自身各方面素质的因素影响到学习，如计算机能力较弱、英语水平差，这些都是很现实的因素，能直接产生不良影响。而且奔忙于学习的三点一线之中，其学习生活模式所带来的枯燥乏味，也令贫困大学生产生一些不良心理倾向。

来自同辈群体的心理压力。同辈之间，每个人的消费方式往往都不尽相同，校园内也存在攀比风和恋爱风，这些无形之中也给贫困大学生带来一定的苦恼，特别是看到生活条件好的同学，极易生出自卑嫉妒的心理。同时自尊心极强的他们在心理上会有一些敌对态度和过激的相关行为表现。此外，有些家庭富裕的大学生往往对贫困大学生存在一定的不理解，甚至还有歧视或嘲笑贫困生的行为。

3. 社会环境的影响

在社会这个大的环境之中，随着社会的飞速发展，社会的竞争也愈加激烈。大学生处于日新月异的快节奏时代下，他们的三观、思想行为和心理也在发生巨大的变化。他们中有些人对于改革过程中发生的一些事很难进行正确的认识，如贫富差距、职工下岗。这些容易让他们产生消极的负面情绪，有些甚至慢慢转变为较为严重的心理疾病。在贫困大学生生活的周围，存在很多以貌取人，甚至以钱取人的现象，还有个人主义和拜金主义，这些都容易让他们自卑。

第一，心理健康教育的偏失。我国在心理健康方面做得还不够，其中也受应试教育的影响，特别是升学率和唯成绩论，这些都容易造成学校偏重于知识方面的传授，即过分强调对书本知识的传授，而对于心理方面的重视则远远不够，这也导致出现了较多的心理素质不行的"高才生"。而这些"高才生"中也有很多是贫困生，他们心理方面的脆弱使得自身承压能力较差，一旦遇上较大的挫折，往往很难克服，心理方面也会一时难以想开，有时甚至不知所措，同时又不会去积极地寻求帮助，或主动地去进行面对，反而一味地逃避，或者退缩，更有甚者便是采取极端行为来自残或伤害他人。此外，非贫困大学生在生活方面所用的东西往往较高端一些，他们的消费观念和贫困大学生也存在一定的差距，这些往往容易使贫困大学生们产生自卑，进而一定程度上对他们的人际交往也产生不良影响，导致他们不合群现象的产生。

第二，社会效应的影响。社会对于贫困生的评价标准通常掺杂着较多的同情，甚至于用"特殊"的眼光来看待他们，这样便容易让他们对自我形成不好的认知，即认为自己综合素质不好，极易把自身归为一种弱势群体，进而产生各种的心理问题。尤其是高校所组织的那些关注贫困生的各类心理健康教育活动，往往在大力宣传的同时组织贫困生积极地报名，无形之中将贫困生贴上了"标签"，这也引发其他学生的"另眼相看"，这样也不利于维护他们的自尊心。

4. 自身因素的影响

贫困大学生自身也是一大重要的内在因素，直接影响、制约着他们自身的心理健康。其心理素质弱表现为：

第一，自我意识不够，自我评价不够全面客观，容易产生一定的偏差。较多贫困大学生因为经济困难而无法客观全面认识和悦纳自我。他们对自我的评价低，总觉得自己比他人差，心理上也较为惆怅、自卑、焦虑；当然也存在一些贫困大学生，他们对自我评价往往偏高，长此以往，会导致他们形成过强的自尊，内心自然也变得更加敏感。

第二，人格发展方面，存在一定的缺陷。在各类人格中，心理脆弱皆有其不同的表现，如自恋性型人格由于自身因素，对本身能力过度自信，倘若有教师或学生指出其不足的地方，则往往较难接受，他们心里会认为别人故意挑毛病，严重一点则会破坏自身的人际关系。偏执型人格，特征为固执、嫉妒、多疑，较难和他人和谐相处；强迫型人格，则过于约束自我，容易紧张，焦虑和苦恼；爆发型人格，其情绪不稳，易产生仇视心理、易无节制发怒，往往发生一些不好的事之后又自责，甚至懊恼；易反应型人格，易触景生情，其对事物所表现出来的喜悲情绪，和正常人相比，更为夸张。

第三，心理防御差，且防御方式较为消极。当贫困大学生因挫折生出紧张情绪之时，在本能反应之下，其心理会去进行予以消除或减轻不良情绪，以更好地减轻痛苦、平衡自我心理状态。有利于缓冲心理方面的挫折感，减轻自身的焦虑情况。然而当贫困大学生心理防御能力不够强时，他们的心理则会表现出退缩和逃避，甚至自欺欺人，虽然能在短时间内缓解心理方面的不良情绪，但无法从根本上解决好相关问题，反而会阻碍他们去正视现实，由此引发心理疾病。

第四，人际交往能力不足。贫困大学生在人际交往上的能力也有待加强，在现实生活中，贫困大学生向往爱情、友情，但他们的表现却是给人一种难以接近的感觉。人际交往对贫困大学生的学习和生活影响较大，他们容易因某些小困难产生逆反心理、自卑心理，从而较难对自己形成较为客观的认识，慢慢地，对人际交往甚至会排斥、害怕，不愿意跟他人积极地沟通交流。如在日常生活中，贫困大学生在心里对同学是较为关心的，但却不擅长通过语言来进行传达。他们渴望良好的人际关系，却发现协调不来，美好的愿望奈何与现实相反，且很多时候较难以稳定的情绪和他人和谐相处。

（二）常见的心理问题

1. 焦虑

焦虑是在个体没有达到预定目的或预感到即将发生某种不幸，或者在感到孤独，以及存在矛盾冲突的情况下产生的。一些贫困大学生，他们的思想和精神因为长期处于高压之下，或处于消极厌世的境地。也时刻面对着由经济造成的生活、学习、家庭的压力，同时又急于努力回报父母，这种心态更令他们倍感焦虑。在大学，大多数的贫困生往往会更加努力，这一点在高中相对更为明显，因为从高中考入大学，他们大多都是为此付出很大的心血和努力，以此通过高考来改变自己的命运，由此他们也容易有着比一般人更高的成就动机。现实中当他们遇上较大的挫折和困难时，便极易焦虑。

2. 孤僻

孤僻是与他人、集体、社会隔离的自身的孤立心态。较为孤僻的贫困大学生，他们不是本身喜欢孤独，他们内心和很多人一样也向往交际，渴望友情、爱情，但现实中的很多因素又迫使他们进行自我封闭和防御，从而也深受折磨。他们中的一些人甚至不想他人知道自己的贫困状态，往往自己会远离集体，由此其内心深处也逐渐形成了坚硬的屏障。

3. 自卑

贫困生的自卑，相对于其他人而言具有一定的差异，一般人普遍是在某方面知道了自己存在一些需要改进的地方，从而引发自卑，而贫困生从小便处于经济条件较差的家庭，他们从小便得不到很好的教育，生活也处于较低水准，由此对金钱的认识也不够正确，长此以往逐渐地自卑，他们的自卑感比一般人也更为深刻，自卑在他们身上的影响也较为深远。贫困生自我评价低，他们以为现实和理想中的自己相差大，甚至萌生出即使自己很努力也无法达到目标的念头。而产生这种现象的因素主要是其自我承受和驾驭方面的能力不足，特别是与以往自身失败感的长期累积有关，慢慢地便容易自卑，进而轻视和否定自我，同时又会在心中认为他人也同样轻视自己。他们和周围其他的同学不一样，他们经常苛求自己，不论自己是否正确，老是使自己陷入这种矛盾之中，更多时候是沉默，不会在很多方面进行一定的自我作为，也不敢一个人独自执行任务。

4. 他人取向

为了让他人赞许自己，违逆自己的心去做人和做事，太过重视他人的评价，依他人眼色行事。这不同于向他人学习或是听他人建议，而是为讨他人欢喜而放弃自我的想法和观点。一些贫困生甚至会因为不能得到别人的赞许而倍感难过和失落，常常担心自身的行为举止会让别人不愉快，逐渐地变得异常敏感，总是让自己的心理长期处于强迫的状态之中。

5. 抑郁

贫困大学生往往容易抑郁，其表现往往是心情的低落，由于他们人格特质多为内向、情绪不稳定、谨慎等，这容易导致抑郁的产生。他们也往往会因为一些琐碎小事心烦，难以专心做事。甚至认为别人讨厌自己，内心也极易陷入自责。在遇到一些较难处理的事时，往往会因为自身无法很好地应对而产生抑郁心理。

（三）贫困大学生不良心理特征的理论分析

1. 从解读贫困的文化层面分析

贫困和社会的方方面面都有着密切的联系。在我国，1980年以前，特别是1960年后的一二十年间，贫穷甚至成为人们引以为荣的一件事，所以，那个时期的人们都较乐贫。但是，随着时代的发展和人们观念的变化，从20世纪八九十年代直至今天，一部分人先富起来为国家政策允许和提倡，并成为现实，富取代贫，这在当时也是文化中的一大张扬之重点，人们不再像以往那样乐贫，人们都纷纷想要脱贫，并通过各种行动去致富。当下的社会，贫穷不像以往那样和光彩有关，更多的是与自尊、面子这些相挂钩，这些文化方面的相关变化，也深深地影响着贫困大学生，他们的心理、思想、行为都随着时代的变化而变化。在当下较为明显的便是他们自身变得更加敏感和焦虑，有些甚至是自卑。

2. 从人格理论的认知理论分析

凯利的个人构念理论认为，构念是诠释和看待各种各样事物的方式，目的便是为了更好地对事物进行一定的预期，所以焦虑便是意味着构念并没有很好地运用到。依此推论，贫困大学生的焦虑，源于他们自身产生了不合理的构念，如他们在自身的"缺钱"这一方面的认识不足。

班杜拉的自我效能理论认为自我效能感往往与个人的身心状况息息相关，知觉上感知到的那些无能，是焦虑与抑郁的基础，知觉到具有相关威胁之事件，感到无能，而致使焦虑；知觉到有关奖赏结果，而感无能导致抑郁。人类相关机能受社会的影响，如人们的效能和信念便是如此。贫困大学生这一群体由于"缺钱"，从而致使自身效能和信念不高，变得焦虑、自卑、抑郁。在此基础上，有些时候甚至会发生集体上效能信念不高的现象，他们内心不信任社团、群体、组织等，亦不相信别人，由此自身人际方面，也愈发变得更加敏感和内向，同时心理上也具有孤僻、自卑、不合群等特征。

希金斯的自我导向理论认为，自我导向是个体要达到的标准，是影响信息加工方式（无意识地进行）的认知结构。自我导向可分为理想自我与应该自我。现实中的自己和理想中的自己有差距，便产生一些诸如失望和不满的情绪；贫困大学生的心中也怀着很多美好的信念和理想，他们期望自身能变得越来越优秀，但来自经济贫困的农村家庭，经济方面本来就异常拮据，加上自身各项条件和基础也不够理想，对于自身的各种爱好更是没有条件去充分地培养，如舞蹈、音乐、画画等爱好，这些在一定程度上对他们各方面综合素质的提升也有一定的限制。同时，由于自身在一些方面不如他人，内心慢慢地也会形成一种思维定势，总是觉得自身比不上别人，内心也产生自卑、不满、失望等不好的心理；另一方面，在贫困家庭，父母为了孩子上学付出了很多，而贫困大学生内心也是过得较为煎熬的，他们家中甚至出现兄弟姐妹因此辍学的现象，他们因此也更加发奋学习，想用更好的成绩来报答家里，并借助各种机会去改变自己的现状，但是现实和理想总有一些差距，这些差距往往会使他们产生很多内心的落差，甚至是更多的担忧和压力，以及焦虑。

3. 从人格理论的精神分析论分析

弗洛伊德的《精神分析引论新编》中认为"无意识"和"潜意识",两者含义相近。他指出:"'无意识'一词,其较为妥适的意义是描写的,不管是哪种心理历程,若其带来的相关影响,迫使我们要去假定它的存在,但是,很难直接觉知到,这种历程被称是'无意识的'。对于该类心理历程的关系,和对他人的心理历程无异,不同的只是前者属于我们自己而已。如果要更为准确之意义,可以换句话来这样说,一种历程若活动于某一时间,而在那一时间之内我们又一无所觉,我们便称这种历程为'无意识的'。"[1]弗洛伊德将这种"常不为自我所知"的心灵部分、心理领域称作"潜意识的"。潜意识作为弗洛伊德精神分析的基本概念——人被未知的不能控制的力量所驱使——可看成对人的自我形象的第三次打击。实质上,弗洛伊德的潜意识可称为动力潜意识,它有三个特征:第一,潜意识的操作过程是非理论的无逻辑的;第二,动力潜意识包含了愿望驱力与动机,这些愿望驱力和动机本身,以及使这些内容处于潜意识的防御操作都是觉知不到的;第三,潜意识中,愿望驱力与动机两者相互之间,便存在着很多不同的冲突。

有些嫌贫爱富的人,他们身上具有势利的观念,他们对于贫困生的态度往往是鄙夷和歧视,特别是看到贫困生打扫卫生,或者在食堂做事,往往便会看不起他们,甚至冷嘲热讽,称这些行为很"掉价"、很丢人。这些人所表现出来的那些言行举止,无形之中会对贫困生的潜意识产生不良的影响,久而久之,逐渐产生很多愿望驱力与动机,而这些恰恰又遵循着非理性无逻辑原则进行活动,贫困生也慢慢地会生出诸如希望和害怕的种种冲突,很多时候,贫困生往往对这些觉知不到,或者是觉知得不够清楚。

那么,这种难以觉知清楚的动力潜意识,又是怎样使贫困大学生产生人际关系敏感、抑郁、内向、自卑等不良心理问题的呢?如果说动力潜意识使贫困大学生产生非理性的充满矛盾的愿望驱力和动机的话,那么,要将这些充满矛盾的愿望驱力和动机转变为人际关系敏感、抑郁等人格特征就需要借助认知潜意识。就像是分成多种层次的思想经验那样,人的潜意识也可以如此。研究表明,人的潜意识对于动力潜意识,可以进行相应的支配和控制。

---

[1] 参见[奥地利]弗洛伊德:《精神分析引论新编》,高觉敷译,商务印书馆1987年版,第55页。

在人们的知觉与记忆、情感与态度的形成之中，相对比意识，认知潜意识所带来的影响更大也更重要。由于认知潜意识中，其信息往往是自动加工的，而这样的话，那便是其缺乏觉知的无意识的非自愿的过程，快而有效，也无需过多努力，在意识中，亦不用占用太多的储存空间，并且对于这种自动信息加工而言，其最终的效应便是会随着个体与环境的不同，其表现出来的也会有所不同。因此贫困大学生对"缺钱"的文化解读，和由此所带来的相关的社会影响，其实质便是一种认知潜意识过程，这种过程对信息加工采取自动的无意识的方式进行，从而形成因人而异，以及因情境而异的个体心理特征。更具体地说，认知潜意识对个体心理起作用是通过"习惯性易获得构念"的方式进行的。习惯性易获得构念主要是指个体看待世界和看待自己的方式，并且这种看待过程主要是无意向的、无需控制的，有时是带有偏见的。例如，倘若贫困大学生在心里认为自身低人一等的话，他们在知觉记忆事件、表达情绪时，其姿态便会变得低下，出现焦虑、抑郁、不自信、自卑等心理。相反，则会是坚强、快乐、自信。这也许就是为什么同样遭遇到贫困，少数贫困大学生自信乐观，大多数则出现敏感、自卑、抑郁等心理。

三、贫困大学生常见的心理问题的危害

(一) 引发心理疾病，危害贫困大学生健康

贫困大学生正处于一个重要时期，他们的人生在逐步走向成熟，在这个时候，他们的情绪比较激烈，且不稳定，起伏较大，甚至容易在两个极端之间徘徊而走向恶性循环。如他们中有些人，刚入大学之时，往往朝气蓬勃，争强好胜。但历经一段时间之后，发现身边人才济济，自己也不属于佼佼者，自卑便随之而来。他们也常将情感的那些对立面都交织在一起，如冲动与压抑、自尊和自卑、进取与消极，等等。

在经济方面，贫困大学生得不到基本的满足，他们也常常处于彷徨和疑惑之中，疑惑为何大家同在学校，在经济方面却有着"天壤之别"，由此引发心理方面的极度不平衡，有些甚至处于意志极为消极的状态。当这些问题长期得不到解决时，他们便容易走向误区，走向极端，甚至衍生出心理上的疾病。

当心理问题在久积之下而转变成心理上的疾病时，其处理难度也是随着时间逐渐变大的，对于贫困大学生的身体也是危害较大的。贫困大学生的心理问题长期得不到宣泄和解决，一旦不堪忍受或者受到新的刺激，极易导致

越轨犯罪，或者自我毁灭。现实中由心理问题和心理疾病所引发的自杀、自残、危害他人的事件很多，肖汉仕、李美英等人研究表明：贫困女大学生比非贫困女大学生在不良心态下更易采取报复他人的攻击性行为或自杀、自我惩罚等自虐行为。[1]

（二）人际关系紧张，乐群性差

人际关系，是指人们在相互交往的过程中形成的人与人之间相互认识、相互好恶、相互亲疏的关系，从心理学角度，它表现为个体所形成的对其他个体的某种心理倾向，以及产生的相应的行为。不同的人际关系，其所引发的情绪也会不一样。人和人之间心与心的距离越短，隔阂也就越少，大家也更能敞开心扉进行更多的交流。反之，若人和人之间有矛盾，心与心之间距离也会更远，相互之间的交流也会越来越少，那些不良心理和情绪也会出现，对人的身心也会造成不良影响。龙晓东、廖湘蓉、邓治文 2002 年的研究表明，贫困大学生的 SCL-90 测查结果显示在强迫、人际关系敏感、抑郁均存在显著差异。[2]

大学生活有助于学生交际能力的锻炼，是人际交往的一大重要的舞台，贫困大学生通常生活条件较为艰苦，他们为转变自身命运，努力学习，身旁通常也没人教他们一些人际方面的交往知识。同时，也没有时间去进行这方面的过多涉及和学习，相应地在这方面能力较弱，特别是与异性的交往，往往处于懵懂害羞、手足无措的状态，再加上自卑，导致他们更惧怕集体活动的开展。即使参与了一些社交活动，也不敢和他人进行过多的交流和接触，他们的交往活动也常常是处于消极被动的状态。另外，当下校园中，很多同学的交流和沟通都离不开物质金钱，贫困生则通常囊中羞涩，干脆减少和他人的交往活动，进而逐步地封闭自己，以孤僻的方式来更好地保护自己。长久下去，贫困生的人际关系也变得开始紧张，身边的朋友也寥寥无几。

（三）精力无法集中，学业受挫

贫困大学生若长时间因为衣食烦恼，便很难进行专心学习，有些学生甚至不遵守规定，旷课现象也日益频繁，那些经常在外兼职的大学生则更是如

---

〔1〕 参见王建中主编：《高校心理健康教育专业化研究》，北京航空航天大学出版社 2004 年版，第 358 页。

〔2〕 参见廖湘蓉等："高校贫困生自我概念发展状况的调查分析"，载《健康心理学杂志》2002 年第 1 期。

此。还有一些学生则总是无法正视贫困，甚至觉得这是一种天大的耻辱，自己也身陷于其中无法自拔，进而自怨自艾，对生活也没有什么希望，对学习也是缺乏动力、兴趣，甚至产生厌烦的情绪。其实，很多贫困生的内心还是很想把学习搞好，但奈何自身的焦虑又使得自己很难专心学习，使得学习的效率也不高。他们由于自身的自卑也不敢随便向同学进行请教，那么其结果是很容易造成自己某门学科的重修或者挂科，这些反过来又深深地影响着自己未来的学习。

贫困大学生中，也有很多抗挫折能力很强的人才，他们往往成绩优秀。但从前几年，上海某高校的调查结果显示，获奖学金的贫困生不多。其原因则是：他们心理负担大，除学业压力之外，还有生活费和学费方面的一系列困难，让他们往往奔波于这些方面，从而在学习上，精力是比较有限的，学习成绩势必受其影响。此外，一些贫困生没有更多的钱去购买学习资料，这在一定程度上也给他们的学习造成不良影响。

北京某高校一名来自边远山区的贫困生因心理障碍被迫休学，他在休学后给学校的信中说道"大学生活已不再是单纯的学习……对于手机，电脑，我不仅不会用，而且没有见过。我觉得自己实在是很差，也总觉得周围的同学老师都在嘲笑我"。[1]

（四）不利于健康人格的形成

大学时期是大学生健康人格形成的关键时期，在这个时期，大学生总会出现这样或那样的问题，对于贫困大学生这么一个群体，其问题较为突出，尤其是其心理方面，总是会有一些问题，那么这便势必会影响其健康人格的形成。而健康人格的形成往往涉及贫困大学生的方方面面，心理便是一大重要因素，如产生焦虑、自卑、孤僻等心理问题，这些问题对健康人格的形成将会是无法估量的危害，倘若得不到解决，其对贫困大学生的影响将是极为深远的，由此也会产生一系列的影响，不仅仅是影响贫困大学生，在一定程度上也会对非贫困大学生产生一些影响。心理方面的健康能大大地促进人格方面的健康，两者也有着密切的联系，心理方面出现的问题能反映出人格方面的一些问题，而人格方面的健全离不开心理问题的解决，故贫困大学生的心理问题不利于其健康人格的形成。

---

〔1〕　方文晖等："谨防贫困生的'心理贫困'"，载《中国教育报》2003 年 9 月 3 日。

第三节 对贫困大学生实行有效心理健康教育的紧迫性

世界卫生组织对健康的定义是：健康不仅仅是没有疾病和衰弱的表现，健康乃是身体上、心理上与社会适应方面良好而完满的状态。健康是身心的统一，缺一不可。一般来讲，可以把大学生心理健康标准概括为以下几个方面：①具备完整统一的人格品质，有正常的智力和浓厚的求知欲望；②善于调控情绪、保持良好的心境；③培养坚毅的品质和顽强的性格；④正确认识自己、悦纳自我；⑤人际关系和谐，有独立生活的能力、社会适应良好；⑥心理行为符合大学生的年龄特征。

在未来，综合国力竞争，其本质是人才方面的竞争。而心理素质往往是人才培养的基础，心理健康则是基本要求。大学生是国家的未来，他们的心理健康对于祖国的伟大事业至关重要。心理健康在学生个人的成长中也扮演着重要角色，是他们进行健康生活和学习的一重要前提，也是他们进行正常人际交往的重要保障。

一、心理健康教育与思想政治教育的关系

2004年8月26日《中共中央、国务院关于进一步加强和改进大学生思想政治教育的意见》中明确要求：开展深入细致的思想政治工作和心理健康教育。2017年12月教育部《高校思想政治工作质量提升工程实施纲要》印发，强调"思想政治教育工作要发挥心理育人功能"，并将其作为一条重要的实施路径。新时代给高校思想政治教育工作带来了新挑战和新使命：既要确保思想统领，也要关注心理疏导，从心灵层面激发学生的精神动力；既要内化思想政治教育的科学内涵，也要外化思想政治教育的精神实质，做到知行合一，内化于心，外化于行。

（一）两者的联系

心理健康教育和思想政治教育密切相关。在教育对象上，两者皆是大学生，思想政治教育，其任务便是培养学生的坚定的信念和理想，以及良好道德，而心理健康教育，其任务是让学生养成好情绪和顽强的意志力，以及人格方面的相对完善，实现心理方面的健康发展。在目标方面，都是培养适合社会的应用型人才，以及社会的接班人。

实践中的互补作用。培养良好的心理素质，是进行思想政治教育的基础，思想政治教育中蕴含着心理素质的培养与提高。在实践中，心理问题的解决，有利于思想政治问题的解决，而思想政治问题的解决，对形成良好而稳定的心理素质有重要的促进作用。

（二）两者的区别

理论基础和教育层面不同。心理健康教育以心理学理论为指导，包括心理方面的相关素质培养、心理方面的相关疾病防治，其研究内容为：新生适应辅导、人际关系调节、学习心理辅导、自我意识辅导，等等，侧重点是心理层面。

思想政治教育，则属于社会意识形态方面，以马克思列宁主义、毛泽东思想、邓小平理论、"三个代表"重要思想、科学发展观、习近平新时代中国特色社会主义思想为指导，主要内容包括：政治方向、国情、基本路线、爱国主义教育、国防教育，等等，侧重点则在思想层面。

具体目标和工作方法的差异。心理健康教育，其具体目标是通过心理讲座和相关咨询、个别辅导等，进而培养健康心态，推动人之全面发展，并预防相关心理疾病，保持心理上的健康状态。思想政治教育，其目的则是开展学习讨论、参观访问、辩论赛等形式，从宏观上树立健康三观，提升个人思想素质。

评价标准不同。心理健康教育以促进大学生心理健康的程度为标准，而思想政治教育以大学生思想觉悟和认识能力的提高强度为标准。

高校工作中，两者相辅相成，在专业上，学校在训练学生的过程，不仅要提升其业务方面的相关能力，还要让他们的心理得到更好的发展，促使他们更全面的发展。在总体目标上，两者一致，区别也明显。所以，为更好地维持好心理方面的健康，必须结合相关专业方面的知识和方法。

二、对贫困大学生实行有效心理健康教育的特殊性

（一）既有当代大学生普遍存在的心理问题，同时又呈现自身特色

在大学这个较为特殊关键的时期，大学生的身心的各个方面都在发生着变化，其生理和心理也在趋向成熟。在年纪上，大学生处于 17 到 24 岁，且大部分的人都属于青年中期；从身体来说，身形渐趋稳定，生理方面也是趋于日益完善之中。生理方面的不断发展和变化，使得他们心理方面也正悄然

变化。他们在自身的心理活动上，呈现复杂多变的特点，心理矛盾也愈加强烈。同时，现代大学生在心理方面的一系列相关问题，与社会的发展和重大变迁也是息息相关的。尤其分配政策的取消，以及人才市场的逐步变化，高校也在逐步地进行着相关的改革，而大学生也承受着来自很多方面的压力，如专业学习和未来的就业。这些都使得他们产生心理方面的一些困扰，以及由此诱发的问题，和以前的表现相比显得更加突出。

贫困大学生，作为大学生的特殊成员，他们心理方面的发展，也受普遍规律影响，既承受着非贫困生的压力和普遍的心理问题，同时也承受着来自家庭的诸多压力，特别是经济方面的压力。而在我国，很多父母为了让孩子更好地学习，即使节衣缩食也在所不惜。贫困生的身上，普遍都想靠着读书来改变自身的命运，以此改善家庭生活，他们在各种特殊因素的综合影响之下，身上所具有的那些心理问题也有其特殊性。

（二）既要进行心理健康教育，又要进行人文关怀

从 1985 年开始，心理健康教育也从无到有，开始逐渐得到发展，在这个期间也积累了很多的经验。如学生具有个体的差异性，要尊重大学生，并相信他们能实现更好地自我发展，不随意以成绩论学生，也不以学生家庭、经济等来衡量他们，注重学生在心理方面的素质培养。从长远来看，这也符合现代教育的基本要求。对学生而言，也是为了更好地帮助他们解决心理方面存在的一些问题。人的素质要求包括三个层面：自然生理成长的层面、人类环境影响下心理成长的层面、在教育环境中文化成长的层面。[1]贫困生应全面提高自己各方面的素质，也要重视自己的心理健康。然而也需要注意教育氛围的营造，在充满温馨和关爱的良好氛围之下，才能更有效地进行相应的心理教育。同时，心理教育者需多尊重和理解贫困生，让他们在关怀之下成长。因此，作为辅导员，也需加强班级文化的建设，努力在班里营造充满温馨和关爱的良好氛围，同时还要倡导同学们在寝室也这样，让寝室充满家的味道，让更多贫困大学生能从内心感受到这份温暖，相信在这样的温馨氛围之下，心理健康教育工作能更加有效地开展，校园也会变得更加和谐美好。

---

〔1〕 参见时长江："论高校学生心理教育模式的构建"，载《黑龙江高教研究》2004 年第 7 期。

（三）既要进行心理健康教育，又要缓解其经济压力

马斯洛把人之需求分成以下几类：第一，生理需要；第二，安全需要；第三，归属和爱的需要；第四，尊重的需要；第五，自我实现的需要。衣食住行这四样，皆为人之基本需要。而贫困生因所在的家庭困难，没有钱去购买基本的学习用品，也没有能力去买御寒衣物，有些连像样的饭都较难吃到，这些条件在一定程度上也制约着他们的个人理想，随之带来重重的心理压力。可见，贫困生心理问题，其源头主要是经济方面的贫困，故经济问题的解决是一重要前提，故要重视对贫困生经济方面的相关帮助。

三、对贫困大学生实行有效心理健康教育的重要作用

《中共中央关于进一步加强和改进学校德育工作的若干意见》中明确指出："要通过多种方式对不同年龄层次的学生进行心理健康教育和指导，帮助学生提高心理素质，健全人格，增强承受挫折、适应环境的能力。"心理健康教育有着较为深远的现实意义，对于贫困学生而言更是如此。在我国，每年的5月便是心理健康月，5月25日则是大学生心理健康日，寓意"我爱我"，由此可知我国对心理健康教育的重视，我国将此上升至国家战略决策层面的高度，而且已经由课堂延伸到了校园和社会实践的舞台，成为高校进行现代化教育的需要。济南大学的李军则指出，心理健康包含具体、中间、终极这三层目标。具体目标，即具体地培养各个心理因素；中间目标，即对于各种心理因素予以充分地协调，从而更好地推动个体心理的充分发展；终极目标，即立足于健康的心理，实现个体更为协调和充分地发展。[1]

（一）有利于贫困学生的全面发展

1. 马克思主义关于人的全面发展的理论

马克思主义理论中，对人的全面发展理论，是立足于历史唯物主义、剩余价值学说理论的基础上逐步建立和形成的。它包含以下几个方面：第一，人的全面发展，其表现为劳动能力全面发展；第二，社会关系更为全面之发展；第三，个性方面更为全面之发展。以上这些更为集中地体现了马克思主义对于人的重视程度，即高度重视与尊重，这也反映出人类在自身方面之理

---

〔1〕　李军："关于建立大学生心理健康教育体系的探讨"，载《济南大学学报（社会科学版）》2002年第4期。

想追求。

人的全面发展，马克思主义则认为，其基本的概念是慢慢形成的。在中国革命和建设的过程中，中国共产党人较为重视人的全面发展。毛泽东立足于马克思主义理论的基础之上，依据中国革命和建设的情况，提出党一系列的方针，如"使受教育者在德育、智育、体育几个方面都得到发展，成为有社会主义觉悟的有文化的劳动者"〔1〕，理论和实践结合，将马克思主义思想更加具体化，赋予其时代精神，注入新的活力。邓小平提出："坚持五讲四美三热爱，教育全国人民做到有理想、有道德、有文化、有纪律。"〔2〕"四有"标准，是对人们的教育的基本要求。在红与专上，邓小平指出："专不等于红，但是红一定要专。"〔3〕邓小平对红与专的关系有着很多深入的分析和见解，他从社会主义，以及现代化出发，准确地认识红与专，在一定意义上，其丰富了人的全面发展这一理论，同时也使之变得更为具体。在"七一"讲话中，江泽民立足当时国情，将这一理论作为社会之人文价值方面之取向。在中央人口资源环境工作座谈会，胡锦涛则指出："坚持以人为本，就是要以实现人的全面发展为目标，从人民群众的根本利益出发谋发展、促发展，不断满足人民群众日益增长的物质文化需要，切实保障人民群众的经济、政治和文化权益，让发展成果惠及全体人民。"〔4〕这便是将人之全面发展，和政治、经济、文化相结合。

2. 人的全面发展与心理健康教育

人的全面发展，指体力和智力两方面的全面发展。随着社会的不断更新和发展，人们在德、智、体、美、劳，还有心理上，都实现了更为深入的发展。当然，这些与教育也是息息相关的。在人的全面发展的相关一系列教育中，主要是依据一定的目的和计划，去更好地对广大受教者进行相关教育，让他们在潜移默化的影响之下，逐渐地提升其知识水平、能力素质。全面教育是为了促使人的全面发展，两者密切相连，相辅相成。

在各种教育中，心理健康都有着重要的作用，有助于推动各类教育的高

---

〔1〕《邓小平文选》（第二卷），人民出版社 1994 年版，第 103 页。

〔2〕 中共中央文献研究室：《邓小平同志论教育》，人民教育出版社 1990 年版，第 145 页。

〔3〕《邓小平文选》（第二卷），人民出版社 1994 年版，第 262 页。

〔4〕 中央保持共产党员先进性教育活动领导小组编：《保持共产党员先进性教育读本》，党建读物出版社 2005 年版，第 280 页。

效开展。而对于人的相关教育活动，个人方面的思想、思维、态度、习惯都是至关重要的，这些往往能很好地转变为理论方面的动机，为大学生的各个行为活动提供强大的动力，因此需予以相应的重视。而这些重要因素对于学生三观的形成也是至关重要的，若能很好地将这些结合起来，将能促进自身的全面提高。不论是人格或是智力方面的发展，都离不开个人的心理状态。心理方面的相关教育，是重要且较为基础的一部分，若能更好地和其他教育的相关因素有机地进行结合，并贯穿于整个的全过程当中来，对其他的教育而言，心理健康教育亦能起到极大的推动作用。

3. 心理健康教育对贫困大学生个体成长的具体作用

据孙永明等人研究可知，贫困大学生和普通大学生有焦虑的比例分别为13.4%和5.9%，较重抑郁分别为20.9%和2.4%。[1]龙晓东也指出：贫困生群体身心反应症状较非贫困生群体明显，心理健康总体水平较非贫困生低。[2]这些各项数据均反映出，在高校，贫困生在心理方面更容易出问题，他们是一大高发群体。因此心理方面的相关很有必要，对于他们心理问题和疾病的预防也是不可忽视。

第一，预防心理疾病。一个人想要实现更为全面的提升，心理方面的健康是一大基本要素，倘若其心理不好，老是出问题，那么也会大大地影响到其毕业问题。从客观来看，有些贫困学生，当他们出现心理方面的一些问题时，他们往往会下意识地去向周围寻求必要的帮助，虽然很多时候找的都是一些非专业的人，但是对于一些小问题能起到一定作用，对他们的心理也能起到一定的缓冲作用，而且在多方的共同协助之下，往往能起到出乎意料的效果，对于心理疾病方面有着很好的预防作用。还有一些贫困大学生，他们对于自身存在的一些心理问题并不会采取什么措施去予以积极的解决，总想着靠自己也能慢慢地进行恢复，但结果却没有预期中的理想，经过时间的累积，往往会衍变成较为严重的心理问题。贫困大学生也会出现一些持续时间较短的心理问题，如果他们自身懂得一些这方面的心理知识，那么很多时候，经过自己的调理也能慢慢地恢复，不需要经过很专业的特殊化处理，每个人

难免都会遇上一些心理方面的问题。

第二，减少心身疾病。这种心身疾病是生理性的，其由心理方面的某些因素，从而引发其身体方面的病，但却没有相关的直接生理方面的病因。人的身体和心理都很重要，且两者在联系上也很紧密，相互影响。同时，很多身体疾病也会对人们的心理产生直接的影响，反之亦然。黄希庭、徐凤姝有论述：大学生感冒、肺结核、心脏病、高血压、支气管哮喘、斑秃、月经失调、荨麻疹等，与他精神因素都有关系。[1]

贫困大学生的身心正处于发育的重要阶段，在这个重要的关键时期，经济方面的一些困难往往会直接触发他们的心理问题，试想，倘若他们时常为经济烦恼，其情绪势必很难真正稳定下来。如若这个时期，他们身上的不良心理势头无法得以很好的控制住，便会造成他们身心方面更大的问题。而对于他们的这些问题，药物的作用并不大，往往还是需要心理方面的相关教育，这样才能更好地提升他们心理方面的抵御能力，以积极地正视生活中的那些困难和挫折。

第三，培养健康人格。从心理学上看，人格和个性，两者具有相同之含义，皆是指在漫长的人生中，人们在这个历程中所体现出来的一种较稳定的心理特征，如能力、气质、性格，等等。健康的人格，不是与生俱来的，其形成往往经历了漫长的人格塑造。在大学这个关键期间，贫困学生又会在这个全新的环境中逐渐形成一种新人格，慢慢地也会逐步稳定下来，这种人格之下，一个人的方方面面都会围绕着自身人格统一起来。心理健康教育对人格障碍有特殊的疗效，由于其具备特定的内容及性质，有助于塑造贫困大学生的人格，培养他们适应社会发展需要的健全人格。大学的学习和生活也需要一个较为健全稳定的人格和心理素质，而这些都离不开心理方面的相关教育。

（二）有利于高校的进一步改革和发展

高校进行的改革，其目的是为培养出适应社会发展的人才，让他们能更好地服务社会，为社会和人民做出更大的贡献。故在改革的过程中需坚持以人为本，以培养更为全面的素质人才为基本出发点，并让更多的大学生都能在这个过程中实现全面的提升。在我国，长期以来都存在贫困学生，解决贫困生问题需要经历一个较为漫长的过程。而在解决的过程中，由于贫困生自

---

〔1〕 参见黄希庭、徐凤姝主编：《大学生心理学》，上海人民出版社 1988 年版，第 444 页。

身也具有一定的社会波及面，他们所在家庭和社会关系也是较为复杂的，一旦没有处理好，便容易引发其他的冲突或矛盾。

高校改革中，需注意改革和发展，以及稳定三者之间的紧密关系。三者之间相互促进和制约，改革是发展的动力，也是高校的必然趋势。稳定是改革和发展的基本前提，若高校一旦不稳，很多事都将难以展开，故在实践中，要注重稳定这个重要的前提条件，这也有助于高校实现自身的更好发展

在经济和学业这两方面的压力之下，贫困大学生时刻都在高度紧张之下，他们也更需要进行心理方面的教育和帮助。他们在这些方面的改善，有利于他们的成长成才，这也关系着社会、学校的稳定，更关系着高校未来的发展。

（三）有利于推动高校思想政治教育的发展

贫困大学生心理健康教育和思想政治教育有着密切的联系，两者相辅相成。贫困生大学生心理问题的解决有利于更好地促进思想政治教育的问题，进而更好地推动贫困大学生的全面发展。贫困大学生心理健康教育，有利于为高校思想政治教育创造更加和谐的校园氛围，在一定程度上也为思想政治教育带来更多的启发。高校思想政治教育涉及方方面面，其势必和学生心理健康是密切相连的，贫困大学生心理健康教育也在一定程度上能推动思想政治教育的发展。贫困大学生的心理问题反映出高校思想政治教育的不足，有利于推动思想政治教育的不断完善。思想政治教育工作中遇到的难题，看似是道德或纪律方面的问题，实则属深层心理问题，如由于心理致使的行为失常现象，以及一些由心理引发的偷盗现象，其原因可能是心理问题。贫困大学生心理问题的解决，正为思想政治教育的更好开展奠定了很好的基础，同时也为其提供了一定的借鉴。

第四节　对贫困大学生的心理健康教育与心理危机干预的具体对策

在社会改革中，高校的改革是一个重要组成部分，其对贫困生的影响不容忽视，特别是其心理健康方面。要立足其改革目的，减少对贫困生在心理方面的一些消极影响。一方面，加大改革以不断增强高校对社会的适应度。加强科技教育、人文教育，淡化相应的功利导向，教育贫困生自尊自信自强，

以及更多做人做事的道理，正确处理自身与社会、他人之关系。高校需注重学生实践方面的能力培养，让他们加深对改革的理解，让他们更加积极地配合改革，调整好自身所存在的不良心理。另一方面，加强心理方面的相关教育，对贫困生的心理予以评定，对其不良心态予以干预。运用心理健康教育是解决贫困心理问题的有效方法。学校的心理健康教育工作者可以对贫困学生进行针对性的心理教育，并对他们进行定期的心理咨询活动，让更多的贫困生能从中得到引导和帮助，以逐步减少和缓解他们的心理问题，并协助他们增强对自我的信心，从而对自身形成一个客观正确的认识。同时，充分发挥其主观能动性，促使贫困学生进行自我心理协调，逐步克服自身的心理问题，全面提升自己各方面的素质和能力，实现自身更为全面的发展。

一、对贫困大学生的心理健康教育

（一）了解贫困大学生的家庭背景和社会关系

贫困大学生存在的一些心理方面的问题，并非在短期内形成，其形成与家庭方面的背景、环境都密切相关。因此，对他们进行心理方面的相关教育需结合多方面来进行。一方面，立足于他们自身的家庭基本情况，初步形成对他们更为全面的认识，同时结合他们心理方面的状态，方能更好地对其进行相关教育。另一方面，家庭需应学校要求提供一些相应的资料，有义务向学校提供必要的资料，其中包含学生在心理方面的一些基本情况、有无病史。只有这样，高校心理健康工作者才能更好地依据其基本情况，并据此对症下药，更有效地将其心理问题予以解决。

（二）引导和提供贫困大学生的个体心理自我教育和互助教育

各类教育的教育目的一般离不开调动受教者的主观能动性，并让他们在积极参加的过程中逐步地树立自身的主体意识，心理健康教育这一类也是如此。所以，对贫困生心理方面的一系列相关教育，也需提倡他们的自我教育，充分发挥他们自身的主观能动性，让他们逐步地提升自我方面的能力，即自我协调和激励的能力，以及自我发展能力。进而推动他们的主动性，使其自主学习相关协调心理之方法，从而内化为心理方面的自觉行动。当个体在进行自我方面的心理教育时，他们要掌握相关的知识基础，这样才能更好地进行自我方面的教育。高校可以经常开展心理相关的宣传和普及，开设心理方面的相关课程，让更多的学生能通过多种途径了解心理方面的基础知识。当然，在心理方面的相关教学中，还需注意以下几点：其一，让学生对自己在心理方面的特点形成一个正确的认知；其二，增强学生的心理知识储备，让他们掌握更为扎实的知识基础；其三，让学生掌握更多协调心理的方法，并让其学会如何将理论灵活地运用于实践中。此外，贫困生群体中，他们不乏境遇相似的，或者志趣相投的，那么他们之间也更容易交流到一块，共同话题也会更多，在不断交流的过程中，彼此之间相互理解、倾诉、关心，这些互助式的教育往往能起到不可低估的作用，促使他们更好地进行相互间的开导。

（三）切实做好对贫困大学生的个体咨询和团体咨询工作

在贫困生心理问题的解决上，心理咨询有着重要的作用。心理咨询，是来询者就自身存在的心理不适或该方面出现障碍，向有专业技术的咨询人员进行诉说、商讨，在其支持和帮助下，通过共同的讨论找出引起心理问题的原因，分析问题的症结所在，进而寻求摆脱困境解决问题的条件和对策，以便恢复心理平衡、提高对环境的适应能力、增进身心健康。[1]心理咨询的形式较为多样，以来询者数量，可分个体咨询、团体咨询，这两种皆能为贫困大学生提供心理方面的专业帮助。

个体咨询。即一对一地进行相关问题的咨询，属于相对较为严格的一类咨询方式。该类咨询在高校较为普遍，是一种相对来说更为系统、全面的技术，也是一种较为有效的手段，特别是对于贫困大学生而言，其针对性往往也会更强。其一般通过电话、网络、门诊等咨询方式，其中，门诊较为普遍。

由于贫困大学生的家庭情况不尽相同，他们所受的家庭教育也不一样，成长环境上也存在一定的差异，这些因素决定了他们自身的承压能力也存在区别。那么个体咨询便能很好地依据不同学生的不同情况来进行针对性的相关咨询和辅导。通常而言，其程序一般为：在心理及行为问题上，首先，检测和鉴别；其次，分析和诊断；再其次，干预和矫治；最后，转化和评估。当然，对于不同个体的不同情况，收效周期也有所不同。

团体咨询。也叫集体咨询、小组咨询。是于团体情况中，进行相应的心理咨询。樊富珉认为"团体咨询是在团体情境下提供心理帮助与指导的一种

---

[1] 参见张小乔主编：《心理咨询治疗与测验》，中国人民大学出版社1993年版，第1页。

咨询形式。"〔1〕贫困大学生有很多共同的地方,那么,团体咨询便能很好地利用这一点,让他们对于某个话题进行共同的讨论,并让他们在讨论中得到更多的帮助、启发,这在一定程度上也有利于集思广益,营造良好的气氛,进而更好地解决心理问题。同时,作为一种社交活动,团体咨询也有其优势,有利于大家相互间的沟通和学习,在共同的交流沟通之下,能解决一些人的社交障碍。而且,在此种对象和场合都特定的情况之下,他们内心也更加放松,沟通也更加地快速有效,但是也有其缺陷,那便是对于较难解决的一些心理方面的问题,解决力度不够大。

个体咨询和团体咨询要帮助贫困大学生解决或缓解现有的心理压力或心理问题,同时,还需引导他们树立起健康的三观。经济贫困给他们带来多方面的压力,随之而来的一系列的生活体验,更是让他们较难形成对物质的正确理解,他们往往也将物质看得太重,甚至用金钱衡量很多东西。只有坚定正确的理想信念,才能形成对贫穷和金钱的正确认知,进而减少相应的烦恼,变得更加豁达,并经受住人生的各种挫折。

个体咨询和团体咨询还需注意一点,那便是给学生更多一些的关心,鼓励他们参与各种各样的文体娱乐活动。对于很多贫困大学生而言,他们中也有学习态度很好但成绩不好的。这样便容易使他们的心态变得更差。此时,合理的作息和学习,再加上各类活动的参与,往往能更好地调剂他们的学习和生活,使其焕发精神,提高效率,增添乐趣。张弛有度的学习,规律和谐的生活,将大大有利于他们的身心健康。

(四) 帮助贫困大学生脱离贫困状态

贫困大学生贫困地位的转化,需要社会各方面及贫困生本人的共同努力,协助他们摆脱更多的心理方面的压力,并将其予以解决,经济资助是前提和基础。

高校可以通过以下层次的做法,来帮助他们,助其顺利毕业。

1. "奖、贷、勤"。在奖学金上,扩大其覆盖面,可以设立针对贫困生的一些奖学金,并鼓励他们去努力获得;完善学生贷款方面的相关制度建设,提高贷款方面的数量,放宽贷款的限制,完善借贷、还贷的相关法律法规。这是第一层次,有利于贫困生处境方面的改变,也有利于他们的成长。事实

---

〔1〕 樊富珉编著:《团体咨询的理论与实践》,清华大学出版社 1996 年版,第 2 页。

证明，这种方式能增强自信心。它取得的效果是双重的，既有物质的，也有精神的。

2. "补、减、免"。这种方式能在短时间内缓解生活方面的一些困难，但其他作用不大。这是第二层次。

3. "捐、帮"。动员好社会团体，实行"一帮一"捐款，以帮助到更多的贫困生，这是第三层次。必须注意，需采用合适方法，维护他们的自尊、隐私。同时，要防止他们产生心理依赖，故要加强培养他们的责任感。

1993 年以来，我国颁布了《国家教委、财政部关于对高等学校生活特别困难学生进行资助的通知》，要求要改革招生的制度，减免贫困学生学杂费，各大高校纷纷探讨相关的资助体系。

近年来各地政府陆续出台政策，设立款项，加大资助高校贫困生力度。

1988 年新疆维吾尔自治区财政拨款 1000 万元设立高校助学金专项资金，重点用于农业、师范院校及其他院校学生的生活费补助，16 年来共拨经费 1.6 亿元。1995 年起自治区财政每年拨款 1500 万元设立高校特困生补助专项资金，用于高校特困学生的伙食费补助。2004 年新学年开学，自治区已安排特困生助学金专项 2500 万元，资助贫困生 25 000 人。[1]

（五）开发贫困学生心理潜能，促其保持积极心态

心理潜能是人在心理方面潜在的水平，包含以下方面：一是物质，即大脑及其遗传功能；二是精神，即有接受社会化教育的需求。人的大脑，其开发、利用率不高，人类面临着复杂的社会环境，所以，心理潜能方面，其开发空间相对还很大，领域也广阔。人类有着很强的开发潜能，人们在日常生活中挖掘自身心理方面的潜能，成为一个具有真实力量，以及能够自我实现的人。可见，心理方面的潜能开发，对人们的生存、发展均很重要。

就贫困生而言，满足心理潜能所需要的两个条件，一是大脑发育、智力水平出众，二是进取心强，这些都奠定了很好的基础，有助于心理潜能的开发。

贫困生的心理素质，离不开其综合素质水平和心理素质的提高，和人的综合素质修养是紧密相连的。综合素质，包括心理素质、人文素质、业务素质，等等，而且每个方面，其内容和相关的要求很丰富。素质本身就是一个综合性的概念，素质修养亦是，若孤立地进行，可能会事与愿违。所以，对

---

〔1〕　参见 https://news.sina.com.cn/0/2004-09-18/164937053045.shtml.

贫困生心理潜能的开发，不能去进行某一个方面的单独开发，而要综合地开发，即进行全方位的开发，提高综合素养。

积极心态蕴含着强大的力量，有利于排解心中的诸多不悦和不良情绪，时刻怀着积极的心态，有利于心理正能量的储备，使自己能在复杂的现实生活中，一直立于不败之境。作为贫困学生，他们所承担的压力很多，由此需以更为乐观的心去应对。

（六）建立贫困大学生追踪调查的心理档案

心理素质的培养和心理障碍的疏通，这些都不是一时见效的。建立贫困生的心理档案，对贫困学生追踪调查，从整体和个体上，去把握好学生的身体及心理方面的基本情况，有利于高校心理健康教育工作者针对性、有计划地开展工作。

入学普查，建立贫困生心理档案，关注贫困生的心理情况。在高校学生入学档案管理中，对学生的心理档案的建立往往不够重视。因此，对于新生，很有必要对他们进行心理方面的相关普查，并建立档案。心理普查的结果，通过相关合适的途径能够反映一定的问题。

定期检测，更新有关资料。在贫困生和非贫困生心理档案建立后，不能束之高阁，而要经常地去进行定期的相关检测，了解学生们在心理方面的一系列之变化，掌握好新情况和相关的新动态，做好相关资料的更新工作。

追踪调查，完善贫困生心理档案。追踪调查的目的是更好地做好贫困学生的心理健康教育工作，因材施教，做好个体心理咨询，帮助更多的贫困学生解决好他们的心理问题。建立贫困生的相关动态档案，以跟踪他们的心理变化。动态档案是一大重要资料，能为高校思想政治教育工作的开展提供参考，高校对此需予以重视。在追踪贫困大学生心理动态的过程中，需注意相关档案的科学性与连续性，这也有助于相关后续工作的高效开展。当然，若遇到突发事件，还应采取相关的应急措施，采取更具针对性的措施进行贫困大学生的心理辅导，并将其心理问题进行合理的分类归档。

在入学普查和定期检测过程中，对于贫困大学生较为普遍的问题，则可以采取团体心理咨询的方式，或者举办一些相关的讲座教育；对于少数心理问题较为突出的贫困大学生，鼓励其去个体咨询，以及多进行自我教育；发现有心理障碍与心理疾病的学生，则要鼓励其多去咨询专家，采取有效的针对性治疗。在心理咨询时，做好记录，关注其后续更多的进展。有些需要家长配合的，需要药物治疗的，也要及时跟进。对于需要进行定期咨询的对象，就主动邀请，如有违约的，需及时地上门进行积极了解，以防情况变差。追踪调查过程中，要边调查边总结，这样才能得到逐步提高。同时，要立足实际，完善心理档案。

具体地讲，建立贫困生的心理档案，其作用有：让学生充分地了解和认识自我，尤其是心理方面的历程，有利于他们对自我形成正确的认知；有助于教师更快地准确找到学生的心理问题，让心理健康教育的相关工作变得更加有的放矢；为心理教育研究提供大量的数据材料，有助于研究不断地深入进行；为用人单位提供必要的心理依据，有助于知人善用、用人之长。

二、对贫困大学生的心理危机干预

心理危机是指个体由于遇到重大而无法克服的心理冲突或外部刺激引起的一种内部心理状态或生理反应。心理危机包括：个体或整体面临的损失、危机、不幸、羞辱、不可控性、日常生活的崩溃、不确定性和隐性的沟通。[1]心理危机常会给人带来一系列不良反应，形成一定的征兆。生理上的反应包括：易疲劳、腰酸背痛、头昏头晕、食欲不振、常做噩梦等；心理上的反应包括：情绪不稳、对外界事物漠不关心、自我否定、内感不安、悲愤沮丧、幻想逃避等。从现实中看，心理危机常常给人带来灾难性后果。

大学生因为处在青少年期向成人初期转化的重要阶段，开始面临自我确认、独立生活、人际关系、恋爱、就业等问题，是心理危机的高发人群，而贫困生因为其心理状态的特殊性和现实表现，对其心理危机的干预更受人关注。

心理干预是在心理学理论指导下，对个体或群体的心理健康问题和行为施加策略性影响，使之发生指向预期目标的变化。所谓策略性影响，是指这种影响与那些自发的、随意的影响不同，而是有着明确的目的指向性（解决心理健康问题和行为），遵循一定的理论原则，采用一定的科学方法和技术的有计划、有步骤的行为系列。[2]

---

〔1〕 黄建榕、陈建新："论我国大学生的心理危机及其干预系统的建构"，载《华南理工大学学报（社会科学版）》2004 年第 5 期。

〔2〕 安少华："试论转型时期大学生的心理危机及其对策"，载《中国高教研究》2004 年第 5 期。

（一）引导和帮助贫困大学生学会处理冲突进行自我心理调节

1. 不同时期存在不同的心理冲突

贫困大学生因为经济贫困始终存在着来自经济方面的压力，另外，在不同的时期也存在着不同的心理冲突和心理问题。一年级时，因为刚进校，对大学既充满憧憬，又具有依赖性和盲目性，较容易产生适应性和交往方面的心理问题；二、三年级时，由于学习压力的增加和同学关系的加深，则容易产生学习、情感和人际关系的心理问题；在四年级时，因为快毕业，容易在择业和是否进一步深造方面产生心理冲突和心理问题。作为贫困生来讲，其中一些的心理冲突和心理问题是和经济困难交织在一起的，较为复杂，所以贫困大学生自己学会处理心理冲突，掌握心理调节方法，是贫困大学生应对心理危机较为必要的有效途径。

2. 自我心理调节的内容和作用

贫困大学生的自我调节，包括调整认知结构，完善自我意识，学会情绪调节，锻炼意志品质，提高适应能力，塑造健康人格等方面。

第一，正确认识自己，悦纳自我，培养正确的困难观。通过对现实、地区背景的理论分析，对自己进行更为深入的相关剖析，并多进行反思，正视差距，既看到自身好的一面，也正确地看待不足，不妄自菲薄，肯定自我，养成自信乐观的积极态度。与此同时，正确看待贫困：贫困是短时间的，也是能够得到改善的，其形成也有特定的历史因素；一时的贫困不完全意味着不好，因为生活最能磨炼人的意志力；国家和社会，以及学校与他人，他们对贫困生所提供的一系列帮助，皆出于善意，但不是无限的，所以关键还是得靠自身，努力将贫困转变为人生的重要动力。贫困大学生在对待自我上，不应太过追求完美而苛责自己，应多看到自身的优点，客观地看待自身的不足，坦然面对现实，进而逐步地把现实中诸多压力转化为前进的动力。在自身目标和理想的确立上，则应进行自我的正确定位，脚踏实地，不好高骛远。在积极悦纳自我的过程中，也要注意自身情绪的合理调控，定期宣泄自身的不良情绪，当自身较难应对时，则可通过多种渠道进行解决，如可通过日记、向他人倾诉、咨询老师，等等，以缓解自身的压力，保持自身的身心健康。

第二，参加社会实践，锻炼自我，促进全面发展。社会实践的目的，就是使当代大学生主动地按照社会的现实和发展趋向，逐步调整自己的思想、能力、行为等，自觉顺应社会的相关需求，提升自我心理素质。贫困生需立足于自身专业，借助各种各样的社会活动和社团活动不断地去磨炼自己，将所学心理知识灵活地应用于实践，实现全面发展。通过社会实践，贫困大学生不仅能在实践中开阔自己的视野，还能锻炼自身的人际交往能力，在实践中不断地实现自身更好的发展。对处于大学时期的贫困大学生，他们也正缺乏相应的社会实践，参与社会实践，有助于提高他们的学习能力，提高他们在实践中运用理论的能力。

第三，自我心理调节常用方法有：宣泄、迁移、激励。当人的心理发生急剧冲突时，为了避免对人的精神伤害，尽量保持乐观向上的心境，贫困大学生应当有意识地掌握一些常用的自我心理调节的方法。

宣泄。宣泄是通过特有方式，将积聚在心中的痛苦、忧愁、郁闷等不良情绪发泄出来的一种心理调节方式。它的目的在于通过倾诉或体力的消耗等方式，来缓解心理压力。具体的操作方法是说出来、写出来、哭出来。当贫困生对生活环境感到极端厌倦、压抑时，应适当地发泄一下内心的积郁，使不愉快的情绪彻底宣泄。

迁移。当自己的愿望没有达到，处于一种非常不满的心理状态时，通过另一种活动转移自己的注意力，使其对前一种事物的强烈情感有所淡化，这就是迁移。当贫困生因为某一件事情没有成功而在深深自责或严重不满时，不能深陷其中而不能自拔，应主动从事另一种活动，转移自己的注意力，淡化自己恶劣的心理。

激励。激励法是通过一些富于挑战性的刺激性的言语，激发起自尊心和自信心，增强克服困难的信心和勇气，把自己从不健康的心理状态中拔出来。当一个人被消沉、失望、自暴自弃等不良心理笼罩时，不妨对自己说："你难道就这样没出息了吗？""一点小事情也会把你击倒吗？"然后再作出积极的回答。

当然，需要注意的是自我心理调节方法基本上都是用于人的心理处于非常状态时，若之后还有余留问题，便要作进一步的咨询。

（二）建立和完善贫困大学生危机干预体系

建立和完善贫困学生心理危机干预体系，是引导和帮助贫困学生正确认识心理危机、理性处理心理危机、适时把握转机、获得良好发展的重要措施。心理危机干预体系应该具有预防心理危机和处理心理危机的功能，同时使之成为一个从预防到治疗、从教育手段到医学手段、从对个体预防到对周围人群的预防，综合教育、心理、医学、社会工作多层力量的完整体系。

1. 预防心理危机

致力于从根本上防止贫困学生心理危机的形成和爆发，是一种超前的管理。通过建立大学生心理危机预警系统，做好大学生心理危机的早期预测，防患于未然。

首先，确定预警对象和范围。在对新生的心理普查和建立心理档案的过程中，及早发现有心理危机倾向的学生和学生中存在的主要问题，初步确定预警对象和范围。

其次，在追踪调查进行心理咨询的过程中，关注预警对象的信息变化，通过多种形式对其进行及时的心理健康教育，防止贫困大学生的心理崩溃。

最后，结合危机评定的标准进行评定。情绪反应：当事人高度焦虑和紧张，且伴随恐惧、罪恶、羞愧等；认知方面：身心方面悲痛，导致记忆和知觉改变，难以区分事物的异同，作决定能力以及解决问题能力均受影响；行为改变：不能专心学习和工作，回避他人或以特殊方式使自己不孤单，破坏与社会的联系，可能发生对自己或周围的破坏性行为，行为和思维情感不一致，出现过去没有的非典型行为；躯体方面：失眠、头晕、食欲不佳等。

鉴于心理危机出现时当事人往往采取极端方式结束生命的现实，对遭受强烈心理冲突的贫困大学生的反常行为要予以高度关注：遭受致残、亲人亡故等重大变故时自罪自责；突然收拾东西，无缘无故向关系密切的人道谢、赠送礼物；曾有过自杀企图或亲人中曾有人自杀过；诉说关于准备自杀的实际想法；等等。

2. 处理心理危机

首先，要有专门的大学生心理危机干预专业机构，包括校领导和院、系领导；团委、学工处、学生会；保卫处、后勤处；校医院、心理咨询中心。

其次，遵循心理危机干预的系列原则：要求危机干预使当事人能及时有效地接受帮助；帮助当事人有所作为地对待危机事件并提供必要的信息；在干预过程中，必须避免怂恿当事人责备他人。

最后，掌握必需的干预策略：及时给予精神支持；必要的精神宣泄；给予希望和传递乐观精神；保持良好的兴趣和积极地参与；有选择地听取和反应；尊重和理解当事人的情感；劝告、直接提出建议。

3. 危机爆发后的危机处理

有两类人在心理危机爆发容易被忽视，但是又不能被忽视，因为他们仍然具有较高的自杀危险性。

第一类人是自杀未遂者及亲友。对于自杀未遂者，主要目的是防止其再次出现自杀危机。关键要依赖于相关的专业人员及其亲友、老师、同学，对其加强监护和积极关注，了解其自杀动机，并及时帮助其解决现实困难，尤其要注意对自杀未遂者表现出镇静、关爱和非歧视性态度；对于自杀未遂者的亲友，要引导他们定期接受心理咨询与指导，使其尽快恢复心理平静。

第二类人是自杀身亡者的亲友。主要是防止其产生模仿性的自杀行为，同时对其可能产生的心理创伤进行心理恢复。

（三）通过环境介入改善贫困大学生的心理支持网络

对贫困学生的心理支持，离不开社会、学校、家庭的共同努力，酿造一种人人关心心理素质、人人重视心理健康、人人和谐互助的环境。

1. 点面结合的校园心理教育氛围。高校要尽快将被动消极的、诊治式的、面向少数人的心理咨询和心理矫治转向主动积极的、塑造型的、面向全体学生的大学生心理健康教育，唤起师生对优化心理素质、提高心理健康水平的自觉要求。点与面的结合，既有利于"点"的问题的解决，又有利于"面"对"点"环境影响，达到点面的共同提高。营造良好的校园氛围，校园氛围具有影响和塑造人的功能，因此要更具针对性地为贫困大学生创造良好的校园氛围。注重校园精神文化建设，营造崇德尚学和勤俭节约的优良校风。引导广大学生树立正确的三观，以营造更加和谐美好的校园人文环境。同时，积极开展校园文化活动，为更多的贫困大学生提供一个表现自身才华和技能的舞台，以推动他们更好地发展。如可开展一些学术交流活动，鼓励贫困大学生积极地参与进来，让他们从中得到更多的熏陶，以实现更多的发展。

2. 密切深入的家庭联系。在学生的成长中，家庭成员有着重要的作用，在心理健康教育上，家长的认识水平在一定程度上对学生的心理影响深远持久，也影响着学校相关心理教育的有效进行。高校把心理健康教育触角伸到家庭，与其建立深入密切的联系，提升家长心理健康方面的意识，有助于心理健康教育工作突破校园界限。营造良好的家庭氛围，家庭氛围对贫困大学生的影响很大，充满温馨和关爱的和谐家庭氛围，能更好地推动贫困大学生的成长。一方面，家长应做好孩子的榜样，不断提升自我修养，科学地教育子女，不随意苛责打骂，遇事则多进行沟通交流，对于子女好的一面则给予肯定和鼓励，反之则给予纠正，以培养子女乐观自信的人生态度。另一方面，加强家长和学校的交流，要针对贫困大学生的特征，对他们以更具针对性的方式方法实施家庭教育，家庭只有在更加了解子女的基础上，才能更好地与之交流，才能更好地尊重子女，并对于子女困惑的地方予以及时的引导，及时有效地解决其心理问题。

3. 悬于一念之间的希望热线。有效的心理干预也必须依靠特定的社会机制，以提醒社会重视对危机的预防，并给正处于危机状态的人以及时的救助。设立希望热线，是对那些旁人毫无觉察而又处于心理危机时，尚有一丝留恋或"侥幸想法"的学生生命的拯救。拨通希望热线，可能得到意想不到的关怀与慰藉，甚至把一个人从死神手中拉回。

4. 心心相通的朋辈对话。如何建立一套公众易于接受和掌握的危机干预机制已迫在眉睫。随着电脑的利用和普及，用网络对话的方式，使有自杀念头的人既可以不暴露自己，又能充分敞开襟怀倾诉，手机短信和宽带视频也不失为一种好方法。同龄人之间总是容易沟通，让贫困大学生的同龄人，甚至是身边人，参与这种对话，效果也较为明显。贫困大学生更乐于朋辈之间的交流和沟通，朋辈交流具有很多益处，贫困大学生往往能更好地敞开自己的心扉，诉说自身的困惑和烦恼。借助现代快捷方便的网络和各种通讯方式，便能突破空间和时间的限制，随时随地进行沟通和交流，有助于贫困大学生和朋辈之间的更好交流。同时，可以充分发挥朋辈对贫困大学生的心理辅导作用，来自朋辈的心理辅导有助于解决一些日常的心理问题，和专业心理辅导相比，其具有自发性、友谊性、义务性、简便有效性、亲情性，往往能产生出乎意料的效果。

5. 各方资源的优化与整合。解决贫困大学生的心理危机问题，不是任何一方都可以单独胜任，应该动员学校、亲属、朋友等各类的社会资源，进行心理方面的相关支持，使其产生对家庭和学校，以及亲友的留恋，增强生存的信念。在高校内部，任课教师、辅导员、心理咨询人员等，也要加强配合，贫困生因为所处区域落后，经济困难，在英语、计算机等课程上成绩较差，任课教师要对其进行辅导，增强其自信；班主任、辅导员帮助贫困生建立和谐的人际关系，给予贫困学生更多的人文关怀，等等。

（四）针对贫困大学生特点有效应用危机干预的各种方法

危机干预方法很多，常用的方法有：平衡方法、认知方法和社会转变方法。

平衡方法。平衡方法认为，大学群体生活中，事实上存在一些令人心理不平衡的事情。在这种情况下，原有的应付机制和解决问题的方法不能满足他们的需要。平衡方法是针对贫困大学生心理和情绪不平衡而提出的。平衡方法的目的在于帮助学生顺利过渡到新的平衡状态。

认知方法。心理有问题的贫困大学生，在思维的方式和着眼点上进入了一个误区，以自己的短浅目光和狭隘胸怀分析事物，看到的并不是事件本身和事件境遇有关的事实。认知方法解决该问题的基本途径是，通过改变思维方法，使其认识到认知中的非理性和自我否定部分；通过获得理性和强化思维中的理性和自我肯定部分，摆脱错误认知对自己的控制。

社会转变方法。该方法认为，心理状况是特定的社会环境中学习的产物。人在不断地变化，他们所在的社会环境和社会影响也在变化，危机的产生与个体心理状况，以及对社会环境的适应有关。人如何正确认识和适应环境，即人的社会适应性问题。干预的目的在于解决求助者的合作与分析所面临的困难，帮助他们改变原有的观念，建立新的认知，用新的观念方法，去认识社会，了解并适应社会。

贫困大学生是我国高校改革后出现的特殊群体。因为有着深刻的原因，其心理健康教育问题不能在短时期内解决，也不是社会某单位、某个人能够独立解决的，需要全社会长时间的共同努力。而且，在对贫困大学生进行心理健康教育的过程中，因为个体的条件不同，应采取不同的教育方法与途径。解决好贫困大学生的心理健康教育问题，有利于贫困大学生顺利完成学业，有利于人的全面发展，也有利于高校的改革与发展，同时也是我们党所倡导构建社会主义和谐社会的必然要求。

第 五 章

大学生学术诚信教育

学术诚信是诚信品德系统的主要组成部分，是大学生开展各项学术研究活动的基本准则。大学生学术诚信缺失，不仅不利于自身的发展，也不利于高校教育教学的开展和良好风气的形成，甚至会贻害中国学术的长远发展，影响国家的可持续发展，因此加强大学生学术诚信教育意义重大。

第一节　大学生学术诚信教育的含义和价值

一、学术诚信和学术诚信教育

（一）学术诚信

美国学术诚信研究中心对于"学术诚信"的解释是：学术诚信指的是即使在逆境中也须对五种根本价值观作出的一种承诺，即：诚实、信任、公平、尊敬与责任。[1]根据前人的研究理解，对大学生诚信理解是指在课堂学习和学术科研的过程中，不应该存在对待学业和科研态度的不严谨、有抄袭他人成果、未注释说明引用将他人的学术成果改写后公开发出或者抢夺他人学术成果的行为。在大学生当中较为常见的学术不诚信行为主要表现为考试作弊，小到期末课程考试，部分同学根本没有复习，考前准备好"小抄"。大到一些大学生制作假的身份证明，找人代替考试，而且一旦作弊未遂被抓也不会感到愧疚、觉得可耻，反而认为作弊者手段不够高超，技术不行。作业抄袭、考试作弊和论文剽窃，以上这些行为属于缺乏学术诚信的表现。大学生应该以诚信和踏实态度对待知识，实事求是学习做科研。从两点解释：一是对待

---

〔1〕　田德新："美国高校的学术自由与学术诚信"，载《外语教学》2003 年第 4 期。

知识要一丝不苟，以科学严谨的态度提升学习和科研能力，勤劳诚恳地做学问，不可弄虚作假；二是对待别人的研究成果是要以严谨的精神和求真务实的态度对待，尊重他人劳动成果，实事求是的发表论文。

（二）学术诚信教育

学者们对学术诚信教育有着各种各样的理解。有学者认为，学术诚信教育就是指对大学生进行学术、学科、科研等方面进行诚信的教育，用社会的力量对受教育者施加一定的影响，让其有一定的学术原则和规范并转化为个人思想准则和指导，从而形成社会的优良道德风气。也有学者认为：学术诚信教育就是建立自律意识的过程，是把学术活动中的诚信规章制度转化成受教育者的自觉行为的过程。我们认为，学术诚信教育是指教育者按照社会道德规范、学风建设和人才培养要求，有组织、有计划地培养学术诚信道德标准、严谨的科研精神和创新精神的教育过程，也可以理解为用道德规范学生诚信，使受教育者在学术活动中，形成自我诚信认知、诚信实践、诚信监督和诚信情感的思想品德教育过程。

二、大学生学术诚信教育的价值意蕴

（一）对大学生进行学术诚信教育的必要性

学术诚信教育是传承中国文化必行之路，是大学生离开校园步入社会的合格证，是现阶段我国大学教育最重要内容之一。大学要发挥好育人的功能，就要对学生们进行学术诚信教育，使大学生的诚信水平得到提升、自我价值也得到体现。

1. 学术诚信教育是大学教育重要内容

对大学生德、智、体、美、劳全面发展教育，是大学培养人才的宗旨。树立诚信意识，锻炼大学生养成诚信的习惯，成为大学校园高等教育的主题。国家需要发展，就需要人才，就需要大学输送各类人才到社会上的各个岗位上。符合各个岗位的要求，首先应具备优秀诚信道德的品质，其次大学生人才需要符合各个岗位的发展需求。必须使大学生养成诚实守信的好品质。大学生拥有了诚实守信的优良品质，成为社会道德新源泉，毕业后进入社会才能为社会奉献出一份力量，才能很好地胜任工作。大学的校园是大学生学习专业知识、成长成才、学会做人的地方，是德、智、体、美、劳全面发展的舞台，每一方面的教育都是不可缺少的。而大学学术诚信教育同样是大学校园教育的重要内容。现在的社会快速发展，生活节奏也一直在加快，年轻人的心理越来浮躁，越来越多的人有了急功近利的想法，加上法律监督和管理不够健全，对诚信的品质也是慢慢地淡忘了。尽管如此，对大学生的诚信教育也不能淡化，大学的教育更应该加强诚信教育和学术诚信教育建设，深化大学生的诚信意识，为社会输送全面的人才。

2. 大学生诚信教育是社会诚信的基石

为人的基本道德准则就是诚信为主，也是做人的最低道德品质。在与人交往的时候做到诚实守信为最基本的品质，再提升道德修养，诚实做人，实事求是，言行一致，不弄虚作假，就可以提高思想道德水平、科学文化素质、学术道德素质。想要市场经济发展，诚信必须作为必然要求，在市场经济发展条件下，要做到公平、公正、公开才能使市场经济稳定发展。如果没有做到公平、公正、公开这三点，市场将会陷入混乱不堪，停滞不前，得不到发展。大学生想要在社会主义经济市场的舞台上一展才华、表露锋芒，就必须做到诚实守信。那些不守诚信的人可能在短时间内获得巨大利益和财富。但是他们不能长久的立足在社会上，因为他们不守诚信，自然而然没人相信他们，与他们合作。如果想长久的发展下去，必须做到诚实守信、童叟无欺。当大学生走出校园进入社会时，诚信作为大学生进入社会的通行证，如果没有得到这张通行证，就会在社会上各个岗位处处碰壁，不能长久立足于社会，甚至会被社会淘汰。由此可见诚信品德的必要性，诚信是做人的根本，是工作、事业发展的垫脚石。

3. 大学生诚信教育是传承中华传统文化的需要

诚信是中华民族重要的传统道德文化思想，也是我国传统道德文化最重要的品质之一。大学生既是社会发展主力军，又是继承中华民族传统道德文化的主体，所以要加强大学生学术诚信道德教育，主张实事求是，加强学术规范，树立诚信意识和严谨的科研意识，坚持诚实守信自始至终。大学生作为中华传统文化的继承者，大学生讲道德、讲诚信、讲学术诚信也是弘扬和宣传中华道德文化的方式之一。自古以来，诚信一直是中华民族的优良传统。为了发扬光大中华文化，必须要将诚信这一优良品质弘扬。

（二）学术诚信教育对大学生的作用

1. 有利于提高大学生个人品德修养

现阶段大学对大学生德育的教育内容相对来说较为丰富，主要把重点放在思想教育上，而在诚信教育方面相对较少，学术诚信方面更是贫乏。大学作为科研和研究的主阵地，同其他层次的不同学校相比，最大不同就是在学术性上，大学生作为学术研究的主力军，更应学习和意识到遵守学术诚信的必要性。大学生应该将实事求是地做学问、做科研，承担学术诚信的责任，作为学会做人、提高个人品德修养的重要任务之一。所以大学应该承担起这个重任，加强学生德育教育中的学术诚信教育内容，完善学术诚信环境，使其变得更融洽。犹如美国大学教育中，高等教育的一项基本目标就是培养学生用客观理性的方法和途径评价他人的观点，从而成为自己独特思想和观念[1]。

通过诚信教育，大学生自身诚信得到了提高，自然也可以对严谨的学术做到诚信。不自欺欺人，做到严谨的态度，做到信守承诺、言行相符，严格遵守学术规范。作为学术主阵地的大学，作为学术研究的主力军会影响到整个学术界，自然而然使整个学术界的学术诚信优良氛围变得更加浓厚。

2. 有利于加强高校学风建设

良好的学风有利于改善大学生学术诚信的现状，也是保证教育质量的重要条件。加强高校学风建设，对于高校长久发展起到了重大作用。当前我国高校在学风建设出现了严重的学术不诚信和学术腐败问题。学术不诚信的问题必将会严重地阻碍高校学术研究的发展，并且对大学生良性教育发展产生影响，阻碍了大学生健康发展和成才。如果不加强规范，定会对学术界产生负面影响，使前辈们诚信的学术研究遭受尊严侮辱和权益损害，由此可见大学生诚信教育对学风建设的重要性。因此，必须加强对大学的学风建设，加强对大学生的学术诚信教育，把学生学术态度、学术行为提升到道德建设层面，有利于规范学生学术态度，在大学营造一个纯净的学术气氛和环境。

3. 有利于学术诚信建设

世界上产生了很多优秀的科学家、学者，如爱因斯坦、爱迪生、牛顿、达尔文、孟德尔、弗兰克林、门捷列夫、法拉第、伽利略、安培、赫兹、普朗克、伦琴、居里夫妇、霍金、冯布劳恩、奥本海默、巴浦洛夫、诺贝尔等，他们为世界做出了巨大的贡献。

优秀科学家和学者的产生，固然受诸多因素的影响，但学术诚信建设确

---

[1] Ronald B. Standler, "Plagiarism in colleges in USA", in http://www.rbs.com/plag.pdf. 89.

是其中的主要方面。有的国家在诚信教育方面做了大量的工作，值得参考和借鉴。美国把独立思考视为最高价值学术科研研究，使"原创性"作为科学研究的基础，视学术诚信作为大学学术生命的地基，《美国新闻与世界报道》历年的全美大学排名榜，将"学术声望"作为第一指标，权重一直为25%〔1〕；以往，美国大学招收 MBA 硕士生的主要指标是考试成绩、工作经验等，但是现在，诚实正直也被列入考核范围〔2〕。美国高校在学术诚信方面极其重视，打造教育目标和理念，规范教育内容，创新教育途径，改革教育方法，营造优良的学术教育氛围，收获了优异教育效能，创造了许多世界级名牌大学，培养了众多科研创新型人才。

只有做好学术诚信建设，才能取得像世界级名校那样的辉煌成绩。作为大学，对大学生进行学术诚信教育，最主要目标就是在实践训练和教育中，建立起大学生独立思考和自身创造思想的学术科研能力，提升学术规范能力，最终在自身的道德中形成诚信的学术研究和科研品德，对其以后的学术、科研创造产生了深深影响。

学术诚信教育需要得到广泛的宣传。教导学生通过参加各种各样的教育活动提升大学生对诚信教育内容的认识，做到能够准确地判断学术不诚信的行为有哪些。同时，增加对学术规范和科研规范的日常训练。在科学的管理机制下，应对大学生的性格特征和德育能力发展阶段进行学术的规范加强，锻炼坚强意志力，保持良好的学术和科学研究习惯，培养自身的学术诚信品德。

第二节 大学生学术诚信教育的现状

一、大学生学术诚信现状

为了能更好地了解当代大学生学术诚信的状况，笔者选取了国内几所高校有关大学生学术诚信的调研结果进行讨论分析。

---

〔1〕 驻纽约总领事馆教育组："美国高校的学术自由与学术诚信"，载《中国高等教育》2003 年第 18 期。

〔2〕 刘召、羊许益："美国高校学术诚信教育的主要途径及其启示"，载《淮南师范学院学报》2007 年第 3 期。

　　首先，以西南大学刘倍蕾的调查为例，该问卷调查分为本科生组和研究生组，调查对象为西南大学、重庆大学、重庆师范大学、河南工业大学四所高校的全日制学生（550份调查问卷，本科生300份，研究生250份，有效试卷515份），调查内容主要为大学生学术诚信的基本情况、大学生对学术诚信缺失的态度和基本判断。调查发现，在考试诚信方面，有61%的本科生承认自己在考试期间有过作弊行为，其中经常作弊的占21.9%，偶尔作弊的占39.1%。在本科生论文写作诚信方面，9.5%的学生回答"为了应付作业，经常整篇抄袭"，21.2%的学生回答"如果实在写不出来，会抄袭一篇凑数"，58.4%的学生回答"会在论文中抄袭一些，但绝不整篇抄袭"。在学位论文写作诚信的调查中，58.1%的学生承认存在抄袭行为。其中，在针对"研究生对实验（调查）研究中的数据修改情况的认识"调查中，38.6%的人认为研究生在实验（调查）研究中存在伪造或修改数据的现象。在针对"在学术论文写作中，你是否有引用他人作品中的资料（包括句子、段落、图表、数据，等等），而有意没有注明来源的经历"的调查显示，48.5%的人表示有过该经历。针对"就你所知，研究生在学术论文的写作中是否存在杜撰参考文献的现象"的调查显示，3.3%认为存在，且比较严重；42.7%认为存在，但属于个别现象；20.8%表示不确定。在成果发表诚信方面，作者从对"相互挂名是一种互助行为"的看法、对一稿多投行为普遍程度的认识等方面进行了调查，调查结果显示30.3%的人赞同"相互挂名是一种互助行为"，54%的人认为研究生在发表文章的过程中，一稿多投的现象是普遍或者较普遍的。[1]

　　其次，以2018年沈阳师范大学郭海娜的调查为例，该调查的对象为沈阳师范大学本科生（300份调查问卷，回收290份，有效试卷276份），调查内容从学习、考试、学术三个方面进行设计考察大学生学术诚信现状。学习诚信方面，调查统计发现学习诚信的有54人，占比19.5%；学习有过不诚信经历的有222人，占比80.5%。考试诚信方面，调查统计发现考试诚信的有34人，占比12.3%；考试有过不诚信经历的有242人，占比87.7%。学术诚信方面，调查统计发现能够做到诚信的有129人，占比46.7%；有过不诚信的有147人，占比53.2%。由上述调查结果可见，在学习、考试、学术三个方

---

　　〔1〕　参见刘培蕾："大学生学术诚信缺失的原因及其教育对策研究"，西南大学2007年硕士学位论文。

面，相当数量的大学生都存在学术/学业不诚信行为。[1]

最后，以兰州大学尚胜的调查为例，该调查的对象为兰州大学的学生，调查结果显示，65.9%的学生认为大学生存在学术造假问题。在学术论文写作中，5.6%的学生回答整篇论文自己写，49%的学生回答会大量引用摘抄资料中的语段，33.7%的学生回答是拼凑现有论文的，还有少部分同学选择找人代写。[2]

另外，以2009年石河子大学刘强的调查为例，该调查的对象为石河子大学本科生（1000份问卷，回收906份，有效试卷870份），调查内容包括大学生的学生诚信认知、学术诚信情感、学术诚信意志、学术诚信行为以及大学生学术诚信问题的原因和对策等。调查结果显示，关于大学生对学术诚信现状的认识，89.7%的大学生认为学校存在不同程度的学术失信现象；77.7%的大学生认为大学生存在考试作弊、作业抄袭行为；35.3%的大学生对学术失信行为持鄙视态度，46%的大学生持理解同情的态度，羡慕者占5.1%，认为无所谓的占13.3%。在学术行为方面，15.5%的大学生可以做到"查阅资料由自己写"，52%的大学生能做到"大部分自己写，小部分摘抄"，27.5%的大学生"大段拼凑或修改他人文章"，另外有1.5%的大学生通过"网上购买或找人代写"的方式完成学术论文。在学术失信行为频度方面，调查显示7.7%的大学生经常有学术失信行为，44.8%的大学生偶尔一两次有学术失信行为。"对自我学术诚信的评价"调查结果显示，73.9%的大学生认为自己基本上能够做到学术诚信，9.9%的大学生认为自己基本上不能做到学术诚信。[3]

以浙江师范大学李华的调查为例，该调查的对象为浙江师范大学在校大学生（200份问卷，回收178份，有效试卷163份），调查内容包括大学生学术失信行为的现状分析和大学生学术不诚信的原因分析。调查结果显示，100%的学生认为把别人的研究成果直接拿来作为自己的研究成果是不诚信的行为，92%的学生认为借用网络资料不加注释地复制粘贴成一篇文章作为自

---

〔1〕 参见郭海娜："大学生学业诚信缺失问题的教育对策研究"，沈阳师范大学2018年硕士学位论文。

〔2〕 参见尚胜："新时期大学生诚信教育研究——以兰州大学为例"，兰州大学2010年硕士学位论文。

〔3〕 参见刘强："大学生学术失信及对策研究——以石河子大学为个案"，石河子大学2010年硕士学位论文。

己的研究成果属于学术不诚信，对于购买或直接从网上下载一篇文章和基于
从网上复制并未加注释的信息提交一份口头数据成果，各有75%的学生认为
是学术不诚信行为，67%的学生认为改变原著当中的词语并不加说明地使用
属于学术不诚信行为，67%的学生认为直接从源文档复制了信息，虽注明了
引用但没有加引号或者没有使用表示直接引用的符号也属于学术不诚信的行
为，58%的学生认为不加说明地引用别人的著作和思想属于学术不诚信行为，
50%的学生认为不加说明地改述别人的思想属于学术不诚信，25%的学生认为
使用网络媒体，包括图片、音乐、视频等属于学术不诚信，17%的学生认为
使用众所周知的常识信息属于学术不诚信行为。在抄袭、剽窃他人学术成果
方面，调查结果显示，大学生在论文写作过程中，只有48.8%的学生是查阅
资料后自己写的论文，8.2%的学生直接从网上下载资料拼凑而成一篇论文。
大学生对于学术不诚信问题的态度在一定程度上也反映出学术不诚信现象，
调查结果显示，23%的学生在抄袭、剽窃他人学术成果后内心坦然，44%的学
生内心矛盾纠结，19%的学生对待他人抄袭、剽窃论文的行为持赞成态度，
59%的学生虽然不赞成但认为可以理解。在篡改他人学术研究方面，调查结
果显示，43.2%的学生听说过其他同学有过篡改他人学术成果的行为。在伪
造或篡改数据方面，调查显示，在论文写作过程中，81%的学生存在伪造、
篡改数据的行为。在伪造注释和参考文献方面，调查结果，显示39%的学生
认为大学生普遍存在伪造注释、杜撰参考文献的行为。在未参加创作而在他
人学术成果上署名方面，调查结果显示，21.5%的学生有过论文搭便车的行
为，18%的学生有过让别人在自己的学术成果上署名的经历。在考试作弊方
面，调查结果显示，"接受过其他同学帮助"的占28%，"向已经考过类似试
卷的同学了解考题"的占36%，"看过其他同学试卷"的占27%，"使用手机
作弊"的占8%，"考试期间帮助过其他同学"的占58%。关于考生对作弊后
的态度调查显示，13%的学生内心是坦然的，36%的学生内心会矛盾纠结。[1]

　　综上所述，大学生学术诚信缺失现象普遍存在，主要表现在以下几个方面：

　　1. 抄袭、剽窃他人学术成果；

　　2. 篡改他人学术成果；

　　3. 一稿多投；

---

〔1〕　李华："大学生学术诚信问题研究"，浙江师范大学2015年硕士学位论文。

4. 伪造注释和参考文献；

5. 求助论文"枪手"；

6. 未参加创作而在他人学术成果上署名；

7. 考试作弊。

二、大学生学术诚信缺失的主要行为

（一）抄袭、剽窃他人学术成果

韦之在其《著作权法原理》中将"抄袭"定义为对他人研究成果不加任何修改或稍微修改的使用，将"剽窃"定义为窃取他人研究成果的精华部分、创新部分。我国著作权法将抄袭和剽窃并列规定为同一性质的侵权行为。[1] 大学生抄袭、剽窃他人学术成果主要体现在以下两个方面：一是平常结课论文的抄袭和模仿。目前，我国大学课程考核方式分为考查和考试两种方式，大多数大学老师将提交结课论文作为考查方式的最佳选择。虽然大部分老师会强调结课论文必须是原创，不能抄袭他人研究成果，但在当今信息发达的网络时代，许多大学生为了得到高分，会在网上下载相关的论文，有的会稍作修改后提交，有的会将几篇文章东拼西凑，有的甚至完全拿别人的文章换个题目充当自己的成果。二是毕业论文或毕业设计中的抄袭。大学生在校学习期间本应该潜心学习，但为了能在日益激烈的就业竞争中获胜或挣取生活费，部分学生选择在外兼职，在工作上花费大部分时间，对自己的学业不够上心。等到课程结束要提交结课作业或毕业论文或毕业设计的时候便临时抱佛脚，或直接在网上下载资源，或稍加修改变成自己的论文，或直接拿别人的研究成果当作自己的研究成果。

（二）篡改他人学术成果

在高校，踏实严谨的态度是取得优秀学术成果的基础，客观、准确的数据是科学研究的前提。为了得到真实有价值的数据，实验或调查是学术研究的必要环节。但实验数据的取得不是一蹴而就的，需要经过反复的试验和验证，这是一个复杂的过程，需要实验者投入大量的时间和精力。有些大学生急功近利，不愿花费时间和精力，或伪造数据、或篡改数据，将非真实的数据应用到自己的研究中去。此外，有些大学生随意篡改他人的学术成果当作

---

〔1〕 韦之：《著作权法原理》，北京大学出版社1998年版，第89~90页。

自己的成果，或更换他人学术成果名称、或更改已经发表的学术成果的部分内容再拿去发表等。这些学术不诚信行为不仅造成学术研究的重复、资源的浪费，还易造成学术的腐败。

（三）一稿多投

一稿多投是指同一作者将同一篇学术论文同时或几乎同时向两家或两家以上的刊物投稿的行为。[1] 在高校，大学生学习之余有更多的自由支配时间。为了丰富课外生活和提升自身科研能力，许多大学生会进行论文写作和发表。但为了能在综合素质测评和奖学金评定等方面崭露头角，有些大学生会将自己的结课论文或学术论文同时向多家用稿单位投稿，这极易造成一稿多发的结果，同时也将影响大学生自身及学校的声誉。一稿多投的学术不诚信行为一直为国际学术界所不齿。

（四）伪造注释和参考文献

注释和参考文献是指在论文撰写过程中引用的书籍、期刊等参考资料，清楚地注明论文所引用部分的出处和来龙去脉，体现了学术研究是在前人的研究基础上进行的继续研究。但在论文写作过程中，有些大学生认为文章的内容才是主体，注释和参考文献可以随意为之，为了方便，不愿花费更多的时间详细标注引文的注释和参考文献，存在随意编造的不诚信行为。这些行为在一定程度上反映出部分大学生对学术研究的不严谨和不负责任。

（五）求助论文"枪手"

大学校园本应是学术研究的净土。但在各种社会思想的影响下，有些大学生不把学习当成主业，"枪手"市场便应运而生。大学里的"枪手"是指替代他人考试或撰写论文或报告的人。这里讲的"枪手"主要是指论文写作"枪手"。尤其是在毕业季，论文写作"枪手"市场异常火热，某网站甚至出现代写论文上万元一篇，某些核心期刊甚至上十万元。虽然求助"枪手"存在很大的风险，但部分大学生却愿意铤而走险。有些学术水平较高的学生或教师为了谋求经济利益，不惜冒险充当"枪手"。这些学术不诚信行为反映出社会缺乏对高校学术诚信教育的监管。

（六）未参加创作而在他人学术成果上署名

众所周知，论文发表时作者署名的先后顺序代表不同作者对论文学术成

---

〔1〕　宋来臻："当代大学生学术诚信教育研究"，东北石油大学 2018 年硕士学位论文。

果的不同贡献程度。学术界对论文发表署名也有相应的要求，署名作者必须对论文有所贡献，同时对论文的内容也要承担相应的责任。然而，因目前我国职称评聘、职务晋升、评优评先等均或多或少与学术成果相挂钩，因此，论文发表时常常出现搭便车的现象。部分大学生在没有对论文做出任何贡献的情况下，因与作者关系密切等因素便可以轻松在别人的学术成果上挂名。这是一种不道德的行为，既违反了学术诚信的原则，也损害了其他人的利益。

（七）考试作弊

考试是一种对学生学习效果进行评价的方式，考试是检验的手段，而不是目的。因此，诚信考试是大学生学术诚信的重要体现。然而，近年来，尽管教育部对考试作弊等违纪行为出台了相关处理意见，但高校学生考试作弊的现象屡禁不止。另外，考试作弊也引发了其他不诚信的行为。例如：有些学生为了考试能及格或获得高分，与老师拉关系、套近乎等变相作弊的行为时有发生。

第三节　大学生学术诚信缺失原因分析

一、社会环境的不诚信行为对校园和大学生的恶性影响

造成大学生学术不诚信行为不是孤立的某一个原因，而是和深刻的社会背景以及文化背景有关，与一个人所处的生活环境息息相关，和其他犯罪的行为一样是违背社会规则的。社会互动发展、社会秩序的稳定以及社会文化的传承，都与社会的规范对社会人员的监督和管理有关。

人的生活是离不开社会的，社会环境一直影响着人的发展并起着一定作用。社会的环境有好有坏，好的环境会激励着我们朝着好的方向发展，坏的环境则会阻碍我们的发展。目前，我国经济体制已经转变为社会主义市场经济体制，但是在道德体制方面和诚信相对应的法律体制方面不健全、不完善，在学术和科研过程中仍存在急于求成，追逐个人利益，重视功利主义的现象，导致社会学术环境频频出现不诚信的学术行为。

近几年来的学术泡沫、文章剽窃、抄袭等现象时有发生，不仅践踏了学术这本应该干净的土地，也侵蚀了学术团队的肌肤。校园的大门是敞开的，社会与校园有着紧密的联系。学术界的学术不诚信行为严重地影响着大学生

的道德观，迷惑了大学生的行为认知和价值认知。

二、大学对大学生诚信教育意识偏弱

大学对大学生的诚信教育内容不切实际，缺乏实践性。在中国教育体制下，教学内容还是重视理论，只有空洞虚拟的理论不适合大学生这个年龄段的心理需求，也与大学生实际的日常生活没有联系。这些书中枯燥无聊的理论，只是讲述了中国传统诚信观念以及史学，很少有针对性的对于大学生现在的生活状况的事例，作为真正帮助大学生解决一些实际问题的教材，实用性较差。往往很多大学生过完自己的大学生活后感觉除了一张工工整整的成绩单，学到的有用的知识少之又少，甚至不清楚作为一名合格的公民拥有什么权利和义务。大学的诚信教育方法、途径单一。课堂内容缺乏多样化，单一的以讲授为主，纯灌输式的教育方法，不重视实践，没有趣味性，根本不能调动大学生的课堂学习的积极性，也不能使其自觉地遵守学习的规范，大学生对于知识的认知只停留在表面，大学生的自身情感和价值观念都没有得到提升，处在最低的水平线上。现阶段的多数大学生认为在生活中的诚信是可以与理论不相关的，自我对诚信意识的认知是认可的，但在实践中却不与诚信的认知相统一。教育评价方式不够科学，学校还是以应试教育为主，注重大学生分数，以分数为评判优良的标准，不具有科学性。理论常常提倡全面发展大学生教育，要做到大学生德智体美劳样样发展，但在实际教学中，只有对学习成绩有硬性的要求和制度，对学术诚信道德等方面并没有硬性的规定，没有做到制度化，自然就没有大学生重视。学校既然只是用分数来作为评价标准，大学生自然会以分数为主，认为学术诚信品质是不重要的，不会与大学生自身利益相关。这样的错误意识导致了大学生对诚信意识认知错误，在实践中犯下相应的错误。

三、教师没有树立学术诚信的榜样

有的学校对于大学生的学术诚信教育极不重视，将所有的重心放在了学生们的考试成绩上，分数成为学生们唯一的保护伞，教师作为教育者自然而然遵循学校的任务，导致教师也不重视诚信教育，教育者自身对诚信也不重视，树立诚信榜样意识比较薄弱。教师在平时的工作中也得过且过、不认真负责，甚至自己存在学术科研任务也会去抄袭、在校外开展其他业务等行为，大学生会学习教师的行为，教师们的一言一行都是学生们学习的榜样，潜移默化地影响了学生的学术诚信。学生们看到了老师学术不诚信的行为时，内心就会感到质疑，自己的诚信立场也开始动摇，不久就会学习老师学术失信的行为，就会在日常的学习生活中实践，如抄袭论文、考试舞弊等诚信缺失的行为。教师没有学术诚信榜样的意识，也会使教师的形象受到损害，影响大学生学术诚信观，诱发大学生作出学术不诚信的行为。身为教育者，一定要深知榜样意识的重要性，提升自身的道德修养，规范自身的学术诚信行为，给大学生做好榜样。

四、互联网的便利使得学术不诚信行为更加便捷

引用社会学中的关于犯罪行为的计算公式，犯罪行为的成本主要是由行为性成本、物质性成本、心理惩戒成本三方面原因构成。解释"行为性成本"的意义就是犯罪者在实行行为时所需要付出的代价。以抢劫行为为例，如果抢劫极为容易，则抢劫者行为的行为性成本就很低。在不用考虑物质性成本和心理惩戒成本的前提下，一般性成本越低，该类犯罪行为的发生率就越高。信息化时代的今天，社会科技不断发展，为人们提供了便捷又优质的服务，互联网的影响是无可置疑的，特别为青年群体查询问题、解决疑问、展开学术研究和科研提供了非常便捷的有利条件。互联网为学者们在做学术和科研时，方便地提供了数据搜寻和资料信息的途径，如中国知网、全文数据库、读秀数据库等多种"数字化图书馆"，开创了信息多元化的时代，为学术和科研工作输送了既丰富又便利的数据和信息，但也随之改变了大学生等青年群体的学习方式和诚信度。互联网给大学生提供了便利和知识，造成大学生的依赖性和懒惰性增强，慢慢导致大学生们难以做到独立思考，丧失了独自思考的能力。随之而来的就是学术诚信度下降，开始涌现出一些的学术不诚信的行为，开始抄袭网络的内容，剽窃他人的观点，这些行为的成本很低，增大了学术道德不诚信的行为，导致出现了一些学者"高科技工具已有为虎作伥之虞"的说法。暨南大学的一位传播学者认为"互联网提供的学术交流和传播平台，没有管理自由竞争，造成了论文、文章、作品随意抄袭、观点随意剽窃的现状"。

五、学校在学术诚信管理方面存在不足

大学是人才培养、传播知识和创新科技的军械库，也是社会文明的风向标和人类文明的标志，大学的学风注定成为未来社会的社风，学术不诚信的行为不仅会阻碍科研、教育事业的蓬勃健康发展，也会严重影响到正在校园里的大学生们，更严重的会危害民族的素质。因此倡导并形成艰苦奋斗、诚实守信、遵循学术道德的良好氛围，对于国家、高校、自身都有着重要意义。

现阶段，我国高校对大学生的德育内容主要集中于道德和思想教育，有关学术道德方面教育比较贫乏。大学生诚信意识淡薄，学业上作出失信行为，学校作为诚信教育的主体，有着不可推卸的责任。首先，诚信奖惩机制不健全。学校不具备清晰的奖励和惩罚的明细，缺乏一定可实际操作的诚信奖惩机制。这样大学生为了自己的利益，就可以无所顾忌地做出失信行为，导致学风和校风很差，直接影响到大学生的心理健康发展。其次，缺乏完善的监督机制。学校监督机制不健全，就得不到反馈的问题，不能够及时发现问题从而采取干预措施。除此之外，学校有时候为了减少麻烦，就采取不理睬的态度，这样就间接给大学生提供了做出失信行为的空间。一部分大学生的失信行为，学校未能及时采取一定的惩戒措施，对于在实践中一直践行诚信行为的学生来说，是一种不公平。

第一，学校的管理文化就存在着不诚信的行为问题。学校管理文化就是指在学校的领域内进行管理从而形成的一种特有品质的文化，总的来说，就是在学校悠久的历史发展过程中，学校通过把全体内部的成员组织在一起的办事方法、行为规范、价值标准和道德规范的总称。是一种可以加强学校内部人员的凝聚力、遵循内心和持久的体力，进而确保学校的行为能够合理化，加快学校的意识形态建设和发展。不容置疑，大学校园所有的环境都对大学生有着影响，也对所有师生的学术诚信氛围有影响。随着大学慢慢的发展，大学也慢慢走出了舒适区，会在世俗社会实践自己。大学有着对大学生培养的功能，为社会发展输送人才，具有促进社会科技发展和服务社会发展等功能。我国的经济已经转型，市场的大门是越来越大，利益的诱惑也是越来越多，大学也被卷入市场经济的浪潮，大学为了生存和发展以及与其他高校竞争。同样是在竞争的过程中，与很多的群体一样，目的都是为了追求利益，必然会面临一些对诚信的挑战。有的大学在各方面的工作上都存在着诚信缺

失行为，同样在学术科研教育等方面存在学术不诚信问题。

第二，教师作为教育者没有做好诚信榜样。有学者说过："教师，一边是一个学识渊博的人，另一边是崇尚诚实的人。"学者口中的诚实就是指教育者们的诚实品质。作为教育者自身的人格魅力是必备品质。俄罗斯有位教育家申思基曾讲过："教育者在教育中一切应以人格为基础，人格之间会互相影响，人格又可以形成人格。"所以在德育方面教育者自身应该拥有高尚而且独特的人格魅力，这样才能吸引学生、感染他们、做好示范、树立榜样，才能树立好榜样人格，学生才能养成诚信品格。总体来看教育者的整体道德修养还是挺高的，其中也不能排除在一些高校中少数教育者自身道德修养水平还是比较低的情况，还没有提升到一定的高度。例如一位大学教师的科研作品剽窃了他人的观点，那么他的学生很难树立起学术诚信的意识；再如在大学工作中，大学生竞争加入社团组织，如果有管理者幕后操控，怎么能让大学生相信公平、公正和诚信？作为教育者，日常生活中的一言一行对于积极活泼、有模仿能力的大学生都存在着重要的意义。在教育过程中，学生们受到教育者的品德影响非常重要，媒体宣传和网络的一些信息对于大学生的诚信意识树立有着不可想象的作用，现在是信息时代，某某知名大学教师作出学术不诚信的行为被公开报道，无疑会对大学生心理造成影响，对每一位大学生思想带来冲击。

第三，大学对大学生诚信评价的机制有着不足的地方。俗话说的好，无规矩不成方圆。有了制度才能形成秩序，这也是管理大学生最好的手段。学术诚信的实践具有善恶之分，一般可以通过学术诚信的道德行为作出善恶评价，同样可以调节社会的环境，使社会的关系变得更融洽，鼓励人们树立诚信的意识，并实践在下一次行动中，久而久之作为一种行事准则，从而慢慢地由"他律"转化我"自律"。大学生在大学生活中，最常见到的问题就是，做了不诚信行为的人没有受到应有的惩罚，无人管理。学术诚信的评判是单薄的，对于学术不诚信行为的人没有强硬的措施和制度，或者只有条条框框的制度，并没有认真地实施下去，这样就不会起到对正处于发展阶段的大学生控制和监督其不作出违背学术诚信的事情的作用。

第四节　加强大学生学术诚信教育

想要彻底改善现代大学生的学术诚信道德现状，必须培养优秀学术风气并净化社会和学校的环境、提升大学生自身诚信道德修养和法律意识修养、教师言传身教做到良好的学术诚信榜样、加强互联网的诚信教育，大力宣传大学生学术讲诚信，做文明大学生。本部分主要是从社会、学校、教师及学生自身四个层面给予对策分析，使各个层面的作用发挥极致，进而提升大学生学术诚信道德建设效果。

一、建立起优良的学术风气净化环境

优良的学术氛围是提升大学生学术诚信道德水平的必要条件，所以务必要改善和净化社会与学校的环境，让校园和社会的优良风气状态一直保持下去。例如在社会主义核心价值观的引领下，激励学生们树立一个正确的荣辱观和价值观。一个人的荣辱观就是一个人道德方向，在学习生活中明白自身行为是否符合自己的荣辱观，自身在参加学习、科研任务时可以拥有优秀的责任感和荣辱感，与他人配合完成任务，保证学术活动成功开展，也可以使自身在这次学术活动中得到锻炼，学习到知识。价值观也可称作价值理念，代表着一个人做什么事情时，都会分析做这件事的付出与收获是否达到基本一致，也可以指导大学生们对学术道德的认知情况，才能具有针对性地为大学生们制定出学术诚信道德教育的方案。

二、提升大学生自身修养

（一）树立良好的大学生学术诚信道德自觉思维

大学生的学术诚信没有做到位主要是因为学术规范没有做到位，大学生不能完全正确地理解学术规范，自然而然缺少了自觉性，控制不住自己的思维，开始做学术不诚信的行为。学术不诚信与学术引用有着本质的区别：学术引用是在介绍、评论、或者在文章中注释说明引用了他人已发表的观点、文章，并注明引用来源、出处、出版社等，在保护和防止侵犯他人著作权的情况下，合理合法地直接或间接使用。很多学术不诚信的行为就是开始于不规范的学术引用，大量的引用他人文章中的内容并加以改之，而没有做出正确的注释和说明，此行为就严重地侵犯了他人的著作权。想要完全根治这种学术不规范的问题，需要对大学生进行学术诚信教育，让他们建立起学术诚信的自觉思维，坚持学术诚信原则。

（二）注重大学生诚信的自我修养

大学生学术诚信需要他人的监督，即使有非常健全的制度和管理，也会有可乘之机，总是会使一些学术诚信缺失的人找到机会。马克思主义告诉我们外因是条件，内因才是基础。内因控制外因的实现效果。大学生诚信靠管理是外因，靠自身的修养才是内因。要彻底地解决大学生学术诚信的问题就要从内因下手。一位学者说过，大学生学术诚信缺失的原因可以归结到学术界的腐败问题。也就是说大学生自身的学术诚信较弱是学术诚信缺失的主要原因。因此，提升大学生自身修养显得极为重要，诚信是我们中华民族的传统美德，一直被流传下来，一直被倡导，学术诚信也是如此，不应该作为书本上的或者说嘴上随意谈谈的内容，大学生是祖国未来发展的接班人，学术诚信教育势在必行、刻不容缓。哲人西塞罗曾经说过："没有诚实哪来的尊严？"大学应该帮助大学生树立起学术诚信的意识，授课教师和辅导员也要加入进来，教育者和受教育者都要一起做到诚实，并将其落实到平时的生活中。实践检验真理，只有付诸实践才能使学术诚信缺失的行为慢慢减少。

（三）树立大学生努力学好的自立意识

由于现阶段大学不断地增加招生人数、改变办学理念，使教育质量受到一定的影响，大学生越加地重视实践，不重视理论，使理论基础越加的薄弱。由于社会的影响，大学生不崇尚"读万卷书，行万里路"的说法，只是讲究效益，不愿意再被称为"书呆子"，但是学术创新需要量的积累，如果想要在学术上得到提升，必须做到长期的阅读和学习。当代大学生应做到"书山有路勤为径，学海无涯苦作舟"。

理想是人生的路标，前进的动力。诚信是优良道德品质，大学生必须要强化自身的诚信道德及学术诚信道德，树立坚定的道德意念和崇高的道德理想。学术诚信理念是大学生自身从事学术探索和研究的价值理念，是从事学术研究坚定的信念和目标，也是个人在学术上设立的灯塔和标杆，大学生努力养成自立意识是优良学术诚信道德的基础。

（四）提升法律意识

知法、懂法、守法是对当代公民法律意识的基本要求，但是在现实生活中大学生的法律意识相对薄弱，造成了他们在不知法的情况下作出了学术不诚信的行为。《中华人民共和国著作权法实施条例》相关法律明确规定学术不诚信行为要受到法律的惩罚，国家及个人要依法追究法律责任。另一种情况就是大学生知法犯法，知道学术不诚信行为是不对的，仍然铤而走险地去抄袭论文、剽窃他人观点、弄虚作假等。作为社会中的一员，大学生也应该学习好法律相关内容，熟悉学术不诚信的行为，按照法律规章制度进行学术学习和创作。试想一个不能自立的学生，也没有学术目标、不积极投身于学术研究、视学术研究为枯燥乏味的大学生，如何能承担起维护学术诚信的责任，如何能自立、自觉地进行学术研究？

三、教师应成为学术诚信的榜样

人之初，性本善。一个人刚出生的时候是没有恶念的，这就是人的本性，可以这样理解，没有人刚出生时就是坏人。生活环境的影响使一些人没有得到应有的成长和发展，就会背道而驰走向恶的道路。所以对于大学生的学术诚信缺失的问题也可以作这样理解，人的本性是善良的，我们要对大学生进行各类的学术诚信教育，同样对老师也要求以身作则、树立榜样，同时做到监督和管理。

教育者教书育人要把诚信作为基础，时时刻刻强调诚信教育及学术诚信教育。加强教师的学术诚信榜样作用。教师是园丁，勤勤恳恳地栽培祖国的花朵，身为教育者应该以身作则，教师的言行举止时刻都在影响着学生。老师需要有良好的形象，作为学生会对教师有崇拜感，如果教师具有崇高的人格魅力和高尚的学术诚信道德，大学生在教师的影响下也会学到崇高的人格魅力和高尚的学术诚信道德。谢和平院士说："现阶段，高校教育质量特别是人才培养质量出现问题，核心不是简单地专业知识和技能的缺失，而是修养境界、个人诚信和社会责任感培养的滞后和不足。"[1]尤其是在大学生平时学习、考试、科研活动、论文写作、考证竞赛方面加强对大学生的学术诚信教育管理和监督。老师应该以身作则，树立好榜样意识。在教师的职称评选、评奖评优方面，学术诚信应作为重要的考虑方面。如有不诚信行为，应该执行一票否决权，教师在教育中应起到示范的作用。学校应该加大对学术不诚信、学术腐败的监督和管理，树立优良的诚信学术的学风，打造一批学术严谨、学术诚信、教学科研能力极强的教师队伍，可以重振大学生学术诚信氛围。

---

〔1〕 参见刘丽："大学生诚信存在的问题与对策"，载《教育探索》2014 年第 7 期。

　　大学生学术诚信行为出现问题，不仅学校要研究方法并采取处理措施，教师也需要进行思考和反思。大学生的作业抄袭、考试舞弊、论文弄虚作假等学术不诚信行为，与教师日常课堂教学质量有密切的关系。例如：课程期末考试，授课教师并没有在日常的上课过程中提及相关的学习内容，学生为了考试及格，即使不会作答，也会铤而走险地去抄袭，防止出现挂科、不能毕业的危险。学术诚信缺失的问题，尽管内因方面是大学生自身诚信修养薄弱，但外因的作用也是相当的重要。对于大学生，教师就是一个非常重要的外因，影响着大学生诚信观念的变化发展。教师应在课堂上坚持严谨的教学态度，有责任地讲授完课程内容，讲清楚每一个知识点，不给学生遗漏教学内容，在完成学校指定的教学计划和进度外，对大学生进行心理辅导，让学生有一个积极向上的心态，学生的学习兴趣也会增加，自信心提升，自然而然学生比较容易做到学术诚信。如果教师的教学态度不严谨，只是为了完成学校的教学任务和教学进度，就选择性地挑内容当作重点知识讲解，或者还有些教师的备课情况不够认真，上课知识点讲解比较简单，严重失职。教师应始终保持严谨的教学态度，在课堂认真对待教学内容，课后作业、考试的内容都与学习的课程内容相关。就会提升大学生的学习兴趣，大学生在考试时也不会承受着较大的心理压力，铤而走险地作出学术诚信缺失的行为。

　　教师要以身作则，保持诚信的学术态度，在日常生活中言传身教，为学生树立好诚信的榜样。在大学的校园里学生的学术诚信缺失，是因为有部分学生受周围的同学学术诚信缺失影响而随波逐流，有部分同学缺乏自主性，还不知道做出怎样的选择，往往就会选择快速有效的方法。杜绝大学生对学术诚信的疑惑，作出正确的行为，就是要靠榜样教育法。教师作为榜样，应通过自身树立优良的学术诚信意识对大学生进行正面的影响，并激励和引导大学生培养自我学习精神品质，树立正确的学术诚信意识。教师的职责具有多样性，教师面对的是一群具有思想、生命力旺盛的大学生，不是超市货架的物品，学生具有思想和自己独特的性格。因此，教师应以身作则，树立学术诚信模范榜样，起到示范作用和激励学生的作用，引导大学生树立正确的学术诚信观，增加学术诚信意识，培养学术诚信品质。大学生不仅看到了教师在课堂上提倡学术诚信的内容，日常生活中也秉承诚信的优良人格品质。学生以教师为日常生活中的榜样，培养诚信的品质。相反来说教师在课堂中提倡了学术诚信的品质，就不可以做出不诚信的行为，如果教师在课堂中依然不按照教学任务进行讲课，还是挑选重点来讲，欺上瞒下应对学校的检查和管理，甚至教师自己在学术上剽窃他人的观点，学生看到老师日常生活中的不诚信以及学术不诚信行为，会照猫画虎地模仿教师学术不诚信行为，并外化于实践，内化于意识，形成不良的做事准则。榜样教育法发挥好就会有很大的作用，好榜样可以帮助他人树立正确的学术诚信观，提升实践的发展速度。相反，坏榜样会影响大学生树立正确的学术诚信品质，阻碍学术的发展。教师作为教育者，是与大学生日常生活中紧密相关的群体之一，必须言传身教做好良好的学术诚信榜样，帮助大学生树立正确的学术诚信观。

四、加强大学生网络诚信教育

21 世纪是网络的世纪，从 1994 年我国接入互联网开始，许多大学建成了自己的校园网。二十几年来随着互联网的迅猛发展，特别是信息化校园的加快建设，对大学生来说，上网变得如同听广播、看电视一样方便。互联网不仅为大学生学习知识和获取信息提供了方便，而且也为他们呈现出了一个纷繁复杂的虚拟世界。如何建好、管好、用好网络，让网络资源成为优质的教育资源，让网络环境成为一片充满绿色和阳光的净土，让网络生存成为安详而诗意的生命旅程，这是摆在我们面前的重大时代课题。同时，网络也是一个大学生学术科研的新阵地。加强网络诚信教育，引导学生深刻认识网络的特点，正确使用和充分利用网络资源，严格遵守网络道德和法规，积极参与网站的建设、管理与维护，是每一位网络工作者的责任与义务。

网络诚信教育只有凭借严格诚信的自律意识，规范自身的上网行为，才能推动网络道德文明的进步。网络具有虚拟性、开放性、共享性、交互性、多媒体性多种特点，它使整个世界连在了一起，使得所有事物联系更加紧密。通过网络就可以不受时间和空间的限制，自由地遨游全球。网络的自由性特征，就必须要网络主体在互联网活动中有着坚固牢靠的诚信自律意识，学者们在网上树立牢固的学术诚信意识。互联网主要包括网民和网站两个方面，加强网络学术诚信意识教育，就是要加强网民和网站的学术诚信自律教育。网络主体的学术诚信自律意识是在互联网的活动中建立起来的，也只有在互联网活动中体现。互联网主体诚信自律意识的养成不是短时间就可以完成的事，意识的形成是一个需要长期教育并实践的过程。主要是教育网络学者在互联网学术方面，遵循诚实、守信的原则，既可以行使自己的权利和义务，也要尊重他人的权利和义务，信守承诺遵守相关的法律法规。

在日常生活中，诚信是做人的基本道德，也是社会发展进步的道德的支点；在网络学术界中，学术诚信是维持网络和谐共处的道德起点。大学生上网过程中学术诚信自律意识的养成，取决于其他学者对学术诚信观念的正确理解，这需要加强网络学术诚信建设，需要教育、宣传、普及网络诚信观念，使网民逐步认知、接受网络学术诚信自律意识，内化形成自觉行为。通过网络文化的诚信建设，大学生网民们树立学术诚信与自律意识，使网民在实际上网当中做到诚信，从而获得被尊重和自我实现的心理。在此当中，使网民在接受互联网学术诚信自律教育中，提高自身的理解力、反思能力、分辨能力，进而提高互联网的学术诚信道德水准。在这样的情况下，才可以使学者在网络大数据无人监管的情况下，严格要求自身用互联网学术诚信的道德准则、要求来规范自己的上网行为，进而使互联网社会稳定有序地发展。引导互联网网站经营者树立科学的学术诚信自律意识。互联网经营者是学术诚信建设的关键所在。应加强对互联网经营者的教育，并通过相关部门引导互联网经营者以及各类企业严格遵守学术诚信、公平公正的原则，务必把社会环境利益放在首位。互联网员工应严格遵守职业道德，树立学术诚信自律意识，遵守网络发展和监督的法律、法规和政策。网络经营者自身需要自觉履行互联网的自律义务，传播社会的主流思潮，不刊载、不运行不健康网站，不提供、不链接有违反学术诚信道德的内容，不剽窃、不抄袭和转载他人作品，互联网监管部门应加大监督管理力度，健全网络管理机制，阻止不法人员攻击计算机程序，制止违反学术诚信行为，推动互联网健康发展。互联网要树立学术诚信意识，打造优良的学术网络环境，这对于改善大学生学术诚信教育环境有着极大的作用。

国家要加大对互联网的监督和管理。不文明的互联网文化中蕴含着虚拟性，不利于大学生对学术诚信个体规范的认识，以至于缺乏学术诚信道德和社会责任感。科研人员应有吃苦耐劳、先苦后甜、勇于创新探索的精神。首先，国家在加强互联网的管理时应先要建立净化互联网环境有效机制，这需要相关的法律法规对学术不诚信行为和不良传播进行严格监督和管理，有恶意散播谣言、宣传恶性文化的要严厉惩罚，用社会主义核心价值观引领社会风尚，树立起网络学术诚信道德意识。其次要加强知识产权的保护，并提升大学生学术独立研究能力，促使其进行正确的网络评论。

大学应加强大学生的网络道德教育。互联网是一把双刃剑，优良的互联网文化能树立大学生的独立思考能力、价值观念，并给予正确的引导，大学应加强校园网络的监督和管理，帮助大学生改善互联网的环境，树立学术诚信意识。这就需要大学具有网络筛选的能力，取其精华，使好的网络引领大学生树立正确的学术诚信观念。其一，可以通过网络管理对学校区域内的互联网进行管理，加强内部网络管理，制定出大学校园网络正确使用规章制度，剔除和过滤对大学生价值观造成不良影响的文化内容。其二，教育大学生文明规范地使用网络，创造良好的互联网文化环境，将平时学术诚信较好的老师和同学组织在一些积极向上的互联网络文化中，进行学术交流，大学生日常生活中接触较多的校园网的论坛、贴吧和网站等一些网络媒介，增加大学生互联网文化的需求，大学生的需求得到满足，也潜移默化地影响了学术诚信自律意识。

五、完善高校大学生学术诚信意识教育的机制

诚信教育作为学生通往未来生活道路上的通行证，意义重大。诚信教育应该建立起一套完整的体系，这里我们着重讲学术诚信教育。学术诚信教育应从考试学习、论文撰写、社会实践和毕业答辩等多方面进行教育，使大学生树立起诚信意识，与生活内容息息相关。

（一）建立起学术诚信的制度

大学生学术诚信教育在学生刚入学时，就应该配合一系列的新生教育、班级、年级教育，融汇贯通在整个大学生活中。大学生刚进入校园的时候是最单纯、最听话的时候，在此时新生教育的第一课就是开展学术诚信教育课，在诚信教育课堂上签下学术诚信的条例，这会在他们的脑海中深深印下烙印。如美国的哈佛大学会让每位新生签下《学生诚信承诺书》，在书本最明显的地方还写着："独立思考是美国学术界的最高价值。"[1]近几年国内的大学也开始进行效仿和宣传。例如许多高校开始增添科研诚信教育和学术道德规范教育相关内容，同样以新生教育为主要时机，开设了学术诚信教育的第一课，把学术诚信加入大学生教育的必要内容，让诚信意识树立在大学生脑海中。

---

〔1〕 刘丽："大学生诚信存在的问题与对策"，载《教育探索》2014 年第 7 期。

（二）加强诚信的奖罚制度，做到赏罚分明

学术诚信制度一定要与大学生自身利益相关，要有奖有罚、公平公正。如果使学术诚信制度与自身利益挂钩，如加大学术不诚信的成本，就会阻止一大批徘徊在诚信边缘的大学生作出学术不诚信的行为。所以国家和学校应成立相关部门做好监督和管理学术诚信的状况。对学术诚信行为缺失的人进行严厉的惩罚，身为教育者必须起到带头和言传身教的作用，如教育者做了不诚信行为也要对其进行严厉的惩罚。

（三）进行诚信教育创新研究

教育是创立优良学风和学术诚信教育的基础。想要加强学术诚信教育，就必须对学术诚信教育进行研究。需要了解现阶段大学生学术诚信的现状，了解大学生学术诚信教育缺失的行为有哪些，进行讨论研究。针对不同的大学生性格特点，有相应的学术诚信教育方案，用大学生喜闻乐见的方式将大学生学术诚信教育贯彻到大学生教育当中。采取学术诚信楷模榜样宣传和学术诚信缺失行为案例警示等方式开展丰富多彩的活动，让大学生们积极投入当中。

（四）创建大学生学术诚信记录手册

建立大学生学术诚信记录手册是大学诚信教育的重要举措。学术诚信记录手册是记录大学生在校期间学术诚信状况的客观记录和成长经历的真实记载。大学生在校期间全面发展情况，包含了德、智、体、美、劳等方面的内容，分为学生个人信息、学习情况、校园生活三部分，将成为大学生争夺各项荣誉、就业推荐的必备材料。学术诚信记录手册会在大学生毕业时随人事档案一起交给用人单位，将校园的诚信记录延伸到社会当中，使这一良好的学术氛围影响着周围的人。在复旦、同济、上海交大等50所上海高校中，接近2万名申请过助学贷款的同学建立了诚信记录手册，经过几年的跟踪调查，这些建立了学术诚信记录手册的同学们百分百还清了助学贷款，给社会递交了一份满意的答卷。建立大学生学术诚信记录手册通过一系列的数据、事实证明了，记录大学生学术诚信度，有利于对其信用状况实时动态进行监督和管理，[1] 有利于大学加强大学生学术诚信管理，大大地杜绝了考试作弊、论文剽窃、拖欠助学金贷款等诚信危机，很好地树立了大学学术诚信意识。

---

〔1〕 李淑娥："关于大学生诚信材料入档若干问题的思索"，载《黎明职业大学学报》2008年第4期。

第 六 章

大学生领导力教育

　　大到一个国家，小到一个家庭，都存在着形式各异、风格不同的领导。领导活动自古便有，早在中国的春秋战国时期以及西方的古希腊时期，领导活动便是思想家、哲学家思考和争论的焦点。可以这样说，领导活动是人类生活抹不去的一记烙印，它随着人类社会产生而产生，并进一步推动了人类社会的发展进步。领导活动可以说是一种艺术，是一种诱导他人服从的艺术，领导者运用影响力，实现一种新兴效果，同时也可以比喻成一种实现目标的工具，以及一种结构的开始。当听到"领导者"一词时，你的头脑中会浮现出怎样的形象？是威严高大还是平易近人，是不拘小节还是温文尔雅？他可能会让你肃然起敬，也可能魅力四射让你为之倾倒；他可能精明强干让你五体投地，也可能高瞻远瞩让你惊为天人。无论怎样，领导者总是具有无穷魅力，驱使人们追随他，甚至促使人们去做其分派之事。在现代管理科学之父彼得·德鲁克看来："领导者的唯一定义是其后面有追随者。一些人是思想家，一些人是预言家，这些人都很重要，而且也急需，但是没有追随者，就不会有领导者。"由此看来，当领导者产生时，总是存在追随者。美国成功学大师拿破仑·希尔博士认为："一般来说，世界上有两种类型的人：一是领导者，二是追随者。在你开始工作时，你就要决定你是愿意在你选择的行业中成为一名领导者，还是保持当一名追随者。"从另一角度说来，在你成为领导者前，首先你是一个追随者，直到"你能用行动激发他人梦想得更多，学习更多，做更多事或者成为更伟大的人，你就是一个领导者"。

　　"领导力"存在于我们生活周围，课堂上、球场上、政府中、军队中，大到国家、企业，小到家庭、个人，我们可以在各个层次、各个领域搜寻到领导力的踪迹。历史上发挥了杰出领导力、挺身而出面对时代挑战的人们灿若星辰：从刘邦战胜项羽，建立汉朝，一统天下，到刘备桃园三结义；从色诺芬在士兵中的崇高威望，到拿破仑下属对拿破仑的绝对忠诚；从圣雄甘地非暴力主义的魅力，到丘吉尔面对挑战的冷静和勇气。刘邦、刘备、色诺芬、拿破仑、温斯顿·丘吉尔、甘地、富兰克林·罗斯福、毛泽东、周恩来……一代又一代领导者创造的辉煌已经固定，而领导者的卓越才能——领导力却被人们世代相传。优秀领导者的身上总具有一种让追随者难以抗拒的影响力。

第一节　领导力

每个高校都具有一套独具特色的学生领导力培养机制。有的学校崇尚自由民主，给予学生足够的自由和权利，让学生独自举办活动、开展比赛；有的学校则更喜欢用传统的制度培养模式，使学生在制度的规定下和老师的帮助下培养其领导力。每个高校都下设许多学院，每个学院的领导者都有自己惯用的培养模式，因此，追随者能否适应领导者的培养方式又显得至关重要了。

因此，笔者基于对大学生领导力教育与培养方面的相关研究，以及针对理工类、医学类、师范类三大类学校的学生代表进行访谈，通过阅读文献和实地访谈后，就领导力培养方面的不足以及高校在学生领导力培养方面所达到的成就，以及学生是如何看待领导力，影响领导力培养的因素、如何提升学生领导力等有如下发现。

针对大学生对于领导力理解的问题，笔者对三所不同类型的大学生代表进行了访谈：

1. 师范类院校：校学生会主席 E 同学

调查员：您是怎样理解高校学生干部领导力的？

E 同学：学生干部首先得是一个学生，然后才是一个干部。一个人的领导力不是说那种像官僚主义的就是有领导力，不是说你是当个官，指派你喜欢的人去做事就叫领导。应该是你能够引领任何一个人，甚至是一百多个人，你跟他们说什么，他们能理解你说什么，他们就会自愿地去做。你不用说，他们都能理解你，那种指挥和领导力是不一样的。所以我觉得领导力是一种从内在就能表现出来的一种气质，就可以看出来一个人有没有领导力。你不能拼命地直接去指挥他们，有时候你自己也要亲力亲为，就是你不光跟他们说了，而且你也会去参与到其中去，而不是说你就站在那里。我们要做就一起把事情做好，要玩我们就一起玩。最好的学生干部就是这样的，工作的时候就看谁最认真，玩的时候就看谁玩得最开心。所以领导还是要去亲力亲为，有些事情共同吃苦，这样一个领导才是最好的。这就是我理解的领导力。

2. 医学类院校：社团联合会主席 F 同学

调查员：您是怎样理解高校学生干部领导力的？

F 同学：我觉得高校学生干部的领导力，其实用组织能力、号召能力去形容它，可能会更恰当一点。高校学生干部的话，我觉得学生干部他只是代表了一个学生组织，然后学生组织干部的领导力，就决定了学生组织的规模有多大，它能让多少人一起去把一件事情办成办好。我觉得这就是高校学生干部的领导力。领导力强的人，不但能凝聚更多人，做的事情也会做得更好。领导能力稍微差一点的学生干部，不但凝聚的人不多，而且人员的质量也会比领导力强一点的学生干部所领导的学生稍微弱的一点。学生干部更好一点，他办出来的活动也会更好。领导力强与领导力较弱的学生干部都会举办一个讲座或者一个考试，但是一个活动能否办得成功才是关键所在。这就是我对高校学生干部领导力的理解。

通过对以上两位学生代表的访谈可以发现，领导力并不是简单的安排事务给别人或者单纯的指挥别人去做事，领导力是体现在多个方面的，是对学生群体的凝聚力、亲和力、组织能力、洞察能力、随机应变的能力、声望，等等一些特质的组合，拼凑在一起才能够形成一个完整的领导力。这些学生代表都是在学生组织中担任领导者的角色，他们的任务是传达学校或老师的任务，然后统筹安排，并且亲自带头去工作，日常工作中凝聚团队，共同协作。不仅如此，因为他们的第一身份是学习，所以学习成绩还不能落下。综上，领导力不仅仅只是一种能力，它应该是一个人综合能力、素质的体现。

一、领导力的本质

众多世界级的大师对此均有论述，仁者见仁，各成流派。历史学家小阿瑟·M. 施莱辛格认为："领导力的真正含义是个人能改变历史。"领导力培训大师约翰·C. 麦克斯韦尔更是在《领导力21法则》一书中写道："不论你身在何处或从事怎样的工作，领导力就是领导力，它的存在不容怀疑。时代在改变，科技也在不断地进步，文化也因为地域不同而有差异，但是真正的领导原则却是恒定不变的……"。还有学者认为领导力是一门综合的艺术，它不仅仅包含了各种具体的管理技能和管理方法，也囊括了前瞻与规划、沟通与协调、真诚与均衡等诸多要素。

领导力犹如人们对爱的定义一样，对于每个人来说，领导力有不同的内涵。虽然定义多种多样，出发点各不相同，但抛开它的精神层面，从诸多描述中仍然能找到一些相同的核心概念，如：领导力就是一个过程，它是通过对他人施加影响，获得足够的信任，进一步赢得追随者，实现既定目标的能力。或者，也可以采用领导力大师麦克斯韦尔最为直接的描述：领导力即是影响力。[1]

那么，什么才算是领导力？比如，当一位老师能够让一位不断抵抗、满心叛逆的学生心悦诚服地接受并积极完成学习任务、参与团队分配的活动时，这位老师就是在施展其领导力。有人说，领导者的影响力就其本质而言，更像是一种控制力。或者更准确地说，这种影响力是一种让人乐于接受的控制力。而对于领导者们而言，影响力是他们的实力，是他们极其富于领导力的实力。

DHL 国际联合创始人钟普洋提出的服务型领导力模型被定义为"通过持续不断地为每个接触到的人提供高质量的个人服务来满足需求，包括自己、他人、团体、社区、系统和环境"。[2]与其他将领导力视为提升声誉和提高利润的工具的观念相反，服务型领导力模型将提供服务的意愿和能力视为领导者的基本素质。实践服务型领导的主要原则是展示能力、良好的道德品质和关怀倾向，因为这些品质将直接决定服务型领导的有效性。服务型领导更加重视道德品质和良好的性格，因为它们被认为在很大程度上影响领导者的可信度，而这在服务型经济中是至关重要的。此外，服务型领导强调每个人在发展和实践领导方面的潜力和能力，而不会在意他们处于什么样的职位，即便是底层或者高层，并且更加崇尚提倡"每个人都是（并且可以是）一个领

---

〔1〕 参见边慧敏主编：《大学生领导力提升》，西南财经大学出版社2012年版，第7页。

〔2〕 Daniel T. L. Shek, Po Chung, *Promoting Service Leadership Qualities in University Students*: *The case of Hong Kong*, Springer, 2015, p.36.

导者"，并鼓励不断致力于自我完善。

当今社会服务型行业基本上都使用类似于上述例子的领导模式，通过不断激发每个人的领导力，促使员工不断完善自身，提升自己的能力，更好地为团队服务或者带领团队。国内这方面做的比较好的企业当属海底捞火锅。许多人提起海底捞火锅的时候，更多的不是夸赞它的味道，而是夸赞他的服务模式，海底捞本身能够从众多餐饮中脱颖而出并成功上市，靠的就是自己的服务。在四川火锅的乱战中成功杀出，离不开领导者对企业文化的影响、领导者对培养模式的投入，以及在运营过程中对服务的监管和对企业员工的奖励。

纵然领导力的内涵如大海般浩渺广阔，我们仍然可以从中发现领导力的三种重要体现形式，它们之于领导力来说是尤为重要的，有利于我们加深对领导力本质的理解。

（一）决策力

"决策"一词，简单地理解，即为人们常说的"拍板"。人的一生也会面临方方面面、大大小小的决策。对于一个领导者而言，最重要的职责就是作出良好且正确的决策。相对于普通人而言，领导者的决策正确与否，其意义和关系是重大且深远的。对组织而言，决策导致企业存亡之别；对个人而言，决策则可能引起人生的成败差异。

沃伦·本尼斯认为，如果一个领导人确实有良好的决策能力，那么在其他方面稍有欠缺也瑕不掩瑜。反之，如果一个领导人决策能力不佳，那么其他方面做得再好也无济于事。当然，正如《论语》中所言：人非圣贤，孰能无过？每个人不可能每次决策都百分之百正确。但是，纵观古今中外之大成者，大多数人都能在最紧要的关头作出正确决断，展现出极其高超的决策力。

（二）沟通力

中国有句俗话："一言能使人笑，一言也能使人跳。"此话生动形象地点明了言语沟通技能的重要性。沟通是领导活动不可或缺的组成部分。沟者，构筑管道也；通者，顺畅也。领导者的沟通力在构筑顺畅的渠道中扮演着重要的角色，这同样是领导力的重要体现。

美国石油大王洛克菲勒曾说，假如人际沟通的能力也是如同糖或吗啡一样的商品，我愿意出比太阳之下任何东西更高的代价购买这种能力。可见沟通力的难能可贵。当然，沟通力不是商品，并不能通过交易买卖获得，但它确是领导者所必须修炼的一项内力。小到对内交流，大到对外谈判，沟通力都是不可或缺的。著名的成功学家博恩·崔西说过，你能否成为成功的领导人，这其中有近九成可能取决于你是否能有效地与他人沟通。一个富有领导力的领导者往往通过良好的沟通能力，勾勒出愿景、传达新希望、解决好冲突、激励追随者，增强向心力。

（三）执行力

执行力，单就字面上理解，即实施、实行的能力。进一步说来，执行力是贯彻决策意图、完成预定目标的操作能力。一般地，执行力包含了三个基本要素：执行动力、执行能力和执行保障力，同时被分为个人、团体、组织三个主要层次。对个人而言，执行力即办事能力，是领导力的一部分；对团队而言，执行力如战斗力；对企业组织而言，执行力即经营能力，是企业成败的关键。

执行力同样也是领导者所必备的能力之一，缺乏坚定有力的执行力，再好的想法、创意、决策也只是在脑海里盘旋，久而久之便会烟消云散。IBM大中华区前董事长及首席执行总裁周伟焜认为：三分战略，七分执行。原惠普 CEO 马克·赫德回忆在 2005 年使惠普重新找回当年进而走向成功的要素是：稳定的决策和一丝不苟的执行力。可以说，每个人都需要良好的执行力将决策付诸实施，而对于领导者而言，执行力的强弱关系到领导决策能否得到贯彻和实现。

在学生群体中，服务型的领导力培养模型同样很实用。现在的高校一般规模都比较大，学生的自我意识大多都比较强，很少有人会愿意主动去跟别的班级、别的学院，或者别的专业的甚至别的学校的人交流，这种避免沟通的情况就造成了闭塞。

二、领导力的行为特征

具有一定程度影响力的领导者总是能在一举一动甚至极其细微的言谈举止间，彰显出其高超的领导能力，促使人们心甘情愿、满腔热忱地追随他。可以说，卓越领导者身上所展现的行为特征是领导力的最佳诠释。美国领导学专家詹姆斯·库泽斯和巴里·波斯纳就对此做过深入研究，并提出了富有领导力的领导者所具有的五个共同行为特征：

（一）以身作则

优秀的领导者往往是其追随者效仿的榜样，领导者需要为他人树立起良好的行为规范。《论语》说："其身正，不令而行；其身不正，虽令不从。"领导者首先需正人正己，才能以身作则，才能起到良好的示范作用。富于领导力的领导者总是通过德才兼备、谈吐不凡的榜样气质为追随者传递自己认同的信念和准则。这种直接的参与和行动，在进一步赢取追随者信任和尊重的同时，强化了其领导力。

（二）共启愿景

愿景犹如领导者自己描绘的一幅蓝图一般，蓝图中有未来，有梦想，有远见，甚至有超乎寻常的想象力。每一个组织，每一场社会运动，都从一个梦想开始。梦想，或者说愿景，是造就未来的力量。卓越的领导者不仅有能力勾勒出一幅宏伟的蓝图，更能清晰有力地将其传递给每一个追随者，使他们感受到愿景对他们的吸引力。如此一来，个人愿景转变为所有人共同的愿景，激活了他人的梦想与激情的火花，这样的愿景也就具有非同一般的魔力。

（三）挑战现状

正如我们所看到的，每一个成功卓越的领导者的身上都有着这样一种韧劲：对自己的目标、对命运态度、对社会不公，不肯轻易服输、退让，为达到某一抱负而采取一种更为积极的、主动的、进取的人生态势。他们敢于挑战平凡，铸就卓越。纵然沿途困难重重，领导者也总是有这样的气魄：冲锋陷阵，引领革新并付诸实践。阿里巴巴集团创始人马云说："在顺境的时候，每个人都能出来，只有在逆境的时候才是真正的领导力。"

（四）使众人行

一个人的能力和精力总是有限的。伟大的梦想要变成现实，不能单靠一个人的行动，领导者的成功必然同团队的力量密不可分。这就要求信任和关系，要求能力和自信，要求团队协作和个人责任。卓越的领导者能够让团队成员都行动起来，促进团队协作的良好气氛，建立起彼此信任的融洽氛围。GE 总裁小阿尔弗雷德·斯隆的原则是："去让别人开动脑筋，自觉地积极行动，并做到彼此精诚合作。"领导者能够唤起追随者的潜能，促使他们凝聚在一起，全力以赴，甚至超越预期。

（五）激励人心

每个人皆有所求，无论是物质层面或是精神层面，人人都渴望获得自我价值认同。成就伟业是困难的，人们容易精疲力竭，灰心丧气，半途而废。要让追随者继续前进，需要领导者的激情鼓励。按照心理学家的观点，不断地激励能提高一个人的自信与自尊，来自领导者的鼓励与赞赏更能够给予追随者无穷的动力。同样，学会激励和鼓励能使领导力深入人心，此时的领导力更像是激人奋进、给予信任的催化剂，促使每个人都越渐出色。

当然，除了以上关于领导力的行为特征的论述，笔者也对大学生干部进行了访谈：

1. 理工类院校：学生会副主席 G 同学

调查员：在日常的工作中，您认为领导力应该具备怎样的行为特征？

G 同学：我觉得对于高校学生干部领导力的话，首先他要有洞察力，然后还要有随机应变的能力，而且还要有一定的声望，我觉得这三个特质的话算是最重要的三个。因为洞察力的话，他首先要考虑，就是指他对学院的一些工作、老师布置的任务、学生工作，一定要有一个洞察力，就是说可能潜在的会有一些问题，或者是会有一些事务需要处理，他要起好他的作用，有观察力，能够提前地发现这些问题，并且向一些相关的同学反映或者向老师反映。另外的一个是随机应变的能力，就是他在遇到一些问题的时候，在没有老师协助、没有老师指导，或者是没有其他同学协助的情况下，他要能够主动站出来，能够在现场制定出一个具体或者大概的方案来解决，暂时应对这个问题。另外当学生干部肯定要有一定的声望。如果他想要有领导力的话，肯定要有声望，不然的话就没有同学会听他的，来协助他完成一些任务。所以我觉得这是三个特质中相对而言更为重要的一点。对于领导行为和领导效能的话，我觉得领导行为可能就是他在作为干部的时候，领导的一些方式，我觉得他肯定要举止得当一点，不同的人有不同的性格，那么就要针对他们的性格，还有他们个人的能力，比如说在完成一个工作当中，他就要把不同的人的性格都要考虑到，能力也要考虑到，进行合理的调配，我觉得这样的领导方式，这样的领导行为更加能够提高工作效率。然后领导效能的话，我觉得针对刚刚说的，至少要有那几种特质，方式要得当得体，这样才能让工作事半功倍一点。

2. 医学类院校：学院学生会主席 B 同学

调查员：在日常的工作中，您认为领导力应该具备怎样的行为特征？

B 同学：我觉得首先一个人形象肯定得好，比如说像我们学校，是学习氛围比较浓厚的一个学校，对于我们学生来说，学习是首要任务。平时的话，我觉得与别人相处的话要有一种亲和力。和别人相处，比如说前段时间，不就有说那种学生干部里面会有那种官僚作风，虽然说是学生干部，但是他其实还是基于"学生"这个角色上，你还是学生，我们都是学生，只是你可能在某个学生部门比他高一等级，就比他在这个学校多读了一年，所以我觉得亲和一点，平易近人一点，就会拉近双方的距离，不管是对上还是对下，这对开展工作都起到很好的帮助作用。

在同学们看来，洞察问题、随机应变、平等待人、享有声望是领导力重要的行为特征。

第二节　进行大学生领导力教育的原因

一、领导力决定着人生的深度与广度

在一般人看来，政府官员、企业领导、学生干部才应该是领导力开发的主要对象。我们知道，领导力在本质上是一种复合性能力，它由自我认知、自我管理、人际沟通、思维与决策等诸多能力构成。领导力所涵盖的每一种素质对一个人的自我发展都是至关重要的。所以我们认为领导力与人的其他身心素质相比，属于相对较高的层次，一旦被激活，便在人的各项素质中起着统领作用，能够"盘活"其他素质资源，从而有助于我们更好地工作与生活，升华我们的存在价值。可以肯定的是，领导力在一定程度上决定着我们人生的深度与广度。

西方学者认为，所有青少年在向成年过渡的过程中都应培养以下五方面能力：茁壮成长（就身体健康问题形成正确的态度、技巧和行为）、领导（形成积极的领导态度、技巧和行为）、连接（形成积极的社会态度、技巧和行为）、学习（掌握基础以及实用性的学术态度、技巧和行为）和工作（形成积极的职业态度、技巧和行为）。而合格的大学毕业生应该具有在社会情景下理解问题的能力、自信和好奇心、公民责任感、方向感、个人价值和道义感、开放的心态和清晰的沟通能力、同他人相处并尊重他人的能力等。这些特征似乎同领导角色所需要的智慧、自信、决心、正直和社会交往能力等个人特征不谋而合。

二、领导力服务于团队与组织的发展

正如前面所讨论的那样，领导并非一种职位，而是一个过程、一种关系。在现代社会，我们的生活与工作、事业与成就都依附于团队或组织，有团队或组织的地方必然需要领导的存在。因此只要我们是在团队或组织中，我们都可能成为领导过程（关系）的一部分，而不管你是否是这个团队或组织的领导。当领导不仅限于一种职位、一个头衔，也就意味着谁都有可能在领导过程中扮演领导这一角色。当你和朋友们外出徒步旅行时，具有丰富户外经验的同伴自然会被大家选为领导；但当大家穿越一片丛林时，熟悉这一带地形的同伴无疑会临时性扮演领导的角色。不仅在任务性团队中，在家庭、在社区、在寝室、在班级，任何人随时都有可能成为临时性的领导——虽然没有领导的头衔。

此外，你即使在团队中不扮演任何领导角色，作为一名追随者，也需要开发自己的领导力。因为领导过程并非单向发生的，它是一个相互作用的动态过程。领导者与追随者缺一不可，他们相互影响、相互交流，共同决定着团队或组织的绩效。大家熟知的唐太宗与魏征的故事告诉我们，出色的追随能够帮助领导者提高与进步。追随者与领导者是同一块硬币的两面。在很大程度上，诚实、正直、可靠、尽职尽责、善于合作、勇于承担与挑战、积极参与变革，这些作为一名有效的追随者所需要的素质与能力是与领导力相重合的。

因此，领导在本质上是双向的过程。这一事实提醒我们，无论自己是否准备成为领导，我们都需要开发自身的领导力，为完成团队或组织的目标与使命而服务。

三、国家与社会进步需要未来的领导者

当今国际形势瞬息万变，各国都需要培养新一代的领导人，从而能够在地区、国家和国际等各层次事务中推进积极的变革。领导力大师约翰·科特认为，主导当今社会的是无数综合企业组织，培养发展足够的领导兼管理型人员帮助经营这些企业是一个巨大挑战，是我们必须迎接的挑战。但面对全球化浪潮和多元文化交汇对各种组织、各层面有效领导者的期待，领导人才的缺乏却成为一个世界性的问题，领导力危机正在波及全球。

比如，2008 年爆发的金融危机严重地冲击了西方国家的经济与社会，资本主义市场经济的信念遭到了质疑。哈佛商学院院长莱特在这个时刻反思：谁对 2008 年的崩溃负责呢？这是一个集体失败，不只是金融监管和金融机构的失败，而是在多个层次上的领导力的失败。对于公司高管来说是如此，对于政府来说是如此，对于商学院来说也是如此。雷莱特说："我们现在最急需的就是领导力。"

随着改革开放四十多年来经济水平的提高，现代中国社会在经济、政治和文化等方面发生了很大的变化，对青年人才的需求量急剧上升，对培养出来的青年人才的质量也有很高的要求。而输出青年人才的主要单位就是大学，因此，在青年大学时期的领导力教育就显得尤为重要。一个好的领导者应该具备许多必要的特质，例如组织能力、应急能力、凝聚力、自我管理、自我约束、自我发展等，这些特质只有集合在一个领导者身上，他才能够显现出自己的领导力。领导者不仅能够创造性地积极应对不断变化的要求，同时更是社会和国家的需要，也是人类发展的全球趋势。

对大学生开展领导力教育的原因就在于，大学教育的目标就是使自主、负责任的学生在日常教学和研究的统一中得以形成，并且以人文教育内容为目的，通过协同合作的目标实现大学生的领导力教育以及输出的大学生对社会的贡献。换句话说，大学是一个提供教育的平台，大学生在这个教育平台上，实现自我的发展，学会处理和他人的关系，并且学习领导他人或者被他人领导，分享自己好的想法或者聆听别人好的想法，形成一个独立的人格，但又是与人合作的团队型人才，毕业后更好的为社会服务。

第三节 大学生领导力研究现状

一、大学生领导力教育的理论研究

目前国内有关大学生领导力教育的研究稀少，相关研究者也很少，理论基础薄弱，现有的资料各自研究角度不同，对领导力教育也存在认识误区，这对领导力的理论构建与实践形成一定的影响。

为对领导力进行有力的解释，有学者首先对教育领导学进行溯源，对教育管理与教育领导的关系进行论述。尽管中外对教育领导学的地位仍存在一定争议，但普遍观点都认为教育领导学具有相对独立的地位。关于教育领导的理论，以西方相关理论为主要发展脉络，领导理论的发展经历了领导特质理论、领导行为理论、领导情境理论三个主要阶段，之后的领导归因理论、交易型理论与变革型理论等，逐渐从领导者的人格特质和行为等个体研究扩展到整个组织情境交互作用的研究。将影响领导的因素进行越来越科学的分析，不难发现有关领导学的研究越来越触及其研究核心——领导力。对领导力的研究我国目前处于起步阶段，对其还没有统一的界定，学者从不同的角度和着重点进行了不同的定义。具有代表性的观点如下：领导力本质上是一种影响力，尤其是引导人们朝着正确方向前进的能力或是组织和影响人们为实现某种目标而努力的能力[1]；领导是过程、行为，而非职位，领导力是一种影响力，引领变革的能力[2]；领导力是领导者在特定的情境中吸引和影响被领导者与利益相关者持续实现群体或组织目标的能力，领导者是获得追随者的能力，是带领别人跟自己来的能力[3]；现代领导力不是我国传统上认为的权力和统治，而是领导者引导追随者依照其价值观和动机去行动的过程[4]。

二、国外大学生领导力教育现状

国内对大学生领导力教育的研究成果还比较稀少，一些学者对国外尤其是美国的相关现状进行介绍和研究。有代表性的如房欲飞，介绍了美国高校如何与社区互动来促进大学生领导力教育，并介绍了以此为支撑的社群主义和仆从式领导等领导理论。翁文艳等对美国大学生领导力教育的成功经验进行介绍，将他们相关教育的组织形式、招生制度、课程设置、教学、师资等成功经验进行总结，并对我国的相关教育提出建议。陶思亮对美国大学生领导力教育进行了历史考察。清华大学的杨瑞东等对美国 5 所高校通过实地调研对领导力教育进行介绍。国内大学生领导力现状研究方面，如刁静、王芳、徐莉等对大学生领导力的教育情况、社会责任感、偏爱的学习方式等进行了

---

[1] 参见悉洁人："中国大学生领导力教育的战略思考"，载《当代青年研究》2012 年第 5 期。

[2] 参见陶思亮："美国高校大学生领导力教育的历史考察"，载《当代青年研究》2011 年第 12 期。

[3] 参见陆园园、吴维库："领导力核心四要素研究"，载《新视野》2013 年第 2 期。

[4] 参见翁文艳、李家成："美国中小学生领导力培养的学科渗透模式"，载《课程·教材·教法》2013 年第 10 期。

调查与研究。意识到大学生领导力教育意义的学者还有奚洁人、刘永等，除了对国外的相关研究进行引入外，对国内的相关教育现状也进行论述，从中国高校培养大学生领导力的战略高度出发，对其意义进行论述，以此引起更多的学者对该问题的关注。但对意义的论述方面有代表性的学者数量还有限，开展领导力教育的相关建议也有待进一步深入。

三、对领导力教育本土化的研究

我国领导力教育还处于起步阶段，本土化研究还相对薄弱，无论是教育内容还是教育方法手段，目前主要是移植借鉴国外已有成果。如果能创建一套符合我国教育发展现状又契合大学生领导力培养标准的行动指南，从而对大学生领导力培养的教育项目起到一定的规范作用，这将是指导我国大学生领导力培养的实践教育理念。

早期的领导特质理论认为领导者是天生的，不是后天生成的，他们身上的领导力也是与生俱来的特殊禀赋。事实上，在诸多以此为前提而进行的领导特质研究均宣告失败后，人们逐渐意识到那些所谓的"原始"领导素质其实是可以通过学习后天得到的。每个人身上都蕴藏着巨大的领导天赋，在人生的任何一个阶段都可以担当起领导角色、展现领导力。同样地，任何人也都可以使用领导力，只要你成功地影响了他人的行为，你就在使用领导力。

随着知识经济与信息化社会的发展，人才的领导力越来越受重视，而高校大学生作为未来社会领导群体的骨干力量，也成为研究者关注的重要对象。在校大学生作为我国青少年领导力研究的主体对象，已经开始在高校中接触各种有关于领导力的教育活动。相比于国外，尤其是美国，中国相关理论研究及实践探索起步较晚。目前研究大学生领导力的文献并不多，研究这方面的学者也比较少，就导致了理论基础薄弱。相比较来说，国外针对这方面的研究是比较丰富的，尤其是美国，在这方面研究已经相对成熟了。国内对领导力培养方面还存在着些许的误区，也走了弯路，这对领导力培养理论的形成会造成一定的影响。

就目前国内高校的领导力培养模式，通过访谈可以了解高校开办课程或活动对学校学生领导力培养的实际情况：

1. 理工类院校：青年志愿者协会会长 C 同学

调查员：您认为学校有没有哪些课程或活动培养和激发了学生的领导力？

C 同学：我觉得青马班就不错，因为我自己之前也参加了青马班，感觉大家有一个氛围，大家都是愿意去为学生服务的，然后自然而然就会有自己的想法，或者从别人想法中可以吸取到一些东西。同时，我自己参加了大学生骨干培训班，所以我觉得这个也是很好的，可以让自己的思想提高一点。因为青年志愿者协会，他本来就是一个志愿活动比较多的协会。你不可能每一次的时候都是部长或者是主席去带，所以每一次肯定都是要靠底下的同学去，但每一次的同学都是不一样的，你要如何去联系他们，通知他们类似的注意事项以及活动安排流程。我觉得其实通过这些活动可以激发大家的领导能力。

2. 医学类院校：校学生会主席 D 同学

调查员：您认为学校中有没有哪些课程或活动培养和激发了学生的领导力？

D 同学：我认为有一些课程，比如说他需要分组合作，然后他会锻炼一些同学们的一些领导能力，通过这些团结协作，总要有一个人去统筹全局，然后去发挥一个领导作用，就能够培养他们领导力。另外，一些活动的开办，都需要学生干部去统筹管理，无论是从活动的准备、活动的进行，还是活动的总结，都需要他们去做一个统筹的规划，所有这些方面都会锻炼到学生的领导力。

3. 师范类院校：校学生会主席 E 同学

调查员：您认为学校中有没有哪些课程或活动培养和激发了学生的领导力？

E 同学：有一些相关的课程，比如一些教你如何去演讲的课程。我觉得演讲很重要，是需要一定的功底，即口才。如果你参加这种课程，学习一些说话的艺术及与人交流的技巧，则可能让你的表达能力得到更多的提升。例如，在遇到突发事件时，大家都很慌，但是你能够站出来，声音洪亮地跟大家说清楚并传达好意思，让大家能够冷静下来听你的，我觉得这就已经很优秀了，体现了你的部分领导力。所以这种课程肯定是有助于培养高校学生的领导力的。对于活动而言，我们学校的文体活动比较多，但是真正针对培养学生的领导力的活动，还是比较少。唯独学干技能大赛有可能还有一点，因为这类比赛涉及到很多环节，例如活动组织、演讲等。

从上述的访谈中可以发现，关于培养学生领导力的课程还是比较少的，国内的高校很少开设专门针对学生领导力培养的课程。然而，系统地对想要提升自己领导能力的学生开展这类课程，并进行培养，是会收到很好的成效的。领导力并不是说仅针对在学校部门任职的或者在学生团体中扮演领导者的学生，如果高校培养出来的学生都可以拥有不错的领导能力，这才可以推进社会进步，如果仅仅是依靠少数人，是达不到这个效果的。这里说的领导能力不是人们所认知的那种单纯的指挥别人的能力，真正领导力是多方面的，包括组织力、凝聚力、应急处理能力和表达能力，等等，各方面的集合才能够叫一个人的领导能力。

目前，国内的高校在学生领导力培养方面刚起步，所以培养的课程或者项目比较少，但是这种局面肯定会慢慢改善。学习国外起步早的国家，学习他们的培养模式，不久的将来国内的高校一定会形成有自己特色的完善的培养机制。

四、大学生领导力教育存在的问题和归因

先就几个访谈实例来说明领导力培养方面还存在着的不足。

1. 理工类院校：学生会副主席 G 同学

调查员：您认为学生领导力培养方面还存在哪些不足？

G 同学：我个人认为，因为每个学院的人数比较多，作为一个学生干部，因要对接人数多而无法一一熟悉。这体现出的一个不足之处就是学生干部对口的人太多，工作量太大，与普通学生联系性相比于他所在学生组织的其他干部，则不那么强。这样的话就会导致有的时候这个工作他就会分成好几个流程，这个人传达给下一个人，下一个人再传达给下一个人，这样就会导致联系性弱化，就会让这个工作显得很冗长，然后时间效率上也会拖得很长，有的时候有的问题就会解释得很不清楚，例如：我们学院开班长、团支书例会的时候，布置班长、团支书接下来的工作具体要怎么实施，然后再由班长、团支书传达下去的话，他们就得面向好几百号学生，在解释问题、布置任务的过程中，他们就可能产生一定的误解。这个也是现阶段我觉得需要好好想办法解决的一个方面的问题，看有没有更高更效率的办法解决。

2. 师范类院校：青年志愿者协会会长 H 同学

调查员：您认为学生领导力培养方面还存在哪些不足？

H同学：其实我觉得可能大家更倾向于培养学生领导能力和工作学习能力，但可能有的时候对于一些心理问题没有关心过。此外，在选学生干部，或者是评判学生干部能力的时候，可能更多倾向于通过学生的表达能力进行判断，并没有在真正了解学生各方面能力后才进行选拔。有的时候老师不会那么细致地了解每一个人，可能就是通过一次面试以及别人对他评价，然后肯定他可能这方面可以担任。这可能没有关注到每一个人的性格的特质。在选任学生干部的时候，没有去深入地了解这个学生群体的个体差异，有的很努力，但是表达能力差一点，就会被埋没。

3. 医学类院校：校学生会主席D同学

调查员：您认为学生领导力培养方面还存在哪些不足？

D同学：可能在这方面缺乏创新性。在之前我们工作中，老师一直按照以前的模式来，相对比较保守。基本上每年都是按照以往的一些经验，很多事情都是按部就班地进行，就缺乏创新性。另外，我个人觉得培养缺少一个过程。刚开始因为我们，跟老师接触的并不是很多，然后突然过来开始新的工作，我个人觉得有些不好适应，但是也在努力调整应对现在的工作。由于对工作还不是很了解，有时候就是可能要问的很多，就怕老师很烦。总之，在培养的过程中，多接触一些，可能就比较好一点。

综上，可以发现学生领导力培养方面的一些问题。第一，培养缺乏创新性，很多工作的开展都是按照以往培养学生领导力的经验来，可能会犯经验主义的错误，培养的模式应该是不断发现问题不断改正问题，更新培养模式，不断适应新时期的教育方针和要求；第二，培养过程中需要老师多去跟学生沟通交流，学生毕竟没有经历过社会的洗礼，工作经历并没有很充足，在许多工作问题上还需要老师的言传身教；第三，作为领导者要多去了解学生的个体差异，例如性格、爱好这些方面，带领他们运用不同的方式来培养他们的领导力；第四，学生的工作压力可能会比较大，面对的群众人数太多，工作开展过程中的意思传达可能会出现偏差。

同时，我们也针对这些不足访谈了学生代表，看他们认为是哪些原因所导致的：

1. 理工类院校：青年志愿者协会会长 Z 同学

调查员：您认为高校在学生领导力培养方面存在问题的原因有哪些？

Z 同学：其实我也说不上来，就是感觉不能说主席或者是其他人做得不好。我觉得可能由于老师的精力有限，因为校团委的老师好像就只有那么几个。老师的工作量又非常的大，所以没有办法及时把事情安排下来。我觉得主要还是学校可能有些方面的制度不够完善。因为我感觉好像所有老师和学生会干部有事情只找一个老师，然后老师平时又很忙，忙到有时都找不到他人。一个人精力还是有限的，如果能多分配几个老师可能会好一点。比如说某几个老师对接某一个点，然后再有一个老师主负责，我觉得这样子分配会更合理一点，不至于所有老师都那么忙。

2. 师范类院校：青年志愿者协会会长 X 同学

调查员：您认为高校在学生领导力培养方面存在的问题的原因有哪些？

X 同学：存在问题的原因，主要是工作量太大了，这么多学生干部，作为老师没有办法去培养每一个人，这也是一个数量不对称的弊端。因为学生干部群体那么多，老师培养的是他所需要的，各方面能力比较拔尖的，所以老师没有办法去兼顾每一个人，去了解他们，这是一个很普遍存在的问题。虽然教育应该因人而异，但是人太多了，老师可能只能更多地关注那些更出彩的人。此外，学生干部跟老师在一定的程度上工作范围不同，接触的没有那么多，所以无法去兼顾，能接近的可能就是那几个了。因此培养方面的话可能缺少针对性。

3. 医学类院校：学院学生会主席 L 同学

调查员：您认为高校在学生领导力培养方面存在的问题的原因有哪些？

L 同学：我觉得第一个是个人积极性。有时候下来一些通知，比如说前段时间有某个明星，他来我们学校做一个宣讲，很多人他会觉得那种宣讲肯定很无聊，就说我才不要去听报告，就那种坐在那里听三个小时。当时我对他不熟，我也不会说觉得他是个明星，我都得凑热闹，对于我来说，每一个能被请到高校来做演讲的人，他肯定有他的本事，有一些可以输出的东西，所以我当时就向别人讨了一张票，当时我朋友他有两张票。我就问别人，包括问我室友，我说你想去吗，然后他说这个肯定是很无聊的，我坐那三个小时我还不如睡觉，大家可能就是这种心态，他可能觉得就很无聊，但是其实对于我来说，我那天听完他的报告，因为我有写日记的情况习惯，因为我当天就写了很多，不管对于我以后的路会不会有影响，但是我觉得当下就是当天对于我这是会有触动的，我觉得起码我能写出一篇日记下来，可能就是我当时的感想，我的随想就我写下来了，那就是我的东西，我以后去回看的时候，我也能说那天我听那个明星的演讲，我学到这种东西，但是对于有些人来说，他们就不会有这种积极性，他可能就觉得很无聊，我觉得这是最重要的，机会给过来还是自己争取更重要，我觉得虽然说机会都少。然后第二个的话确实是机会给的少，我们学校的话他对这方面的培养不是很注重，包括我们学校其实主要偏医学，像临床专业可能资源就会广一点，但可能像我们信息工程学院偏工科类的学院，资源确实就会少一点，人也少。所以怎么说一个是内因、一个是外因，我觉得如果说自己去争取的话还是争取得到的。前段时间他们也会去说争取到机会去师专给他们表演，以前也从来没有过这种情况，也是今年第一次，我们也可以是在外面，自己也见见世面，也秀一秀自己风采什么的。这也算是，就不管怎么样，反正我觉得跟自己的关系更大一点。

通过这三个访谈，大致可以将问题的原因分为四个方面：

1. 大学生领导力教育活动的参与主体方面

大学生领导力开发项目的实施主体多为高校学生事务中心，而非从事专业教育的学院或系。大学生领导力教育主要由学生工作部门、团委工作人员或是由高校少数专职教师进行，缺乏理论传授和实践指导相结合、校内和校外相结合的师资团队。

2. 大学生领导力教育内容方面

教育内容体系的不完备。目前，我国高校领导力教育的资源供给相对现实的大学生需求滞后，普通高校除了行政管理或公共管理专业的大学生能够学到与领导力有关的1~2门理论课程之外，其他专业的大学生接触到领导力教育的机会较少。当然，可能也会有一些学生会在管理类的公共选修课中略有涉及，但是这些往往会使选修课的大学生"只见树木，不见森林"，机械化地接受领导力的片段教育，缺乏对领导力教育内容的整体认知和融会贯通。

3. 大学生领导力教育方式方面

在当下，领导力教育培养主要还是通过课堂理论教学，以及一些配套的实训实验，甚至是模拟实验等方式方法，因为在这些方面都缺乏实际的锻炼途径，再加上相对单一的师资力量，开拓领导力教育途径可谓任重道远。并且存在对其他师资、社区等可利用资源的开发不到位的问题。虽然某些高校已经对大学生领导力的培养提供了一些平台，但是在全国范围内，没有为大学生领导教育机构和协会提供平台的省份仍占多数，怎样给他们建立交流和沟通的平台，定期让其开展交流沟通、整理相关资源，仍需进一步研究和探讨。

4. 大学生领导力的培养项目方面

许多学院和大学已经以内部课程和合作课程的形式提供培训领导力的项目。尽管有关领导力的培养项目在不断增加，但是，这些项目仍存在不足之处。首先，大多数领导力培养的项目仅仅考察了对学生发展的影响，并没有清楚地表明领导力的培养项目与学生发展之间的关系。其次，在调查培养领导力项目的影响时，研究人员在实践中通常很少去考虑学生的感受和学生是否感到幸福等。这方面其实很重要，因为领导力培养通常是为了促进个人的成长。最后，目前来说，领导力培养过程中学生群体是否感到满意的不同方面有何关联还不是很清楚。

总体而言，我国对大学生领导力教育的认识逐步清晰，逐渐走出领导力教育只为个别同学实施的误区，认识到领导力并非个别人的专利。在当今社会，领导力是一个人与人的关系过程，是一种影响力，是人人都可以学习并提升的能力，也是对大学生综合素质培养的一个重要项目。大学生综合素质的培养也是完善大学生在高校学习的一种使命，为将来的社会创造输送合格人才。大学生领导力的教育主要是为了培养学生的综合素质，其中包含职业素质、社会责任感、社会服务意识以及团结协作能力、创新和变革能力。这种整体素质的培养，并非培养学生谋权夺利的本事，而是提升非职位权力的影响力。此外，我国研究的本土化倾向也逐渐明显，除进一步引入国外相关研究成果外，如何将国外文化与中国本土文化相结合，在中国文化背景下创造适应我国国情的大学生领导力教育，以及如何有效开展领导力教育，会成为一个主要的研究方向。

第四节 大学生领导力教育的途径

大学生领导力教育应当作为公民素质开发的一项内容。有学者认为，对于社会而言，领导力教育是国家民主得以发展的重要途径。大学生不仅仅要维持国家现有的民主状况，还要不断地发扬民主，他们不仅仅要选出国家未来的领导者，更重要的是成为未来的领导者。培养和开发大学生的领导能力，不仅极大地锻炼了他们的领导技能，而且使他们意识到了自身在公民社会发展中扮演的重要角色，进一步激发了他们的领导兴趣。领导力也是参与民主社会建设的必要能力，提升大学生的领导力有助于民主社会的巩固和改善。

美国许多大学认识到如果不引导学生理解公民责任和参与，而只提供领导技能和方法方面的训练，不可能有效提高学生的领导能力。一项针对美国多所高校的领导力开发计划的调查显示，这些大学希望学生获得的领导能力几乎都涉及公民的责任和参与，其中公民的、社会的和政治的意识方面比例最高，为92.6%；公民的和政治的技能方面的比例为78.6%；公民的和政治的积极性方面的比例为70.4%。虽然美国高校领导力开发计划多种多样，但根本目的都在于培养在道德上和公民层面上负责的领导能力。普林斯顿大学表示，其核心目标是向每位学生灌输好公民和明智的领导所必需的品质和特性，包括广泛的好奇心、具有批判性的开放心理、既有创新和变革能力又尊重道德和文化传统、赞赏所有人共有的命运和人性、具有责任、完美性和勇气等品质。斯坦福大学期望自己的学生为公共利益发挥领导作用。杜克大学"哈特领导力开发计划"旨在把学生培养成为参与民主社会的公民，其目的是"培养我们国家下一代的领导人"，要求学生不仅要在私人生活方面成功，而且要在公共生活方面成功，具备与他人相互联系的意识。印第安纳大学凯勒商学院的"公民领导力开发计划"为商科大学生提供自愿服务、理解非营利部门和思考如何做一位好公民的机会。

同样，在建设中国特色社会主义和谐社会的进程中，每一个公民的积极参与也是不可或缺的。通过在大学教育中大力推行领导力开发，通过将领导力开发和公民教育与实践紧密结合，进而加深大学生对公共事务、政治和道德问题的理解，将其领导兴趣更多地集中到公民与道德方面，而不仅仅是个人的成功与金钱，从而帮助大学生成长为具有合作精神与服务意识、具备批判性思维与社会责任感的参与性公民与领导者，这将是大学生领导力开发的落脚点。

我们先来看看笔者做的一些访谈，了解学生们是如何看待这个问题的。

1. 理工类院校：班长 Y 同学

调查员：您认为该如何提升大学生领导力？

Y 同学：第一就是要给学生干部更多的自主选择权。如果学校或者是学院能够放手给学生干部更多的自主选择的权利，而不是每一件事情都要去报备老师，这样更能发挥他们的这种优势。第二，我觉得不能光局限在一个学校的哪一个学院里，而要从整体上来讲，大家互相交流借鉴，才能提升。无论是教师对学生，还是学生对学生都需要，如此，领导力才能提升很多。

2. 师范类院校：社团联合会主席 R 同学

调查员：您认为该如何提升大学生领导力？

R 同学：我认为提升领导力是要从头到尾的。怎么从头到尾？第一，在学生干部选拔的过程中，要进行要求，这个要求达到哪种程度，就像习近平总书记给我们提出的叫要"信念坚、政治强、本领高、作风硬"，按照严格的要求来选拔，这样可以避免一些自身素质不过硬的同学加入到学生干部队伍里面。第二，在学生干部培养过程中，要注重学生干部的能力培养，要善于让学生干部去总结、去发掘自身问题，然后再由指导老师同学生干部沟通。在这个过程中，通过从政治理论学习、技能培养、组织能力培训及管理能力培训等多方面对他进行指导。或者说提供一个平台，让他们去学习和交流。第三，在学生干部的任职末期，要做好传承。每一届学生干部在工作中都会有自己的经验和心得，甚至说能形成一种文化氛围，如果这种东西不传承下去，那么就会形成中间的一个隔断，造成这种隔断之后，学生干部工作又要从头再来，而无法在前人的经验上继续创新，他们需要花更多时间去总结前人的工作。所以我觉得最后一点就是要做好学生干部在结束工作中的一个传承。

3. 医学类院校：社团联合会主席 D 同学

调查员：您认为该如何提升大学生领导力？

D 同学：我们学校老师这种比较"放养"的做法是我比较认可的。但是我不觉得每一个学生都可以克服自己心里的那种傲气，更多的还是需要老师偶尔插手。但是偶尔插手的前提，我觉得是老师要对学生有更多的关注。如果能成立一个学生干部管理中心，并配备专门的指导老师则更完美。目前，大多数高校由团委来管理学生干部，但因团委工作繁杂，可能会导致老师对学生干部的成长有一些疏忽。如果学校给学生骨干干部班配备一个专门的指导老师，叫他班主任也好，叫他辅导员也好，专门去跟学生对接，平时布置任务也好，一些生活上或者说工作上的一些难题也好，首先自己解决，实在解决不了的，找老师帮忙。然后老师凭自己的判断，觉得这件事情是不是应该可以去插手。这样的话我觉得对一个学生干部各方面的成长，都是会有好处的。

4. 师范类院校：学生社团联合会主席 A 同学

调查员：您认为如何提升高校学生干部领导力？

A 同学：我认为学生干部基于同学又高于同学，但是这个高不是说定位，而是说他的政治素养和自我要求要比一般同学高，但他的本质其实还是学生。那么在这个情况下，学生干部就需要跟同学进行更多的交流，因为他所有的工作都是为同学进行的，学生干部的最终目的就是为同学服务，而如果连同学想要什么、想知道什么，或者想获得什么都不知道，只是一味地根据老师的想法，或者说根据政治任务去做活动安排，这样的话实际上无法起到很好的服务作用。所以我觉得高校的学生干部领导力的提升，还需要加强沟通。学生干部如果能做到与同学良好沟通，那么在这个过程中就很有利于我们学生干部提升自己的领导力。

以上四位学生代表都就如何提升大学生领导力做出了自己的回答，能看出来，每个学校在培养学生领导力方面大致相同，但是又会有小的差别。例如上面所述，医学类大学就没有那么多的条条框框来束缚大学生自己对领导力的见解；理工类大学对大学生自我成长这方面就束缚得比较多，一切按部就班的按着规定来，就让学生会觉得有放不开的感觉，阻碍了学生自己的发展；师范类大学则是二者的结合。通过访谈可以发现，高校在培养大学生领导力过程中存在的普遍问题是：老师对学生的关心不够、沟通交流不足，以及学生干部的换届或者培养没有一个系统学习的过程，学生代表与学生群众联系不紧密、联系性不强等。在实际工作中，我们可以针对这些问题一一改正。

一、结合我国教育的实际情况

面对当前我国高校在大学生领导力培养过程中存在的主要问题，需要首先减少对西方实践教学经验的依赖，发展符合我国高等教育实际情况的大学生领导力培养教育。当前我国高等教育对大学生领导力的培养虽然还存在着一定不足，需要借鉴西方先进的实践经验和理论。但是在实际教育过程中，高校的相关教学人员应避免一味借鉴西方教育思想，而是在借鉴西方实践教学经验和理论过程中，不断加以改进，同时结合我国的高等教育要求、社会对大学生领导力的需求以及学生学习需要和接受能力进行合理分析，制定符合我国教育国情的领导力培养目标和教学模式。同时，高等教育人员还应注重对我国传统领导理论的挖掘和创新，从而不断提高教学质量和效率。

二、提高对大学生领导力的重视程度

对大学生领导力培养的重视程度不足依然是当前我国高校高等教育过程中存在的一个重要问题，严重影响了高校大学生领导力培养的未来发展。在教学过程中，由于受到传统教育模式和教学观念的影响，高等教育人员往往重视对学生的知识能力和理论知识的培养，而忽视了对学生的领导力培养。目前虽然我国高校教学改革工作已经取得了一定的进展，但是仍有一些参与教学的人员没有及时更新自己的教育观念，忽视了对大学生领导力培养的重视程度。虽然一些高等教育人员对大学生领导力的重视程度有所提高，但是在实际教学工作中，只注重对学生干部以及优秀党员的领导力培养，忽视了对普通学生的领导能力的培养，导致高校大学生领导能力培养的质量普遍低下。

大学时代作为青年学子迈向社会的过渡期、预备期，大学生通过领导力开发，可以提高自身的整体素质、综合能力，树立大局观念，促进上进心与竞争意识的形成，增强自信心，敢于肯定自己，善于表现自己，发展出良好的个性。这是大学生健康成长的需要，也是作为现代人的需要。因此，为了促进大学生的全面发展，大学生领导力开发应该是高等教育的重要环节和目标。

三、高校的多措并举

（一）课程教学设置

根据当代领导力的发展模式，领导力培养方面已经将重点从培养管理技能转向培养共同合作素质、正确的道德价值观、乐于助人的性格和其他促进共同协作的能力。领导力课程通常是有意设计并提供给学生的，目的是让他们有机会学习与领导力相关的知识、技能、价值观和信念。

目前在开展大学生领导力教育的高校中，主要以讲座、短期培训等方式进行，结束后学生提交学习心得、小结等，培训具有形式化、实际效果不强的弊端。如要切实加强大学生领导力教育的效果，需将领导力教育常态化，设立通识教育课程对学生进行普遍性教育，把领导力教育作为当代大学生基本素质提升的基础手段，提高到高校时代使命的高度，向学生进行历史观、公民意识、社会责任感、领导智慧等教育。目前也可以考虑将领导力教育作为选修课，系统地对有兴趣的同学进行教育，教给他们领导力的相关理论知识、技能技巧以及价值观，还可以将领导力教育的课程渗透到其他各学科课程的教育和教学中去。同时，课堂教学也需要教育者走近学生，根据学生的认知特点和需求进行教学，而非空谈理论。

（二）培训和证书制度

2006 年团中央、全国学联印发关于《高校学生干部培养规划（2006－2010）》的通知，目的在于全面加强高校学生干部队伍建设，引导广大学生干部健康成长。2007 年团中央启动了"青年马克思主义者培养工程"，旨在通过教育培训和实践锻炼等行之有效的方式，促进青年学生综合素质的养成。各高校也纷纷响应，制定了一系列培训方案。但在实践过程中也存在流于形式、短时效应等特征。如将大学生领导力教育与培训证书制度相结合，必将是领导力教育推进的重要一步。美国大学生的领导力教育实施制度化的强训项目和推广领导力的证书考试，值得我们借鉴。

（三）实践活动要求

高校校园活动和社会实践活动可谓丰富多彩，对大学生的健康成长起到第二课堂的作用。领导力教育是知行统一的过程，实践活动对促进领导力的形成具有举足轻重的作用。将领导力教育纳入通识教育，不可避免地将对大学生起到重要作用的实践活动进行要求。因此，除了理论育人外，还要抓住实践育人的关键，围绕立德树人的根本任务，创设大量的领导体验和实践机会，并对实践活动做相应要求。在这方面，美国高校在社区的互动中培养大学生领导力的经验值得我们借鉴。美国重视通过让学生积极参与社区活动培养影响他人的能力，并对学生在社区中的服务时间做了规定。例如南伊利诺斯大学要求学生至少参与 30 小时的社区服务，科罗拉多大学对各个年级参与社区服务的时间做了 40~70 小时不等的要求。我国上海理工大学在领导力培训的实践方面也形成一定的规模，其成立的"大学生领导力研究与训练中心"

建立了"沟通与表达能力"、"礼仪与艺术文化修养"、"自我展示能力"、"学术表现力"、"积极心态"、"求职能力"和"决策创新能力"等7个领导力培训实验室。学校组织大学生开展丰富多彩的社会实践活动以及志愿服务活动，在实践过程中注意对大学生理想信念的引导，在实际活动中培养社会责任感，注重道德养成。[1]

（四）拓宽资源配置视野，争取外部支持

学校应为大学生领导力的培养提供更多的资源配置，创造更多实践机会。首先，争取社会优势资源。校领导者应广开言路，鼓励校外专家人士对学校各种工作提出批评建议，协调好与地方政府部门、上级行政部门、教育行政部门的关系，积极主动向上级部门提供学校信息，主动了解上级工作部署，在双向信息沟通中为学校争取更多发展机会。其次，发挥家、校、社区合力。使家长成为学校领导的"智囊团"，成立"家长教育委员会"，调动家庭力量，广泛征集学校建设的意见。寻找与社区合作的渠道，或通过企业、第三方组织的合作为大学生带来更多实践途径。再其次，争取政府的合作。政府可通过多元的发展策略吸引人才，开发出更多振兴乡村的项目，建立可持续化的城乡人才交流通道。在与学校的合作中带动基层发展的自我造血功能，为资源流失的乡村在人才、资源、技术上建立有机的回流机制。通过这些举措，大学生才能不断修炼自身的才智、毅力，锻造出服务社会的责任感，在与社会的广泛互动中培养出卓越的领导力。

四、自我认知和管理

（一）认识自己，为领导力的潜能开发奠定基础

大学生领导力教育首先要解决的就是大学生认识自己的问题。首先，发现自我是一个以周围人为参照物，通过相互比较发现自己与别人的不同和相似之处来确定自我身份的过程。领导活动是一种团队活动，领导者是团队活动的引路人，要想获得成员的认同，就必须明确自己在团队中的定位、自己与团队成员之间的关系。其次，领导力意味着自我发现，意味着从自身的特质中获取更多的产出。了解自身的知识能力是实现领导力实践有效性的前提，发现自身优点是成功的关键，在领导活动中要想在团队中有感召力就必须有

---

〔1〕　参见孙杰："将大学生领导力教育纳入通识教育研究"，载《才智》2015年第34期。

威信力，让别人相信自己的优势。在任何情况下，优点和缺点是一并存在的，所谓"人无完人"，在领导活动中亦是如此，面对自身缺点我们要做的不是将缺点转化为优点，而是要学会管理缺点，不让缺点外露成为前进路上的绊脚石。

（二）开发自己，学会积极运用自身特点

在对自己的知识能力、优点和缺点有了正确认识后，要正确对待，学会积极运用。要有正确的自我观念，即自尊和自信。在树立自尊的过程中，要正确把握适度的原则，懂得"凡事皆有度，过犹不及"的道理。在培养领导力的过程中，只有拥有了正确的自尊观念才能对自身潜在的领导能力有正确认识，知道什么该做、什么能做、如何去做。自信是指在正确认识自我优点和缺点的基础上，自己相信自己的能力。领导活动在一定程度上是一种有共同目标的团队活动，遇到困难和障碍是不可避免的，可能存在别人的误解、客观上的阻碍等，这时就需要我们正确对待，通过自身优势的发挥和缺点的管理相信自己的同时，提升他人的信任感，让别人也再次相信你有能力解决问题。将自己的价值观和道德准则落实到实践中，无论是领导者还是追随者，在不同的情境中会受主客观的影响，会面对多重的选项，理性地作出选择对领导目标的实现起着正确的导向作用，同时也会让同伴觉得你是值得信赖的人。

（三）塑造自己，提高自我认同感

正确价值观的树立是完善自身和获取他人认可的有效途径，有利于在符合自我要求和他人要求两个方面提升认同感。价值观是人们（包括个体的人和社会的人）对价值和价值关系所持的立场、观点和态度的总和，是关于价值的概念系统。大学生还处在人生观和价值观的形成期，积极培育和践行社会主义核心价值观，是高校的首要任务，大学生领导力教育的核心是价值观。在一个群体中，要将自身的价值充分体现出来，就需要塑造领导力的身份，这会有助于正确定位自己，提高自我认同感。因此要学会如何做人，树立良好的自我形象，在团队中提高影响力，通过自己的正确价值观提升人格魅力以获得威信力，从而使得周围的人愿意与你为伍追求共同的愿景。学会塑造自己，树立正确的价值观，提升人格魅力。正确对待积极反馈的同时，不断反思。这些都表明了个体可以通过自我认知来开发自身领导潜能，从而实现全面发展。

（后）（记）

　　大学教育的主要目的就是培育出高等教育人才，最主要的责任便是承担国家建设和发展的人才培养任务。人才培养不仅是传授专业知识与专业技能，更重要的是促进大学生的全面发展，塑造他们高尚的精神品质，使之具有广博的知识、深厚的基础和有效进行思维、表达交流思想、作出判断鉴别的能力，具有获取知识和创新的能力，具有较强的对经济和社会变化的适应能力，从而使他们成为服务于中国特色社会主义事业的劳动者、建设者、管理者、领导者。本书从以下五个方面，对大学生一般问题进行了深入研究：

　　1. 大学生适应性教育是大学生教育面临的第一个问题。随着我国经济社会的不断发展，高等教育也逐步进入大众化阶段。为了提高办学水平、拓展发展空间、丰富教学资源，越来越多的高校采取多校区办学模式。在一定时代背景下，多校区办学模式在整合教学资源，弥补资源不足方面为高校带来较大益处。通常，高校采取合并或者新建校区的方式开展多校区办学。然而，各校区空间上的距离、校园文化差异及办学历史等因素，也给多校区大学新生带来诸多适应方面的挑战。大学新生适应性教育是高校思想政治教育的重要内容之一，是促进大学生全面发展的关键。

　　2. 大学生体育精神培养至关重要。体育精神经久不衰，在数千年的发展和变化中，不但与人类共进退，而且现在成为现代人类社会不可或缺的一种精神文化，最重要的原因之一就是：在体育运动中能产生出一种积极和高贵的精神文化。这种精神文化在社会上起到了不可取代的作用，比如大学生的行为规范教育，大学生的道德水平的提升，以及社会文明水平的提高等都离不开这种精神文化。一个国家的政治、经济、文化及社会的发展都离不开体育，作为一种文化的形式存在，体育蕴藏着多姿多彩的文化素养，体育精神与社会的发展有着密切的联系，特别是我们当代大学生的体育行为与体育精神有着更为密切的联系，这就需要我们对当代大学生进行体育精神的培育。

193

3. 大学生心理健康教育。大学阶段是人的生理、心理的重要发展时期，在这一时期他们极易因各种因素产生心理健康问题。贫困大学生作为一个较为特殊的一大群体，他们和普通学生一样，存在各种心理问题，同时，还存在普通学生身上没有的一些心理问题，如经济方面的拮据，以及由经济拮据所引发的一系列心理压力。那么，这些心理问题也会影响到他们能否顺利毕业，以及个人各方面素质的全面发展。这些恰恰也和高校在培养人才方面的目标紧密相关，对于维护社会秩序的稳定有着重要的作用。此外，这与当下社会所倡导的和谐社会的主旋律，也是相对应的，符合时代的发展和社会的需求，因此社会需要高度重视贫困大学生的心理健康问题。

4. 诚信，不仅是发展市场经济的必备条件，同时也是社会主义道德建设的重要内容。在当代大学生教育体系中，诚信教育占有重要地位。受世界经济全球化、政治民主化及文化多元化的影响，加上改革开放的逐渐深入，我国的社会主义市场经济也进入关键转型期，伴随着社会的深入变革，人们的思想观念也发生了重大变化。面对社会上各种利益的诱惑，有些人背弃诚信、唯利是图、见利忘义，为了眼前利益把市场经济规律抛于脑后，社会上各种不诚信行为越来越多。学校作为社会的一部分，也不免会受社会不良风气的影响，部分学生开始出现种种不诚信行为，加上现阶段我国学校对学生的思想政治教育缺乏足够的重视，家庭教育也以孩子的智育教育为主，在一定程度上加剧了该现象的发展。这种不诚信现象，严重影响大学生的思想行为。因此，加强大学生的诚信教育，提高大学生的诚信品质，既是全面实施科教兴国的重要内容，又是建设我国成为人才强国的必然要求，同时也有助于我国全面建成小康社会和社会主义和谐社会，其战略意义重大而深远。

5. 领导力培养普及化。领导力作为个人最基本的能力之一，不应该是少数所谓真正具有领导潜力的人享有的。有学者认为领导力是一种人人都要掌握和行使的核心能力。在中国，无论是政府机关、事业单位还是企业里，大学生都是核心领导力量的重要来源。大学生领导力教育与中国高校开展的素质教育紧密相关，符合大学生自身发展的需求，同时对于大学生的人格塑造、正确价值观的树立、积极人生态度的培养有很重要的作用。

以上五个方面的内容均是大学生教育的一般问题的体现。大学生教育涉及的研究领域面宽广，但针对大学生教育一般问题的研究较少。在这一前提下，本书对大学生教育一般问题进行深入研究，探究其特点、规律，有效地丰富了大学生教育的研究成果，为今后更好地开展大学生教育提供了借鉴，同时也为今后更好更深入地开展大学生教育起到了积极的促进作用。

在撰写本书的一年多时间里，从最开始思路的思考、各类资料的收集，到最终框架的确定，以及各章节的编写、修改等各个环节，笔者花费了巨大精力。本书的框架设置、思路的展开、切入点的选择，源于笔者对大学生教育的思考，笔者在高校从事教学和学生管理工作多年，经验丰富。在资料整理过程中，要感谢宁婷、张和立和何伟等人的辛勤付出。本书由江西理工大学资助出版，要感谢江西理工大学相关领导和部门的大力支持。虽然在写作过程中，也遇到了诸多困难，但是，我们秉着为大学生教育工作的发展尽绵薄之力的初衷，克服每一个障碍，最终完成此书。但愿此书能给大学生教育一般问题研究提供借鉴，为更好地进行高校人才培养带来一点启发！

作 者

2020 年 5 月